NOVAS CONVERSAS NO GRUPO DE PESQUISA EDUCAÇÃO, ARTE E INCLUSÃO

Editora Appris Ltda.
1.ª Edição - Copyright© 2023 dos autores
Direitos de Edição Reservados à Editora Appris Ltda.

Catalogação na Fonte
Elaborado por: Josefina A. S. Guedes
Bibliotecária CRB 9/870

N936n 2023	Novas conversas no grupo de pesquisa educação, arte e inclusão / Maria Cristina da Rosa Fonseca da Silva (org.). – 1 ed. – Curitiba : Appris, 2023. 204 p. ; 23 cm. – (Educação tecnologias e transdisciplinaridade). Inclui referências. ISBN 978-65-250-5436-0 1. Inclusão escolar. 2. Artes. 3. Desenho universal. I. Silva, Maria Cristina da Rosa Fonseca da. II. Título. III. Série. CDD – 371.9

Livro de acordo com a normalização técnica da ABNT

Appris
editora

Editora e Livraria Appris Ltda.
Av. Manoel Ribas, 2265 – Mercês
Curitiba/PR – CEP: 80810-002
Tel. (41) 3156 - 4731
www.editoraappris.com.br

Printed in Brazil
Impresso no Brasil

Maria Cristina da Rosa Fonseca da Silva
(org.).

NOVAS CONVERSAS NO GRUPO DE PESQUISA EDUCAÇÃO, ARTE E INCLUSÃO

FICHA TÉCNICA

EDITORIAL	Augusto Coelho
	Sara C. de Andrade Coelho
COMITÊ EDITORIAL	Marli Caetano
	Andréa Barbosa Gouveia - UFPR
	Edmeire C. Pereira - UFPR
	Iraneide da Silva - UFC
	Jacques de Lima Ferreira - UP
SUPERVISOR DA PRODUÇÃO	Renata Cristina Lopes Miccelli
ASSESSORIA EDITORIAL	Nathalia Almeida
REVISÃO	Bruna Fernanda Martins
PRODUÇÃO EDITORIAL	William Rodrigues
DIAGRAMAÇÃO	Andrezza Libel
CAPA	Eneo Lage
REVISÃO DE PROVA	William Rodrigues

COMITÊ CIENTÍFICO DA COLEÇÃO EDUCAÇÃO, TECNOLOGIAS E TRANSDISCIPLINARIDADE

DIREÇÃO CIENTÍFICA Dr.ª Marilda A. Behrens (PUCPR) — Dr.ª Patrícia L. Torres (PUCPR)

CONSULTORES

- Dr.ª Ademilde Silveira Sartori (Udesc)
- Dr. Ángel H. Facundo (Univ. Externado de Colômbia)
- Dr.ª Ariana Maria de Almeida Matos Cosme (Universidade do Porto/Portugal)
- Dr. Artieres Estevão Romeiro (Universidade Técnica Particular de Loja-Equador)
- Dr. Bento Duarte da Silva (Universidade do Minho/Portugal)
- Dr. Claudio Rama (Univ. de la Empresa-Uruguai)
- Dr.ª Cristiane de Oliveira Busato Smith (Arizona State University /EUA)
- Dr.ª Dulce Márcia Cruz (Ufsc)
- Dr.ª Edméa Santos (Uerj)
- Dr.ª Eliane Schlemmer (Unisinos)
- Dr.ª Ercilia Maria Angeli Teixeira de Paula (UEM)
- Dr.ª Evelise Maria Labatut Portilho (PUCPR)
- Dr.ª Evelyn de Almeida Orlando (PUCPR)
- Dr. Francisco Antonio Pereira Fialho (Ufsc)
- Dr.ª Fabiane Oliveira (PUCPR)

- Dr.ª Iara Cordeiro de Melo Franco (PUC Minas)
- Dr. João Augusto Mattar Neto (PUC-SP)
- Dr. José Manuel Moran Costas (Universidade Anhembi Morumbi)
- Dr.ª Lúcia Amante (Univ. Aberta-Portugal)
- Dr.ª Lucia Maria Martins Giraffa (PUCRS)
- Dr. Marco Antonio da Silva (Uerj)
- Dr.ª Maria Altina da Silva Ramos (Universidade do Minho-Portugal)
- Dr.ª Maria Joana Mader Joaquim (HC-UFPR)
- Dr. Reginaldo Rodrigues da Costa (PUCPR)
- Dr. Ricardo Antunes de Sá (UFPR)
- Dr.ª Romilda Teodora Ens (PUCPR)
- Dr. Rui Trindade (Univ. do Porto-Portugal)
- Dr.ª Sonia Ana Charchut Leszczynski (UTFPR)
- Dr.ª Vani Moreira Kenski (USP)

PREFÁCIO

Este livro concentra um desafio instigante: unir ao ato da pesquisa o campo da educação justamente em um período em que vivemos uma "ressaca" pelo desgaste imputado pelas tentativas de desmonte e desmoralização de ambos por mecanismos políticos arbitrários e antidemocráticos. Podemos dizer que sobrevivemos, não sem sequelas, aos embates travados para a manutenção dos direitos adquiridos. Mas, certamente, saímos fortalecidas pela união que tais lutas nos imputaram. Se há uma década respirávamos aliviadas por ver nossos interesses considerados, nossos esforços valorizados e nossas ações pleiteavam novos direitos, atualmente, juntamos os cacos das universidades e investimos esforços ainda maiores no incentivo às nossas estudantes em fazer pesquisa. Mas, como nada é para sempre, resta esperançar. Se reafirmamos, durante o período de caos, que ninguém soltaria a mão, hoje nos reconhecemos com identidade e com força política capaz de nos nutrir da justa raiva e promover a educação superior que tanto sonhamos.

Ainda, revivendo o compromisso ético-político que a inclusão nos incita associando-o à sensibilidade suscitada pela arte, as autoras – sim, todas mulheres – neste livro se dispõem a apontar caminhos metodológicos, desembaraçar nós teóricos e balançar a estrutura de diferentes espaços educativos desacomodando o fazer de gestores, professores e estudantes em prol de uma proposta de inclusão na qual efetivamente todas, com suas especificidades, sejam respeitadas e valorizadas.

Sintonizado com os princípios da pesquisa, que tem como objetivo o humano, esta coletânea de textos nos provê de motivação e nos provoca a olhar para o cotidiano da nossa Instituição de Ensino Superior, lócus de atuação profissional, e aplicar as lentes de análise criteriosamente alicerçadas no afeto e na empatia.

Uma grata surpresa foi o encontro, na maior parte das pesquisas relatadas, da valorização das pessoas com deficiência não só como sujeitos do estudo, mas também ocupando o lugar de participantes com direito a terem suas vozes consideradas. Fato que reflete o quanto o movimento político impetrado pelas pessoas com deficiência tem alcançado a academia e deslegitimado o capacitismo, que autorizou, por muito tempo, as pesquisadoras a falarem PELAS pessoas com deficiência. Hoje em situação de equidade falamos COM elas.

É visível o compromisso político imbricado nas pesquisas aqui relatadas, bem como a articulação entre teoria e prática fortemente testada em cada estudo. A começar pelo primeiro artigo em que a Prof.ª Maria Cristina apresenta a trajetória do Grupo de Pesquisa Educação, Artes e Inclusão (GPEAI) a partir dos aspectos históricos, políticos e pedagógicos, nos 15 primeiros anos, em que foi coordenadora. O GPEAI, completando agora 17 anos de existência, mantém-se fiel aos seus princípios inclusivos motivados pelo contexto político da sua criação, durante o governo Lula. Desde então, tem se configurado como um espaço democrático de resistência às inúmeras tentativas de desmobilização, enfraquecimento e, consequente, invisibilização da educação inclusiva. Essa história, marcada pela força majoritária de pesquisadoras, traz a *Revista Educação, Artes e Inclusão*; o *Sopro Coletivo* e inúmeras pesquisas no âmbito da pós-graduação, fortemente coligadas com a arte, como espaços que contribuem com os processos inclusivos, valorizando a sensibilidade e a acessibilidade como estratégias de apropriação do mundo.

No segundo artigo, somos apresentadas a um texto fruto da análise de um produto educacional no formato de e-book acessível. As autoras, as professoras Fabíola e Evelize, contaram com duas participantes com deficiência visual, a Sílvia e a Débora, que foram avaliadoras do material. Com a utilização de uma entrevista semiestruturada, foi possível constatar a importância da descrição de imagens, assim como dos outros elementos de acessibilidade observados no referido e-book. Tais constatações reforçam que a democratização de materiais como livros digitais, tendo garantido os elementos de acessibilidade, asseguram o respeito às especificidades da pessoa com deficiência visual e oportunizam novas experiências e acesso a informações fortalecendo os processos inclusivos.

No terceiro artigo a Prof.ª Geisa e sua orientanda Marizete investigam as contribuições do Desenho Universal para Aprendizagem (DUA) na permanência dos estudantes com deficiência no ensino superior. Para tanto, realizaram uma pesquisa de cunho bibliográfico nos periódicos disponibilizados no Portal da Capes. Esse estudo ratificou a importância do DUA no processo de responsabilização compartilhada no que tange ao acesso, à permanência e ao sucesso de estudantes com deficiência no âmbito do ensino superior. É possível, ao incorporar os princípios do DUA no cotidiano pedagógico, vislumbrar uma nova experiência para todos os envolvidos, sejam docentes, colegas ou pessoas com deficiência, oportunizando um espaço educacional mais respeitoso e, obviamente, mais acolhedor às especificidades humanas.

O quarto artigo, produzido pela Prof.ª Regina e sua orientanda Gabriela, é o recorte de uma pesquisa de mestrado que utilizou o método de entrevista narrativa para apontar possibilidades de ensinar e aprender, no âmbito da educação musical inclusiva, a partir da experiência de uma professora do Instituto Benjamin Constant. Para as autoras, a experiência vivenciada pela professora pode apontar para estratégias a serem efetivadas nos cursos de formação de professores de música que visem aproximar os estudantes da realidade da convivência com pessoas com deficiência. Assim, extrapolando a "mera tolerância às diferenças" e almejando por meio da mobilização e do compartilhamento de saberes uma educação musical realmente inclusiva.

No quinto artigo, protagonizado pelas professoras Solange e Daniela, as condições de acessibilidade que os estudantes autistas estão vivenciando cotidianamente nas suas trajetórias acadêmicas, bem como as barreiras e os facilitadores desses contextos educacionais, ganham voz pelos gestores dos Núcleos de Acessibilidade ou de órgãos similares das instituições de ensino superior. Esse estudo concluiu, após uma análise criteriosa das informações coletadas, que os Núcleos de Acessibilidade têm se configurado como um espaço fundamental para o sucesso de estudantes autistas nesse nível de ensino, no entanto aponta inúmeras questões, nos âmbitos político e administrativo, que precisam ser implementadas ou ampliadas. Para as autoras é fundamental que esses espaços enfrentem seus desafios reconfigurando-se e contando com a presença de pessoas com deficiência no processo.

O sexto artigo, produzido por Ana Lucia, egressa do Programa de Pós-Graduação em Artes Visuais (PPGAV), discute a fruição estética do corpo-cego no contato com a obra de arte, abordando, também, a relação com o mediador nos espaços expositivos. Para tanto, a autora se lança na tarefa de, por meio de entrevistas estruturadas e observações, registrar as experiências vividas com seus desafios e êxitos, suas sensações e percepções peculiares diante de seu contato com as obras de arte e acesso aos museus, dando foco, também, à importância do mediador nesse processo. A pesquisadora conclui que faltam ações efetivas para que a legislação vigente seja atendida e, para tanto, a inclusão dos mediadores e das próprias pessoas cegas no processo se torna fundamental.

No sétimo artigo, a autora Cláudia, professora atuante na educação especial, traz um recorte da pesquisa desenvolvida em nível de mestrado no PPGAV visando contribuir para a valorização do ensino de arte na educação das pessoas com deficiência intelectual. Tendo como lócus a Apae de Belém, espaço de atuação profissional da pesquisadora, a intervenção contou com

20 estudantes com deficiência intelectual. A proposta envolveu desenho de observação, apreciação e análise de seis obras do pintor espanhol Pablo Picasso. Como principais achados a autora aponta a importância do ensino de arte no conjunto das possibilidades pedagógicas para o desenvolvimento da subjetividade e criatividade da pessoa com deficiência intelectual e reafirma a necessidade, para além das produções em si, da valorização da trajetória vivida pelos estudantes e o respeito às suas subjetividades.

O oitavo artigo, escrito pela Prof.ª Regina e Mara, orientanda do Programa de Pós-Graduação em Música (PPGMUS), apresenta uma pesquisa de abordagem qualitativa que buscou analisar a ação pedagógica de uma professora de música na proposição de oportunizar a um estudante com paralisia cerebral frequentar aulas individuais de piano e, ao mesmo tempo, promover a sua inclusão na banda da escola. Esse estudo acompanhou o desenvolvimento musical do estudante, período em que a referida professora criou e adaptou materiais que atendessem às suas especificidades. As autoras registram o sucesso do processo e salientam a importância do diálogo e da parceria entre família e instituição para assegurar a permanência e o aprendizado do estudante com deficiência, apontando para a possibilidade de que pesquisas que visibilizem ações de sucesso podem promover e despertar o interesse pela educação musical inclusiva.

O convite feito pelas autoras é de nos lançarmos, sem preconceitos e medos, a mergulhar no universo diverso da Arte, da Educação e da Inclusão. Asseguro que, ao finalizar, você vivenciará o afeto, descrito por Spinoza, pelo qual a potência de agir é estimulada, aumentada e, acrescento, sensibilizada.

Boa leitura!

Rose Cler Estivalete Beche
Profa. Dra. UDESC

SUMÁRIO

GRUPO EDUCAÇÃO ARTES E INCLUSÃO: UM BALANÇO DOS
PRIMEIROS 15 ANOS..11
Maria Cristina da Rosa Fonseca da Silva

RECURSOS ACESSÍVEIS PARA DEFICIENTES VISUAIS: E-BOOK
ACESSÍVEL CONTEMPLANDO ATIVIDADES DIDÁTICAS
ALICERÇADAS NO DUA (DESENHO UNIVERSAL PARA
APRENDIZAGEM) 29
Evelize Höfelmann Bachmann
Fabíola Sucupira Ferreira Sell

AS CONTRIBUIÇÕES DO DESENHO UNIVERSAL PARA
APRENDIZAGEM NA PERMANÊNCIA DE ESTUDANTES COM
DEFICIÊNCIA NO ENSINO SUPERIOR.......................................49
Marizete Serafim Hoffmann
Geisa Letícia Kempfer Böck

ENSINAR E APRENDER A DIVERSIDADE: NARRATIVAS DE UMA
PROFESSORA DE MÚSICA SOBRE SUAS PRÁTICAS NO IBC 73
Gabriela Cintra dos Santos
Regina Finck Schambeck

PERCEPÇÃO DOS GESTORES SOBRE A ACESSIBILIDADE PARA
ESTUDANTES AUTISTAS NO ENSINO SUPERIOR 97
Solange Cristina da Silva

CORPO CEGO: A IMPORTÂNCIA DO ACESSO À OBRA DE ARTE NOS
ESPAÇOS EXPOSITIVOS 119
Ana Lucia Oliveira Fernandez Gil

ENSINO DE ARTE PARA PESSOAS COM DEFICIÊNCIA INTELECTUAL:
UM OLHAR PARA AS PERSPECTIVAS DE CONSTRUÇÃO CULTURAL...149
Cláudia Silvana Saldanha Palheta

ENSINO E APRENDIZAGEM DO PIANO: UM ESTUDO SOBRE MATERIAIS ADAPTADOS PARA ALUNO COM PARALISIA CEREBRAL 175
Mara Sintique Del Guerra Valério
Regina Finck Schambeck

SOBRE AS AUTORAS 199

GRUPO EDUCAÇÃO ARTES E INCLUSÃO: UM BALANÇO DOS PRIMEIROS 15 ANOS

Maria Cristina da Rosa Fonseca da Silva

O Grupo de Pesquisa Educação, Artes e Inclusão (GPEAI)[1] foi criado no ano de 2006 com a intenção de desenvolver estudos no campo da Educação e das Artes considerando os debates vinculados à inclusão de pessoas com deficiência, mas, ao longo de sua história, outros temas referentes aos direitos humanos foram incorporados à sua caminhada. Essa trajetória foi marcada por diversos protagonistas[2], muitas experiências acadêmicas e sociais que articularam o Ensino, a Pesquisa e a Extensão.

Na trajetória do GPAI, ressalta-se o vínculo com a graduação e pós-graduação e a criação da revista *Educação, Artes e Inclusão* no ano de 2008, que possui 15 anos de atividades ininterruptas e conquistou por sua qualidade e importantes métricas de avaliação.

Passados esses 15 primeiros anos o grupo apresenta um conjunto solidificado de estudos e de pesquisadores, uma maioria de mulheres, vinculadas a um contexto mais amplo da pesquisa na Udesc, tanto na graduação quanto na pós-graduação, na área de artes e de educação. Este capítulo pretende então problematizar essa trajetória apresentando seus aspectos históricos, políticos e pedagógicos, a fim de subsidiar novos espaços de estudo e desenvolvimento de ações no tripé que forma a Universidade a partir de diferentes realidades[3].

O GPAI nasceu no ano de 2006, o primeiro grupo de pesquisa vinculado ao Centro de Educação a Distância da Udesc. A partir do ano de 2007 me credenciei como professora no Programa de Pós-Graduação em Artes Visuais (PPGAV), desse modo, o grupo começou a fazer parte desse programa. Em 2012 me credenciei como professora do mestrado profissional em artes – Profartes –, programa profissional vinculado à educação

---

[1] Líderes até 2021: Maria Cristina da Rosa Fonseca da Silva (Ceart) e Fabíola Sucupira Ferreira Sell (CCT).

[2] Agradeço a todos os participantes, estudantes de graduação e de pós-graduação, bem como professores e técnicos que fizeram parte desses primeiros 15 anos.

[3] Coordenei o grupo de pesquisa desde sua criação até 2021, e neste capítulo pretendo problematizar os projetos, as teses e dissertações sob minha orientação acerca do tema da educação especial, as artes e a revista, da qual sou a editora responsável. Outros estudos foram produzidos por diferentes pesquisadoras, muitas das quais grandes companheiras de jornada que fazem parte da presente coletânea.

básica, e por consequência o GPEAI lá estava. Em 2017 me vinculei ao Programa de Pós-Graduação em Educação (PPGE) e o grupo vinculou-se a esse programa[4].

O contexto de criação do GPEAI se deu no auge da política de inclusão defendida pelo governo Lula. No entanto, com o passar do tempo foram evidenciadas algumas críticas à ideia de inclusão, principalmente no cenário de ampliação do atendimento para além da educação especial. A problemática da dispersão do investimento produziu mais déficit em uma área que já era bastante precarizada. Na medida em que aumentavam as demandas por uma escola inclusiva, não se ampliavam os recursos para atendimento igualitário de todas essas demandas. Assim, a educação especial, que contava com poucos recursos, ficou invisibilizada diante das novas demandas, ou seja, o cobertor que já era curto ficou menor ainda.

Neste capítulo vou problematizar um recorte da caminhada investigativa do grupo, de sua revista e da atuação em diferentes contextos de formação vinculados à temática da educação especial a partir da pesquisa.

A *Revista Educação, Artes e Inclusão*: uma trajetória

A revista Educação Artes e Inclusão nasceu no ano de 2008 no formato digital e vinculada à plataforma OJS[5], a partir de uma política de acesso livre e com avaliação às cegas, por especialistas da área. Entre os anos de 2008 e 2011 a revista manteve uma periodicidade anual[6], veiculando artigos na interface arte, educação e inclusão e até hoje é a única revista na temática de que se tem notícia. No ano 2012 a revista passou a ter periodicidade de dois números por ano. Nesse contexto também precisou contar com a participação de um grupo maior de estudantes, vinculados ao PPGAV e ao PPGE, participando como editores auxiliares, fazendo a triagem dos artigos na chegada e na formatação para a edição final. No ano de 2016 a revista passou a ter três números anuais e no ano de 2018 passou a ser avaliada pela área de artes com o Qualis A2, já com quatro números anuais. Finalmente no ano de 2021 ela tornou-se de demanda contínua, perdendo a divisão por volumes. Desse modo, à medida que o

---

[4] Atuo como docente do Programa de Mestrado Profissional de Artes (Profartes), mas nesse contexto não possuo nenhuma orientação vinculada à educação especial.

[5] Disponível em: https://www.revistas.udesc.br/index.php/arteinclusao/index. Acesso em: 9 jan. 2022.

[6] Atuava na edição da revista a estudante, à época, Milka Carvajal, mestre pelo PPGAV-Udesc. Thais de Carvalho Larcher Pinto, bolsista de Iniciação Científica, editou as capas durante muito tempo.

artigo é aprovado ele é imediatamente inserido na plataforma da revista, aberto ao público. Atuam como editoras responsáveis pela revista as professoras Maria Cristina da Rosa Fonseca da Silva (Udesc) e Clarissa Santos Silva (UFSB), como coeditora.

A revista, a partir do ano de 2020, passou a contar com dossiês temáticos, que desenvolvem e aprofundam assuntos mais específicos no âmbito da inclusão. O primeiro dossiê da revista, intitulado *Contextos e especificidades da inclusão: a arte como fio condutor*, aprovou nove artigos. Segundo os organizadores:

> O dossiê está organizado em torno dos diferentes temas relacionados à inclusão de sujeitos em contextos sociais distintos, com a mediação da arte. Assim, os textos reúnem discussões acerca da participação de idosos, mulheres, jovens em situação de risco, pessoas com restrições visuais, entre outras condições restritivas na inserção social dos indivíduos[7].

Cada dossiê problematiza um tema de diferentes pontos de vista a fim de aprofundar a análise, sistematizando estudos e práticas a partir de diferentes contextos.

O segundo dossiê, intitulado *Dossiê Inclusão e deficiência: perspectivas múltiplas,* reuniu cinco artigos que apresentam temáticas diversificadas. Um deles aponta a perspectiva da construção da inteligência emocional de mulheres encarceradas na cidade do Recife. Um outro apresenta uma narrativa acerca da linguagem fílmica na escola: a fantasia acessível pela audiodescrição, que tem sido um dos aspectos da acessibilidade muito valorizado na atualidade. Outros estudos desse dossiê apontam termos como metodologias de ensino para pessoas cegas, a criatividade na formação de pessoas com deficiência intelectual e finalmente as problemáticas do desenho universal como um princípio do cuidado. O dossiê foi organizado pelas professoras Geisa Letícia Kempfer Böck e Fabíola Sucupira Ferreira Sell, ambas docentes da Udesc.

O terceiro dossiê organizado na revista traz como tema: *Leituras Inclusivas de Mundo: Estéticas Contemporâneas para a Reversão da Invisibilidade,* reúne oito artigos, sendo que dois deles são internacionais. Organizam o dossiê as professoras da USP: Rosa Iavelberg e Mônica Guimarães Teixeira do Amaral. Segundo o editorial o dossiê parte do pressuposto de que:

---

[7] BORN, R. M.; SCHUTZ FOERSTE, G. M. Editorial. **Revista Educação, Artes e Inclusão,** Florianópolis: UDESC, v. 16, n. 1, p. 263, 2020.

> Percebe-se que na criação e fruição artística, o olhar voltado à diversidade considera que são múltiplos os contextos onde a arte é gerada, assim como são inúmeros os espaços nos quais seus fruidores agem. A Ideia de desconstrução do que é estabelecido como "arte" está ligada o direito de pertencimento e à existência de grupos sociais. A Partir de matizes democráticas e inclusivas, os textos aqui reunidos quebram hegemonias e falsas concepções de direitos e deveres em relação à arte, seja na educação, seja na vida social[8].

Vale ressaltar que cada dossiê aporta para a revista um conjunto amplo de debates, circunscrito a diferentes perspectivas teóricas nem sempre unânimes, mas que se colocam no debate de aspectos da conjuntura atual.

Coletivos em ação é o título do quarto dossiê produzido na revista e organizado por Ana Terra, Flavia Liberman e José Eduardo Silva, que selecionaram 11 artigos unificados na temática do dossiê. Este apresenta especial análise, na medida em que é atravessado pela pandemia da Covid-19, como apontam os autores. Participam do dossiê 11 artigos com temáticas diferenciadas, mas que se unificam na perspectiva coletiva, reunindo práticas artísticas e também proposições artístico-pedagógicas realizadas na universidade.

O dossiê de 2021 ainda está em produção, considerando que a revista passa a partir desse ano a se constituir como fluxo contínuo, isto é, não teremos demarcações de volumes, sempre que há a aprovação de um artigo ele será imediatamente divulgado. Nesse sentido cada ano teremos um dossiê, o próximo será organizado por Claudia Carnevskis, professora da Universidade Federal do Amazonas (Ufam) e do Profartes, bem como a Prof.ª Rosana Soares da Universidade Federal do Recôncavo da Bahia (UFRB), e tratará do tema *Inclusão e arte: debates atuais*.

Ao longo de sua existência a revista tem construído diferentes processos de avaliação internos com a equipe e conselho científico, mas tivemos também duas contribuições externas. Dois estudos que tomam a revista como objeto de análise, o primeiro deles foi realizado no ano de 2020 por Ageniana Espíndola, no curso de especialização em Educação Inclusiva, e analisou os artigos publicados no âmbito da inclusão de pessoas cegas nas atividades com dança. Seu estudo foi intitulado *A dança para pessoas cegas: um estudo bibliográfico sobre o caso*.

---

[8] IAVELBERG, R.; AMARAL, M. G. T. D. Editorial. **Revista Educação, Artes e Inclusão**, v. 16, n. 3, 2020. p. 1.

O segundo é o trabalho de conclusão de curso, desenvolvido no ano de 2021 por Berenice Queiroz Costa, intitulado *O ensino da arte para a educação inclusiva na revista Educação, Artes e Inclusão entre os anos 2010 e 2020: um estado do conhecimento*, que também analisou a revista e é o segundo estudo que tenho conhecimento abordando a revista.

Diferentes temas foram publicados ao longo dos anos no periódico, abrangendo de forma mais ampla a temática da educação especial e suas relações com a prática pedagógica, a formação de professores e as artes, e também o ensino de arte. Ressalto que embora sejam os artigos acadêmicos que mais aproximem o público da revista, há uma grande contribuição dos relatos de experiência e nas entrevistas, que com textos mais fluidos trazem elementos concretos da prática pedagógica e conectam nossos leitores com a realidade escolar. No entanto, outros espaços, como as atividades extraclasse, projetos, museus e diferentes perspectivas para além da educação formal, são apresentados nas entrevistas e relatos de experiência.

A revista apresenta um diálogo considerável com a sociedade do ponto de vista da pesquisa científica, aproximando o GPAI desse universo acadêmico. Mas as atividades do GPAI são mais amplas, assim, no próximo tópico, abordaremos a relação do Grupo com o Sopro Coletivo, que articula as relações artísticas do GPAI.

O Sopro Coletivo: novas formas de pesquisa no campo da arte

O Sopro Coletivo é um coletivo de artistas criado no bojo do GPAI, para atender as necessidades específicas de pesquisa em arte, vinculadas ao processo criador em artes visuais, surgidas nos projetos de pesquisa aplicada. Esse coletivo tem procurado desde 2011 investigar a produção de artefatos tecnológicos que possibilitem aproximar os públicos especiais das manifestações artísticas no campo das Artes Visuais. O Sopro Coletivo reúne diferentes pesquisadores, artistas, professores e estudantes que buscam potencializar o objeto da arte por meio da acessibilidade. Nos anos de 2013 e 2014 o Sopro Coletivo propôs suas duas primeiras exposições, uma intitulada *Caminho dos Sonhos* e a outra *SEM SE VER*, nas duas o trabalho de investigação desenvolveu artefatos tecnológicos a partir do dispositivo arduíno, que possibilitavam acionar um movimento que disparava um áudio, na medida em que a cadeira de roda acionava o tablado. Na segunda versão da instalação os arduínos foram trocados por botões acionadores facilitando a usabilidade do dispositivo. A instalação era composta de um tablado, formado como uma colmeia, e cada peça sextavada disponibilizava um conjunto de sensações táteis e sonoras com a intenção de estimular uma experiência estética, atendendo vários públicos com deficiência que pudessem se deslocar até a exposição. Ao final do percurso havia a projeção de um conjunto de fragmentos de sonhos nas modalidades visuais ou auditivas, coletados pelos proponentes.

No ano de 2016 o Coletivo propôs uma nova exposição intitulada *Recalculando a Rota*, formada a partir de um conjunto de dispositivos disponibilizados por meio de um monitor de computador, projetando imagens e sons que buscavam interagir com diferentes públicos. Em uma das propostas foram coletados áudios de entrevistas que abordavam a percepção da acessibilidade, manifestada por pedestres em diferentes regiões da cidade, e na medida em que os visitantes interagiam com a tela, os diálogos eram disponibilizados no formato de áudio.

A proposta possibilitou a ampliação da investigação das relações entre objeto de arte, acessibilidade e tecnologia, construindo novas possibilidades de interação, na medida em que tivemos que tomar diferentes direções ao longo do caminho. Dessas mudanças constantes, fruto dos caminhos construídos, é que chegamos ao título da exposição já mencionada. *Recalculando a rota* sintetizou os desafios colocados no percurso para tornar os atributos tecnológicos um apoio à necessidade de expressão estética, e não o contrário. A exposição reuniu três trabalhos do SOPRO COLETIVO e um trabalho do artista convidado Rafael Schultz, que desenvolveu um painel interativo, em que mostrava o percurso trilhado pelo artista no centro da cidade de Florianópolis, utilizando-se de uma cadeira de rodas para perceber as dificuldades que atravessavam esses ao deslocar-se no centro da cidade. O resultado desse percurso foi disponibilizado ao público, que podia interagir no painel e ter acesso aos registros do artista sobre os pontos acessíveis e não acessíveis no centro da cidade.

Há muitos problemas de acessibilidade e contato de públicos especiais com as obras de arte contemporâneas, entretanto nossos estudos vêm ampliando o potencial de artistas e pesquisadores que se dedicam ao tema da inclusão. O envolvimento destes não deve ser pensado unicamente a partir da lógica artista-obra-espectador, e sim uma contribuição total para a sociedade, formando um conjunto de artistas e espectadores preparados para trabalhar com aspectos inclusivos da arte.

A imersão sensorial na realidade virtual pode possibilitar uma experiência mais rica do que um estímulo de apenas um sentido, e isso é válido também para públicos que apresentam alguma deficiência sensorial.

A arte torna-se um meio interativo de expressão e comunicação, porém ainda questiona-se o conceito que melhor abrange o que poderia ser arte interativa, no entendimento de que processos interativos podem ser variados.

As novas contribuições dos estudos desenvolvidos pelo GPEAI colaboram para a formação de recursos humanos especializados para a academia, educação básica e superior, indústria, setor de serviços e setor público. As exposições tecnológicas e a realidade virtual e aumentada são, com certeza, novas proposições a serem estudadas e pensadas no sentido de como podem continuar trabalhando junto ao meio artístico e em favor deste. Novas pesquisas em um meio certamente promissor deverão ser cada vez mais buscadas. Igualmente as pesquisas artísticas também levam a experimentar e dar valor ao toque, às sensações, aos movimentos e a outros sentidos que permitam que o espectador se liberte das limitações de seu corpo. O diferencial é o uso das novas tecnologias a partir de uma perspectiva crítica. Ampliando as potencialidades de acesso à fruição das artes por meio da informática, a partir de dispositivos tecnológicos e estimulando sensações em um público que não pode ver ou ouvir. Algumas publicações sistematizam um pouco dessa caminhada. e Fonseca da Silva, Guglielmi e Poffo (2018)[9].

O Sopro Coletivo a partir de 2016 desenvolveu exposições com outras problemáticas que fogem à que estou abordando no presente texto, e portanto não serão alvo de análise.

Os estudos desenvolvidos: um recorte de dissertações

O GPAI desenvolveu entre os anos de 2006 e 2021 um conjunto de pesquisas no formato de dissertação de mestrado, vinculadas à educação especial, sempre tendo a área de artes e inclusão como fio condutor. Selecionaremos um conjunto delas, aquelas sob minha orientação, para apresentar neste tópico. No entanto, é preciso ressaltar que o GPAI reúne um conjunto mais amplo de pesquisadores, alguns deles com pesquisas também relatadas em outros capítulos deste livro.

---

[9] FONSECA DA SILVA, M. C. R.; GUGLIELMI, R.; POFFO, S. M. Arte e Tecnologia: uma proposta metodológica. **Revista Ciclos**, v. 1, p. 14-36.

Embora eu tenha atuado por 12 anos como professora substituta no Centro de Artes, entre os anos de 1992 e 2006, com uma interrupção de três anos, eu me tornei professora efetiva no Centro de Educação a Distância (CEAD), justamente para a área de Educação Inclusiva. Foi a partir desse momento em 2006 que iniciei minha carreira docente e de pesquisadora como professora efetiva da Udesc. O primeiro projeto que coordenei tinha como título: *Mapeamento dos portadores de necessidades educacionais especiais e diagnóstico das carências para inclusão no ensino universitário da UDESC*, foi o primeiro estudo que coordenei dentro do escopo do GPAI entre os anos de 2006 e 2007. Como objetivo, o projeto buscou levantar o número de estudantes, professores e técnicos da Udesc com deficiência, para dimensionar as atividades do Laboratório de Educação Inclusiva (Ledi), da Udesc. Mas além desse projeto mais geral o GPAI desenvolveu um projeto específico na área de artes, intitulado: *Construção metodológica do fazer pedagógico de arte: desafios da inclusão*, cujo objetivo foi investigar os materiais produzidos pelo professor de arte para a inclusão. Foi nesse estudo que evidenciamos o conceito de objeto pedagógico, a partir de uma pesquisa piloto desenvolvida em uma escola pública federal com o objetivo de identificar a produção de objetos pedagógicos que pudessem ampliar a formação artística de crianças com deficiência. Igualmente o estudo identificou as concepções de inclusão a partir de levantamentos bibliográficos de Fonseca da Silva e Bornelli[10]. Ainda segundo as autoras: "Conceituando o objeto pedagógico pode se dizer que ele é todo instrumento didático construído ou utilizado pelo estudante ou pelo professor para mediar a aprendizagem"[11]. O estudo analisa as atividades desenvolvidas em sala de aula e proporciona a identificação de materiais que apoiem a aprendizagem de crianças com deficiência.

O primeiro projeto internacional com a participação do GPAI foram as *Jornadas Brasil Espanha: Autonomia da Criança Cega*, realizadas entre 2007 e 2008, com o objetivo de investigar como o cego constrói conceitos e que protótipos aparecem no contexto da linguagem. Desse estudo, que reuniu pesquisadores da Udesc, da Universidade de Sevilha e da Universidade de Cadiz, na Espanha, realizou-se dois eventos, um no Brasil e outro na Espanha, financiados com recursos de edital da União Europeia. Nesse projeto, como resultado da pesquisa foi publicado o livro intitulado *Prototipos, Lenguaje y representacion en las personas ciegas*, organizado por Castellanos,

---

[10] FONSECA DA SILVA, M. C. R.; BORNELLI, M. C. Objetos pedagógicos inclusivos no cotidiano escolar. **DAPesquisa**, v. 2, p. 01-07, 2007.

[11] *Ibidem*, p. 177.

Duarte, Sedeño e Correa[12]. Na esteira desse projeto em 2010, obtivemos outro financiamento para o projeto *Investigación orientada al fomento de una educación inclusiva apoyada em TICs*, cujo objetivo foi investigar a inclusão, em salas regulares, de crianças com deficiência a partir do uso das TICs. Participaram também docentes da Universidade de Cádiz na Espanha e da Universidade Pública de Colômbia, além da Udesc. Nesse estudo desenvolvi uma coleta de dados realizada nas aulas de Artes e também Educação, com outras duas pesquisadoras[13]. Fruto também dessas pesquisas com objetos pedagógicos e financiamento da Fapesc, publicamos ainda em 2012 o livro *Objetos Pedagógicos*, de autoria de Fonseca da Silva, Mendes e Finck[14].

Busquei contribuições de associações de cegos que pudessem nos auxiliar a compreender como se dava a aprendizagem criativa de pessoas cegas, a Associação Catarinense de Integração do Cego (Acic) é grande parceira, e o GPEAI elaborou entre 2009-2012 o projeto *Arte e Inclusão nas ONGs no Brasil e na Espanha: Um retrato polissêmico da formação de Professores de Artes*. O projeto analisou como a Arte é utilizada nas organizações não governamentais que interagem com pessoas cegas no Brasil e na Espanha a partir dos documentos oficiais das ONGs (Organizações Não Governamentais), do discurso dos profissionais que atuam utilizando-se das artes visuais nessas instituições e da observação das atividades que acontecem nas ONGs que envolvem arte, criatividade, ética e estética. Esse estudo contou com a participação da professora doutora Fabíola Sucupira Ferreira Sell e da bolsista de Iniciação Científica Isadora Gonçalves Azevedo[15].

Entre 2011 e 2015, realizamos o projeto *Criação e consolidação do Laboratório Virtual de Arte Interativa para Públicos Especiais – LAVAIPE*, que recebeu recursos da Fapesc e do CNPq, edital universal. O projeto teve como objetivo identificar como a pessoa cega interage com as artes visuais contemporâneas por meio de sistemas eletrônicos de reconhecimento sensorial. O estudo guarda uma estreita relação com as exposições pro-

---

12 CASTELLANOS, A. R. *et al.* (org.). **Prototipos, Lenguaje y representacion en las personas ciegas.** Cádiz: Universidade de Cádiz, 2008.

13 FONSECA DA SILVA, M. C. R.; MENDES, G. M. L.; OLIVEIRA, G. M. S. Estratégias de letramentos: alfabetização, arte e tecnologia. **Revista Digital do LAV**, v. 5, p. 1-19, 2012.

14 FONSECA da SILVA, M. C. R.; MENDES, G. M.L.; FINCK, R. **Objetos Pedagógicos?** Uma experiência inclusiva em oficinas de artes. Araraquara: Junquiera Marin, 2012. v. 1. 320p .

15 FONSECA DA SILVA, M. C. R.; AZEVEDO, I. G.; ROCHA, S. C. El Profesor de Arte para ninos ciegos: práticas pedagógicas en dos realidades. *In*: CONGRESSO NACIONAL Y III ENCUENTRO INTERNACIONAL DE ESTUDIOS COMPARADOS EN EDUCACIÓN, 4., 2011. **Anais** [...]. Buenos Aires: SAECE, 2011. v. 1. p. 1-15; FONSECA DA SILVA, M. C. R.; AZEVEDO, I. G.; SELL, F. S. F. Concepciones sobre educación artística en Brasil: caminos entre la teoria y la práctica, de la enseñanza regular a las ongs. **Revista Fuentes**, v. 1, p. 165-186, 2012.

postas pelo Sopro Coletivo a partir da criação de ambientes imersivos que identificassem as possibilidades de interação estética do cego com as proposições artísticas empreendidas pela equipe. O trabalho está relatado em diferentes publicações[16].

Finalizo a apresentação dos projetos de pesquisa que coordenei nesses 15 anos, com o projeto vigente desde 2015, *Objeto de arte interativo: uma proposta de investigação sobre as possibilidades de produção e uso de materiais educativos*, que também recebeu recursos do CNPq e do PAP Udesc/Fapesc. Nesse estudo que problematiza o uso de objetos pedagógicos de arte, foram desenvolvidas soluções de conteúdos interativos como possibilidades de inclusão para pessoas com deficiência em diferentes espaços educacionais como também culturais, assim como materiais digitais a partir de parcerias com equipes multidisciplinares. Inicialmente a equipe se propôs a investigar como acontece a interação entre estudantes com deficiência e objetos pedagógicos e/ou tecnológicos, pensados como obras de arte.

A partir das contribuições do projeto anterior, o Lavaipe, adicionamos outras formas de interação com o público com deficiências, pois o grupo se apropriou de mídias e suportes (como desenho animado interativo, games, vídeos, materiais digitais e objetos pedagógicos já produzidos) para problematizar conteúdos estéticos, de forma que o objeto em questão possa também constituir-se como objeto de arte e seu uso ser otimizado. No segundo momento em consonância com as pesquisas desenvolvidas pelo grupo no MHSC, uma das ações realizadas foi a criação de um personagem fictício que visita um museu, para tornar-se um elemento dinamizador, de interação com as crianças, e de alguma forma quebrar a rigidez do espaço físico do museu histórico, um prédio construído no século XVIII e suas posteriores reformas.

Investigando as possibilidades tecnológicas, o grupo desenvolveu experimentos para tornar o objeto interativo o mais acessível possível para grupos com necessidades especiais, evitando versões adaptadas (e muitas vezes limitadas), para cada público. O meio ao qual o objeto interativo é veiculado é a internet, dessa forma o projeto pode alcançar públicos maiores, independentes de região, e ser disponibilizado de forma gratuita para que espaços culturais, escolas e demais interessados possam fazer uso da proposta. Os resultados dessa proposta (pesquisa e materiais), quando finalizados,

---

[16] Entre elas, destaco: FONSECA DA SILVA; GUGLIELMI; POFFO, 2014; FONSECA DA SILVA, M. C. R. **Arte e tecnologia:** contribuições para a educação estética de públicos especiais. Goiás: C&A Alfa Comunicação, 2018. v. 1.

deverão ficar disponíveis on-line, para uso de professores e pesquisadores. A pesquisa também resultará em oficinas dirigidas às pessoas que desejem fazer uso dos materiais, mas há carência de profissionais para atuar nessa área, o projeto necessita de uma equipe interdisciplinar e isso é um desafio.

Considero que esses 15 anos de pesquisa produziram um acúmulo de estudos, realizações e principalmente produções científicas, artísticas e pedagógicas de aproximação do público com deficiência, com a arte e suas diferentes manifestações estéticas.

Os estudos de Pós-Graduação: um balanço

O primeiro trabalho acadêmico sobre minha orientação no PPGAV foi a dissertação de mestrado de Cristiane Hugueras Simó, intitulada *O Estado da Arte nas Teses Acadêmicas que Abordam Arte e Inclusão: Um recorte de 1998 a 2008 no Brasil.* O estudo desenvolvido entre os anos de 2008 e 2010 investigou os trabalhos acadêmicos sobre a temática de arte e inclusão existentes no Brasil. A autora encontrou quatro teses que abordam a temática da inclusão na perspectiva do Ensino de Artes. Em seu estudo[17], destaca a escassez da temática, no entanto a pesquisa é um marco para as teses e dissertações que se sucederam, ao mesmo tempo que aponta na atualidade para a necessidade de refazer esse caminho, buscando identificar se houve crescimento nos estudos da área de 2010 para cá.

No segundo estudo que orientei, desenvolvido por Adriane Cristine Kirst, nos anos de 1998 a 2008, sob o título *As aprendizagens do público com deficiência visual: uma experiência de diálogo com a arte contemporânea,* a investigação buscou adaptar um conjunto de obras de arte contemporâneas para públicos cegos, abordando as possibilidades de ampliação do universo estético das pessoas cegas a partir da experimentação de objetos contemporâneos. O estudo também se consolida como um aprendizado para os professores de artes, uma alternativa teórico-prática de produção de materiais para inclusão em sala de aula.

No ano de 2011, Priscila Anversa conclui o estudo intitulado *O que pensam as famílias sobre a formação artística dos filhos com deficiência? Com a palavra, as mães.* Esse estudo, que se debruçou sobre a expectativa das famílias de classe média acerca da formação artística de seus filhos, deu origem

---

[17] SIMÓ, C. H. A arte-educação no âmbito da educação inclusiva: uma análise das teses de doutorado. *In:* FONSECA DA SILVA, M. C. (org.). **Conversas de grupo de pesquisa:** enlaces entre educação e arte. Itajaí: Casa Aberta, 2013. v. 1, p. 164-182.

ao projeto de extensão *Família no Museu*, que recebe famílias com pessoas com deficiência no final de semana, nos espaços culturais de Florianópolis, oportunizando a visibilidade do circuito cultural e ofertando um serviço específico para pessoas com deficiência, assim como materiais adaptados às suas necessidades. O projeto criado em 2012 funcionou até 2020, estando temporariamente parado em função da pandemia.

Ressalto que o estudo de Anversa[18] revela vários aspectos pertinentes à visão do senso comum sobre arte e espaços culturais, talvez a mais relevante seja a que identifica que somente os museus dos grandes centros urbanos têm contribuições relevantes. Os discursos das mães revelam uma carência de aproximação dos espaços expositivos na cidade de Florianópolis com o público com deficiência. Desse modo o estudo de Anversa[19], em conjunto com reflexões mais amplas de Anversa e Rocha[20], identifica a importância dessa interação com diferentes espaços culturais em contextos diversificados, inclusive as descobertas possíveis a partir dos espaços locais.

O aspecto da acessibilidade nos espaços culturais foi tratado em diferentes projetos que coordenei ao longo dos anos, nas atividades de pesquisa e também nas atividades de extensão. Embora os projetos de extensão não sejam alvo deste texto, foram importantes laboratórios de desenvolvimento de reflexões teórico-práticas, também se constituíram como redes de trabalho com diferentes instituições. Entre as parcerias destacamos as atividades com os museus, entre eles o Museu Histórico de Santa Catarina (MHSC), o Museu Victor Meirelles, Museu da Escola Catarinense (Mesc), Museu de Antropologia (Marque), Museu da Imagem e do Som (MIS), Museu de Artes de Santa Catarina (Masc) e demais espaços culturais, como a Galeria Vecchietti, além das Fundações Badesc e Hassis.

Ainda na problemática do público cego temos o estudo de Ana Lúcia Oliveira Fernandez Gil, que possui um artigo específico na presente coletânea. Sua dissertação foi desenvolvida no ano de 2013, intitulada *O corpo-cego na arte: experiências estéticas e reflexivas no contexto de instituições culturais*, e reflete de forma mais ampla sobre o contexto da inclusão de pessoas cegas e seu lugar no contexto cultural. No seu estudo a autora pretendeu indagar

---

[18] ANVERSA, P. **O que pensam as famílias sobre a formação artística dos filhos com deficiência?** Com a palavra, as mães. Dissertação (Mestrado em Artes Visuais) – Universidade do Estado de Santa Catarina, 2011.

[19] *Idem.*

[20] ANVERSA, P.; ROCHA, J. Família e museu: uma reflexão sobre as possibilidades educativas em espaços expositivos. *In*: FONSECA DA SILVA, M. C. da R. (org.). **Conversas de Grupo de Pesquisa**: enlaces entre educação e arte. Itajaí: Casa Aberta Editora, 2013. v. 1, p. 207-221.

de que forma esse corpo-cego lida com os desafios, conquistas e superações, como o corpo que percebe o outro e o mundo, de forma peculiar. Pautado em uma matriz fenomenológica e complementado por uma perspectiva sócio-histórica, o estudo também problematizou questões sobre o corpo cego e sua mobilidade.

O estudo estabeleceu interlocuções com a obra de arte e sua acessibilidade nos espaços expositivos, detalhando as mediações que aconteceram no Masc e discutindo o trabalho do Núcleo de Ação Educativa (NAE-Masc) no processo de trocas e aprendizagens. Igualmente a dissertação destacou as contribuições dos programas de extensão vinculados na época ao Núcleo Pedagógico de Educação e Arte (Nupeart) e na atualidade ao Laboratório Interdisciplinar de Formação de Educadores (Life), ambos vinculados ao Centro de Artes (Udesc) como programas de extensão. Cabe ressaltar que o ano de 2013 converge com a minha transferência para o Centro de Artes, processo complexo de mudança de perspectiva profissional, mas que me abriu um novo leque de possibilidades de trabalho e atuação na universidade.

Stéfani Rafaela Pintos da Rocha defendeu no ano de 2015 a dissertação de mestrado intitulada *A formação dos licenciandos em artes visuais no projeto Pibid interdisciplinar Udesc: um estudo da produção de materiais para pessoas com deficiência*, nesse estudo a mestranda acompanhou e investigou o desenvolvimento de materiais pedagógicos produzidos por estudantes de artes visuais que participavam do projeto Pibid Interdisciplinar da Udesc. O estudo da autora descreve a organização do Pibid Interdisciplinar, considerando seu objeto de estudo e analisou a construção de jogos pedagógicos envolvendo duas ou mais áreas do conhecimento, ressaltando como objetivo analisar quais são as contribuições do subprojeto para a formação dos licenciandos em Artes Visuais considerando a construção interdisciplinar de materiais pedagógicos nas escolas de ensino regular de Florianópolis e suas relações com a sala de Atendimento Educacional Especializado (AEE).

O estudo apresentou como resultado dados acerca do pensamento dos estudantes sobre o conceito de interdisciplinaridade e inclusão. Igualmente sistematizou as contribuições da arte para a elaboração desses jogos. Mas também pautou-se no levantamento bibliográfico acerca da inclusão e das contradições existentes nas políticas educacionais que sustentam a educação especial/inclusiva na escola.

Ainda sobre os resultados, o estudo deteve-se também na análise de três jogos produzidos por bolsistas de Artes Visuais, bem como a aplicação destes nas três escolas, em turmas das quais participam alunos com deficiência. O estudo é uma contribuição às pesquisas do GPEAI e uma fonte para a elaboração de materiais pedagógicos para estudantes com deficiência no Ensino de Arte escolar.

O último estudo que orientei vinculada ao GPEAI foi a dissertação de mestrado de Cláudia Silvana Saldanha Palheta intitulada *O ensino de arte e o sujeito com deficiência intelectual: perspectivas histórico-críticas*, que foi concluída no ano de 2019. A autora atua como professora da Associação de Pais e Amigos do Excepcional (Apae) de Belém, e buscou refletir sobre a produção artística de seus estudantes a partir do viés sócio-histórico, orientando seu estudo na perspectiva da Psicologia Histórico-cultural.

Palheta[21] traçou como objetivo de seu estudo investigar o ensino de arte e suas contribuições para a formação estética e a inserção social e cultural das pessoas com deficiência intelectual. Tomou como ponto de partida aspectos centrais da prática pedagógica como professora de artes visuais do Programa de Artes da Apae de Belém.

Considerando o aporte teórico delimitado a autora caracteriza a deficiência não apenas em seus aspectos biológicos, mas, sobretudo, por seus determinantes sociais, no que se refere às barreiras sociais que limitam as condições de vida concretas dessas pessoas.

Na construção da pesquisa, Palheta[22] ressalta que buscou sistematizar as contribuições do ensino de arte para os processos de construção do conhecimento e da prática, no âmbito da educação especial. Igualmente, pretendeu produzir escolhas que possibilitam o desenvolvimento da pessoa com deficiência enquanto sujeito social, cultural e humanizado. Abordou também a centralidade dos conteúdos e a importância de produzir proposições pedagógicas que superem os estigmas enfrentados pelos alunos com deficiência intelectual, na perspectiva de ampliação das oportunidades de inserção e participação social desses sujeitos e de sua participação estética e artística na sociedade.

A autora nos brinda também com um capítulo detalhando seu estudo como parte integrante do presente livro.

Apresentar o contexto de pesquisas, dissertações e também da revista *Educação Artes e Inclusão* neste capítulo ficará como um registro histórico das ações empreendidas desde que criei o grupo em 2006, um grupo bastante

---

[21] PALHETA, C. S. S. **O Ensino de arte e o sujeito com deficiência intelectual:** Perspectivas histórico-críticas. Dissertação (Mestrado em Artes) – Universidade do Estado de Santa Catarina, Centro de Artes, Programa de Pós-graduação em Artes Visuais, Florianópolis, 2019.

[22] *Idem.*

atuante, que realizou muitos encontros anuais, os quais não foi possível listar, mas que reuniram nomes nacionais, estaduais e locais ao longo desses 15 anos. Também problematizou diferentes conjunturas políticas do país, anos de muita fartura de recursos para pesquisa e anos muito difíceis como os que estamos vivendo.

No âmbito das políticas educacionais também vive-se uma conjuntura problemática, não só para a área da educação especial, como também para a formação de professores e estudantes das escolas públicas. Desvalorização e precarização da educação têm sido a palavra de ordem. Uma conjuntura em que os estudos precisam reverberar em ações potentes e coletivas de transformação.

Considerações Finais

Meu objetivo neste capítulo foi problematizar a trajetória que trilhei em conjunto com estudantes de iniciação científica, mestrandos e doutorandos e demais pesquisadoras participantes do GPEAI nesses 15 anos, além dos parceiros institucionais. Desse modo pretendi apresentar alguns aspectos históricos, políticos e pedagógicos, a fim de subsidiar novos estudos e desenvolvimento de ações no tripé que forma a Universidade a partir de diferentes realidades. Mas também organizei aqui um determinado ponto de vista sobre esses momentos, certamente existirão outros olhares para essa trajetória. É de fato um relato pessoal de uma trajetória, cheia de percalços, mas também cheia de descobertas, e me pareceu ao fim deste texto ter conseguido juntar um conjunto de pontas, embora tenha feito escolhas, pois outras tantas ficaram de fora.

Seria impossível enumerar todos os protagonistas desses 15 anos, mas ressalto que foram muitos, de grande qualidade e com uma atuação muito relevante no combate à exclusão, no combate à retirada dos direitos humanos, e não poderia deixar de ser, defendendo a arte na escola e na sociedade.

A Revista, como um veículo de comunicação científica, distribui a produção de pesquisas e experiências inclusiva em diferentes recantos do país e localmente, também, faz a ponte com outros grupos de pesquisa, professores e instituições que se dedicam ao campo da arte, e sua trajetória é consolidada por parâmetros de avaliação da área.

As pesquisas sobre arte e inclusão ainda carecem de mais espaço nos programas de pós-graduação na área de arte. A cada ano esse tema parece se misturar com uma quantidade de outras problemáticas relevantes e que estão mais na moda na atualidade, esse efeito vem produzindo um apagamento na conjuntura de fortalecimento da área de educação especial no campo das Artes Visuais.

Os diferentes estudos que orientei nesses 15 anos abriram algumas portas, mas ainda não impactam com toda a força necessária a área de Artes, até porque os grupos de pesquisa sozinhos não têm essa condição. Seria um desafio para a área e as políticas existentes. Um comprometimento do estado com a qualidade da formação docente, com os salários adequados, com o fornecimento às escolas de equipamentos, materiais educativos, espaço físico, que potencialize as necessidades dos estudantes com deficiência, assim como para os demais estudantes.

Assim, concluo o texto afirmando que se em 2006 eu tinha pouca experiência e muitos sonhos, hoje posso dizer que alguns consegui concretizar, mas outros dependem de uma visão política dos gestores, de uma formação com densidade e muito investimento. Na atualidade tenho menos sonhos e muita experiência, nesse sentido, minha análise se conclui afirmando que a educação especial e as Artes têm muito potencial de trabalho conjunto, muitas relações possíveis. No entanto, não podemos ser ingênuos, há empecilhos políticos, há conflitos de interesses e parcas condições de produzir uma crítica à conjuntura atual. De momento, desejo que sigamos juntos, mesmo que em espaços de pesquisa diferentes. Encerro este texto com um viva à universidade pública, à Udesc em especial, que me acolheu como estudante aos 16 anos de idade e onde pude construir minha trajetória profissional até os dias atuais, em que completo 27 anos de instituição.

Referências

ANVERSA, P. **O que pensam as famílias sobre a formação artística dos filhos com deficiência?** Com a palavra, as mães. Dissertação (Mestrado em Artes Visuais) – Universidade do Estado de Santa Catarina, 2011.

ANVERSA, P.; ROCHA, J. Família e museu: uma reflexão sobre as possibilidades educativas em espaços expositivos. *In*: FONSECA DA SILVA, M. C. da R. (org.). **Conversas de Grupo de Pesquisa**: enlaces entre educação e arte. Itajaí: Casa Aberta Editora, 2013. v. 1, p. 207-221.

BORN, R. M.; SCHUTZ FOERSTE, G. M. Editorial. **Revista Educação, Artes e Inclusão,** Florianópolis: UDESC, v. 16, n. 1, 2020.

CASTELLANOS, A. R. *et al.* (org.). **Prototipos, Lenguaje y representacion en las personas ciegas.** Cádiz: Universidade de Cádiz, 2008.

COSTA, B. Q. **O ensino da arte para a educação inclusiva na revista educação, artes & inclusão entre os anos 2010 e 2020**: um estado do conhecimento. TCC (Graduação em Artes) – Florianópolis, SC. UDESC, 2021.

ESPÍNDOLA, Ageniana. **A dança para pessoas cegas**: Um estudo bibliográfico sobre o caso. Especialização em Educação Especial Inclusiva. São José dos Pinhais: Centro Universitário Leonardo da Vinci, UNIASSELVI, 2020.

FONSECA DA SILVA, M. C. R. **Arte e tecnologia:** contribuições para a educação estética de públicos especiais. Goiás: C&A Alfa Comunicação, 2018. v. 1.

FONSECA da SILVA, M. C. R.; MENDES, G. M.L.; FINCK, R. **Objetos Pedagógicos:** Uma experiência inclusiva em oficinas de artes. 1. ed. Araraquara: Junquiera Marin, 2012. v. 1. 320p.

FONSECA DA SILVA, M. C. R.; AZEVEDO, I. G.; ROCHA, S. C. El Profesor de Arte para ninos ciegos: práticas pedagógicas en dos realidades. *In*: CONGRESSO NACIONAL Y III ENCUENTRO INTERNACIONAL DE ESTUDIOS COMPARADOS EN EDUCACIÓN, 4. 2011. **Anais** [...]. Buenos Aires: SAECE, 2011. v. 1. p. 01-15.

FONSECA DA SILVA, M. C. R.; AZEVEDO, I. G.; SELL, F. S. F. Concepciones sobre educación artística en Brasil: caminos entre la teoria y la práctica, de la enseñanza regular a las ongs. **Revista Fuentes**, v. 1, p. 165-186, 2012.

FONSECA DA SILVA, M. C. R.; BORNELLI, M. C. Objetos pedagógicos inclusivos no cotidiano escolar. **DAPesquisa**, v. 2, p. 1-07, 2007.

FONSECA DA SILVA, M. C. R.; GUGLIELMI, R.; POFFO, S. M. Arte e Tecnologia: uma proposta metodológica. **Revista Ciclos,** v. 1, p. 14-36, 2014.

FONSECA DA SILVA, M. C. R.; MENDES, G. M. L.; OLIVEIRA, G. M. S. Estratégias de letramentos: alfabetização, arte e tecnologia. **Revista Digital do LAV**, v. 5, p. 1-19, 2012.

IAVELBERG, R.; AMARAL, M. G. T. D. Editorial. **Revista Educação, Artes e Inclusão**, v. 16, n. 3, 2020.

KIRST, Adriane Cristine. **As aprendizagens do público com deficiência visual**: uma experiência de diálogo com a arte contemporânea. Dissertação (Mestrado em Artes) – Universidade do Estado de Santa Catarina – UDESC, Florianópolis, 2010.

PALHETA, C. S. S. **O Ensino de arte e o sujeito com deficiência intelectual:** Perspectivas histórico-críticas. Dissertação (Mestrado em Artes) – Universidade do Estado de Santa Catarina, Centro de Artes, Programa de Pós-graduação em Artes Visuais, Florianópolis, 2019.

ROCHA, S. R. P. da. **A formação dos licenciandos em artes visuais no projeto PIBID interdisciplinar UDESC**: um estudo da produção de materiais para pessoas com deficiência. Dissertação (Mestrado em Artes) – Universidade do Estado de Santa Catarina, Centro de Artes, Programa de Pós-graduação em Artes Visuais, Florianópolis, 2015.

SIMÓ, C. H. A arte-educação no âmbito da educação inclusiva: uma análise das teses de doutorado. *In*: FONSECA DA SILVA, M. C. (org.). **Conversas de grupo de pesquisa:** enlaces entre educação e arte. Itajaí: Casa Aberta, 2013. v. 1, p. 164-182.

SIMÓ, C. H. **O Estado da Arte das Teses Acadêmicas que Abordam Arte e Inclusão**: Um Recorte de 1998 a 2008. Dissertação (Mestrado em Artes) – PPGAV/ UDESC, Florianópolis, 2010.

RECURSOS ACESSÍVEIS PARA DEFICIENTES VISUAIS: E-BOOK ACESSÍVEL CONTEMPLANDO ATIVIDADES DIDÁTICAS ALICERÇADAS NO DUA (DESENHO UNIVERSAL PARA APRENDIZAGEM)

Evelize Höfelmann Bachmann
Fabíola Sucupira Ferreira Sell

Introdução

Partindo do pressuposto de que todos nós estamos em constante contato com informações visuais, e que convivemos com pessoas que apresentam desvantagens devido à falta de recursos acessíveis, o presente capítulo aborda os resultados de uma avaliação resultante da aplicação de um e-book acessível, sendo este um Produto Educacional desenvolvido em um curso de mestrado profissional intitulado *Matemática para todxs: unidades didáticas alicerçadas no desenho universal para aprendizagem*[23]. Como objetivo, o artigo propõe apresentar uma avaliação do material realizada por meio de entrevista semiestruturada com duas deficientes visuais[24].

Em tempos atuais, pessoas com algum tipo de deficiência estão rompendo a ideia de que são incapazes. Há uma busca constante na efetivação de seus direitos[25]. Isso nos faz entender que a acessibilidade é uma realidade em relação à interação e ao alcance das informações.

A acessibilidade deve ser comum a todos. Pessoas com ou sem deficiência necessitam da acessibilidade para a interação com o mundo. Ao tratar a acessibilidade para pessoas com deficiência visual, nos deparamos com uma realidade rodeada de discriminações no decorrer dos tempos. A realidade é que muitos que apresentam essa deficiência são ainda segregados, excluídos e continuam na busca pela conquista de possibilidades mais acessíveis.

[23] BACHMANN, E. H.; SELL, F. S. F. **Matemática para todos**: unidades didáticas alicerçadas no desenho universal para aprendizagem. Produto Educacional. PPGECMT-UDESC, 2020. Disponível em: https://educapes. capes.gov.br/handle/capes/574808. Acesso em: 10 abr. 2021.

[24] Nosso agradecimento à disponibilidade das entrevistadas em responder prontamente à nossa solicitação. Salientamos que equívocos que eventualmente permaneçam são de nossa inteira responsabilidade.

[25] BOCK, G. L. K.; GESSER, M.; NUERBERG, A. H. Desenho Universal para a aprendizagem: a produção Científica no período de 2011 a 2016. **Revista Brasileira de Educação Especial**, Marília, v. 24, p. 143-160, mar. 2018. Disponível em: http://www.scielo.br/scielo.php?pid=S141365382018000100143&script=sci_arttext&tlng=pt. Acesso em: 5 set. 2018.

A inclusão hoje é uma realidade, mas sabemos que há muito mais a ser feito para que seja eficaz e atenda às necessidades desse público. Quando direcionamos a acessibilidade para a inclusão da informação, principalmente dos deficientes visuais, já comemoramos várias conquistas. É sabido que, nesse processo, a escola é decisória nessa mudança de comportamento. A escola é o melhor exemplo a ser observado nas questões que envolvem a inclusão[26].

O Brasil busca a inclusão, a acessibilidade igualitária, mas a questão da acessibilidade à educação ainda não está resolvida. Quanto à educação, a acessibilidade trata das possibilidades que permitem ao estudante, que apresente alguma deficiência, frequentar e se relacionar com uma comunidade educacional. Isso é fundamental para o indivíduo. Mas não basta apenas o acesso à educação, é necessário um preparo por parte dos profissionais que estão envolvidos diretamente nesse processo. A falta de condições e recursos adequados em relação ao atendimento das necessidades educacionais especiais resulta no despreparo e até resistência, ou mesmo desinteresse de muitos professores. Muitos profissionais alegam que não estão preparados para essa inclusão por diversos motivos, como, por exemplo, o de não possuírem material pedagógico adaptado, as condições físicas não serem favoráveis, número excessivo de alunos, dentre outros fatores. Esses fatores podem influenciar negativamente a proposta de inclusão[27].

O professor, nesse processo, é considerado um mediador da relação do indivíduo com o conhecimento. É preciso que o professor busque o desejo de aprender de forma vibrante, a fim de estar aberto à busca de novas alternativas de intervenção, principalmente diante de situações em que o estudante apresenta dificuldades em relação ao ensino-aprendizagem. O papel do professor faz toda a diferença em conviver com a diversidade na escola. A esse profissional cabe novos posicionamentos, não só no plano pedagógico, como também nas questões que envolvem a ética. Por essas razões, cabe aqui mencionar a palavra desafio. Sim, o desafio que uma escola tem em cumprir e atender a sua missão de ensinar com qualidade a todos[28].

Vale ressaltar que não só a escola é responsável por possibilitar maior inclusão. A privação ao acesso a materiais adequados à realidade desses indivíduos é uma realidade. Materiais adaptados para essa realidade são um dos fatores promotores da inclusão.

---

[26] MOSQUEIRA, C. F. F. **Deficiência visual na escola inclusiva**. Curitiba: Intersaberes, 2012.

[27] DUTRA, M.; GRIBOSKI, C. P. **Educar na diversidade**: compartilhando experiências educacionais inclusivas. Espanha: Ministério da Educação, 2009.

[28] SAMPAIO, C. T. **Educação inclusiva**: o professor mediando para a vida. Salvador: EDUFBA, 2009.

Em situações de ensino, os recursos digitais podem representar obstáculos às pessoas deficientes visuais no acesso aos conteúdos. Contamos com alguns meios digitais que possibilitam recursos característicos os quais permitem sua leitura por meio de uma tela, como um monitor de computador, smartphones, dispositivos leitores de livro digital, tablets, dentre outros. Essa leitura, quando não apresenta acessibilidade de seus conteúdos, pode ser um problema para a inclusão. Para tanto, torna-se necessário que essa acessibilidade aconteça por meio da descrição de todas as informações que se apresentam em formato de imagem, já que os softwares de leitura de e-books descrevem apenas textos, e não imagens. A partir desse contexto, a proposta deste capítulo é apresentar uma avaliação de um e-book, construído a partir da necessidade de tornar experiências didáticas contidas em um e-book acessíveis a deficientes visuais, possibilitando que imagens e tabelas se tornem acessíveis durante a leitura do material. Tal livro digital faz parte da construção de um Produto Educacional decorrente de experiências realizadas durante o período de mestrado, refletindo os resultados obtidos a partir de uma sequência didática com ênfase nos princípios do Desenho Universal para Aprendizagem (DUA).

Recursos Acessíveis para Deficientes Visuais

Para que um produto editorial seja acessível é importante que este ofereça flexibilidade para todos os leitores com ou sem deficiências. A fim de que haja a acessibilidade, qualquer documento deve combinar três elementos principais, sendo eles: estrutura (sequência de capítulos, seções, cabeçalhos, parágrafos de texto etc.), conteúdo (palavras, espaços, imagens) e aparência (estilo tipográfico, leiaute geométrico das páginas e conteúdo)[29].

Para melhor compreensão, Petrie e Bevan[30] apresentam algumas características que envolvem princípios e diretrizes os quais podem auxiliar na interação do usuário com a interface a ser utilizada. Em primeiro lugar, as informações e os componentes da interface devem ser perceptíveis ao usuário. Outro fator importante é fornecer alternativas para textos com conteúdos não textuais que possam ser mudados conforme a necessidade do usuário. Essas alternativas podem ser: Sistema Braille, narração, símbolos ou linguagens mais simples. É importante também criar conteúdos adaptáveis e que possam

---

[29] HILDERLEY, S. **Accessible publishing**: best practice guidelines for publishers. 2013.

[30] PETRIE, H.; BEVAN, N. The evaluation of accessibility, usability and user experience. *In*: STEPANIDIS, C. (ed.). **The Universal Access Handbook.** Boca Raton: CRC Press, 2009. p. 1-27. Disponível em: http://bit.ly/19EFBmw. Acesso em: 10 abr. 2021; POSSATTI, G. M. Tablet e livro digital: acessibilidade a usuários com deficiência visual. **Blucher Design Proceedings**, Gramado, v. 1, n. 4, p. 1-11, nov. 2014. Disponível em: http://pdf.blucher.com.br.s3-sa-east-1.amazonaws.com/designproceedings/11ped/00850.pdf. Acesso em: 10 abr. 2021.

ser apresentados de diferentes formas, sem perder informação ou estrutura. Outra diretriz que auxilia nesse processo é a de oferecer tempo suficiente aos usuários para lerem o conteúdo, bem como oferecer também a oportunidade de lerem ou ouvirem esse conteúdo com maior facilidade. Quanto a desenvolver um produto que seja navegável, é necessário direcionar o usuário de modo a encontrar o conteúdo e determinar onde esse conteúdo está.

Segundo os autores, tornar a informação e a operação da interface compreensíveis também é um fator contribuinte nesse processo. Os conteúdos devem estar legíveis e compreensíveis ao usuário. O conteúdo tem de ser robusto o suficiente para que possa ser interpretado de forma confiável por ampla variedade de agentes de usuários e as informações devem ser compatíveis com as tecnologias assistivas.

Eles evidenciam ainda que experiência de leitura dos usuários com deficiência pode ser melhorada a partir de um conteúdo estruturalmente rotulado (tag); na capacidade de o texto ser falado (text-tospeech); na inclusão de um sumário detalhado e navegável; nas descrições alternativas de textos.

Produto Educacional – E-book como estrutura acessível

Em tempos atuais, é possível encontrar ferramentas digitais que possibilitam o leitor a experienciar simulações de folhear uma página, assim como é feito com o livro de papel, ou até mesmo ajustes no brilho da tela. São recursos atrativos e tecnológicos que estão conquistando espaço em um mundo em que a informação acontece de forma rápida e acessível. Estamos vivenciando a realidade da leitura virtual, a partir de um formato convidativo, em que leitor e autor interagem e aprofundam seus conhecimentos por meio de todos os benefícios possíveis oferecidos mediante a manipulação dessa ferramenta[31].

> O livro eletrônico é um dispositivo que propõe ao leitor fazer "o mesmo caminho do autor" na produção do texto. As referências, quando virtuais e ativas, proporcionam acesso imediato às referências que ensejaram o pensamento do autor e que culminaram na produção textual. Esse procedimento, tão estimulado pela pesquisa científica, tornou-se de fácil acesso, o que, no modelo tradicional – o livro em papel –, demanda do leitor muito tempo e buscas exaustivas às fontes bibliográficas em outro meio[32].

[31] DZIEKANIAK, G. V. **Biblos**: Revista do Instituto de Ciências Humanas e da Informação, v. 24, n. 2, p. 83-99, jul./dez. 2010.
[32] *Idem.*

Já quanto à acessibilidade do e-book para pessoas com baixa visão ou mesmo visão não existente, contamos com as Tecnologias Assistivas (TA) conceituando-se como

> [...] uma área do conhecimento, de característica interdiscipli-nar, que engloba produtos, recursos, metodologias, estratégias, práticas e serviços que objetivam promover a funcionalidade, relacionada à atividade e participação de pessoas com deficiên-cia, incapacidades ou mobilidade reduzida, visando sua auto-nomia, independência, qualidade de vida e inclusão social[33].

Quando apresentado como Tecnologias Assistivas (TA), o Dosvox, conforme Cezareo e Pagliuca[34], é amplamente aceito entre as pessoas cegas ou com baixa visão nos vários setores sociais, contribuindo como recurso utilizado atualmente por pessoas deficientes visuais. Trata-se de um *software* que executa tarefas de edição de texto, leitura de textos transcritos, permi-tindo acesso a formação cultural e tecnológica. Em relação aos *smartfones*, é possível contar com o aplicativo de auxílio chamado *@Voice*. Essa ferra-menta de auxílio possibilita que o usuário tenha acesso, por meio de áudios, aos textos contidos em uma estrutura editorial. O usuário pode realizar o download do aplicativo por meio de plataformas[35].

Um e-book pode se apresentar como uma ferramenta estrutural para registrar informações. Pensando no fato de ser uma estrutura acessível, a construção do e-book, contendo conteúdos de unidades didáticas alicerçadas no Desenho Universal para Aprendizagem, foi a estrutura escolhida para a elaboração do produto educacional aqui referido[36]. Para que um produto educacional seja desenvolvido, é preciso saber que este reflete o resultado de um processo de reflexão, de contextualização e de estudos que englobam pesquisas e saberes de diversos pesquisadores e profissionais[37].

O objeto de estudos presente no produto educacional *Matemática para todxs: unidades didáticas alicerçadas no desenho universal para aprendizagem* diz respeito a práticas didáticas, subsidiadas pelos princípios do Desenho Univer-sal para Aprendizagem, aplicadas a partir da utilização de materiais didáticos

---

[33] CAT – Comitê de Ajudas Técnicas. **Ata da Reunião VII, de dezembro de 2007**. Comitê de Ajudas Técnicas, Secretaria Especial dos Direitos Humanos da Presidência da República (CORDE/SEDH/PR). 2007. p. 1. Disponível em: http://www.infoesp.net/CAT_Reuniao_VII.pdf. Acesso em: 9 mar. 2020.

[34] CEZAREO; PAGLIUCA, 2007 *apud* FELICETTI, S. A. **A utilização das tecnologias assistivas com pessoas cegas ou com baixa visão**: uma revisão da Literatura Br. J. Ed. Tec. Soc, Irati, v. 4, n. 10, p. 275-287, out. 2017. Disponível em: www.brajets.com > index.php > brajets > article > download. Acesso em: 15 abr. 2020.

[35] GOOGLE PLAY, 2020.

[36] BACHMANN; SELL, 2020.

[37] DZIEKANIAK *et al.*, 2010.

manipulativos e sensoriais. Os objetivos de tais práticas permearam a interação e a acessibilidade à aprendizagem dos alunos com e sem dificuldades de aprendizagem. Por se tratar de uma estrutura digital (e-book), foi possível criar um conteúdo acessível com foco em um público com deficiência visual. Sendo um trabalho que aborda temáticas acessíveis, compreendeu-se que o resultado final poderia apresentar acessibilidade também na leitura do conteúdo obtido nas práticas realizadas durante o desenvolvimento do mestrado profissional[38].

Tendo em vista a importância de produzir um material mais acessível, optou-se por desenvolver duas versões do material, sendo uma delas um e-book com estrutura para leitura acessível de pessoas com deficiência visual[39]. A estratégia utilizada foi a descrição de todas as imagens e tabelas de forma que o acesso descritivo poderia acontecer a partir de aplicativos e softwares especializados na leitura e transmissão de áudios de todos os textos contidos no e-book, como apresenta a imagem a seguir[40].

Figura 1 – Desenvolvimento da diagramação e descrição de imagens acessíveis

Descrição da Imagem: Nesta imagem aparecem notas de dinheirinho sem valor real. A primeira nota é de dez reais com um círculo azul de papel ondulado colado na nota. A segunda nota é de dois reais com um triângulo feito de lixa colado na nota. A terceira nota é de cinco reais com um quadrado de algodão colado na nota. E a quarta e última nota é de vinte reais com um retângulo azul feito de E.V.A colado na nota.

Dias antes desta atividade, preparamos o dinheirinho e também os produtos utilizados na vendinha. Olha só que ideia legal!!!! O dinheirinho tem material sensorial, assim como cada embalagem. A criança consegue identificar o valor e também associar através das formas geométricas feitas com os materiais sensoriais.

Fonte: Bachmann e Sell[41]

---

[38]   BACHMANN; SELL, 2020.

[39]   Ambas as versões do e-book estão disponíveis na plataforma da EduCapes. Disponível em: https://educapes. capes.gov.br/handle/capes/574808. Acesso em: 1 mar. 2022.

[40]   BACHMANN, E. H. **As contribuições dos materiais didáticos manipulativos e sensoriais para o ensino de matemática com base nos princípios do desenho universal para aprendizagem.** Dissertação (Mestrado em Matemática) – PPGECMT-UDESC, 2020. Disponível em: https://sucupira.capes.gov.br/sucupira/public/consultas/ coleta/trabalhoConclusao/viewTrabalhoConclusao.jsf?popup=true&id_trabalho=9309442. Acesso em: 10 abr. 2021.

[41]   BACHMANN; SELL, 2020, p. 136.

Pra todos verem: descrição da imagem: a imagem apresenta várias notas de dinheiro sem valor, sobre uma mesa verde, para exemplificar a diagramação e as descrições das imagens contidas no e-book. A primeira nota é de dez reais com um círculo azul de papel ondulado colado na nota. A segunda nota é de dois reais com um triângulo feito de lixa colado na nota. A terceira nota é de cinco reais com um quadrado de algodão colado na nota. E a quarta e última nota é de 20 reais com um retângulo azul feito de E.V.A. colado na nota.

Ao término do material, este foi apresentado à deficiente visual Sílvia, testado e validado por ela quando da escrita da dissertação e do produto educacional.

Figura 2 – Teste e-book acessível com deficiente visual

Fonte: Bachmann e Sell[42]

Pra todos verem: descrição da imagem: na imagem encontramos a Silvia, que é deficiente visual e está testando o e-book em seu celular e computador. Na imagem da esquerda, Silvia está com seu celular na mão manipulando o e-book. Na imagem da direita, ela está sentada e em sua frente está seu computador. Nesse momento ela está testando a leitura do e-book em seu computador.

---

[42] BACHMANN; SELL, 2020, p. 135.

Com a descrição das imagens, a deficiente visual pôde ter acesso à informação. Após a leitura, foi perguntado à Silvia o que ela havia entendido na descrição dos textos e principalmente das imagens. Ela descreveu que compreendeu o que estava nas imagens, sendo essa primeira avaliação realizada com o e-book acessível. Sílvia se emocionou quando pôde ler o livro por inteiro, com todos os detalhes, e comparou sua leitura à leitura das pessoas que enxergam: "Por meio da leitura, pude 'enxergar as imagens'"[43].

Após defesa do mestrado, entendeu-se como necessidade a busca em aprimorar esse material. É a partir dessa busca que uma pesquisa qualitativa realizada por meio de entrevistas narrativas foi estabelecida para verificar uma nova avaliação da acessibilidade e resultados alcançados com a leitura do e-book por duas pessoas com deficiência visual. A metodologia aplicada para obter a avaliação e os resultados obtidos a partir dessa metodologia são apresentados na próxima seção.

Metodologia e coleta dos dados

A pesquisa pode ser considerada como uma atividade principal no processo do conhecimento. Quanto à pesquisa qualitativa, ela oferece o caminho para escapar da mesmice. De acordo com Borba[44], a pesquisa qualitativa "lida e dá atenção às pessoas e às suas ideias, procura fazer sentido de discursos e narrativas que estariam silenciosas".

A fim de realizar uma nova avaliação da acessibilidade por meio das informações obtidas na leitura feita pelas deficientes visuais, optou-se por realizar uma entrevista narrativa que pudesse contribuir com informações relevantes para a avaliação proposta. Tais entrevistas foram feitas com duas deficientes visuais. A primeira se chama Silvia, está cursando pedagogia e pretende dar aulas para crianças com deficiência visual. A segunda entrevistada é Débora, psicóloga e servidora pública, integrantes de um Laboratório de Educação Inclusiva[45]. Por conta da pandemia de Covid-19, as entrevistas foram realizadas por áudio e conversas de texto via aplicativo de conversa. Quanto às entrevistas narrativas, são consideradas

---

[43] BACHMANN, 2020, p. 137.

[44] BORBA, M. de C.; ARAÚJO, J. de L. (org.). **Pesquisa Qualitativa em Educação Matemática**. 5. ed. Belo Horizonte: Autêntica Editora, 2013. p. 21.

[45] O prenome das entrevistadas foi mantido com o consentimento de ambas, após assinatura do Termo de Consentimento Livre e Esclarecido (TCLE).

> [...] representações ou interpretações do mundo e, portanto, não estão abertas a comprovação e não podem ser julgadas como verdadeiras ou falsas, pois expressam a verdade de um ponto de vista em determinado tempo, espaço e contexto sócio histórico[46].

As entrevistas narrativas são consideradas técnicas para gerar histórias e, por isso, são passíveis de serem analisadas de diferentes formas após a captação e a transcrição dos dados. Tais informações coletadas da entrevista narrativa permitem que o pesquisador obtenha informações dos entrevistados, realizadas no ambiente de pesquisa[47].

Tendo em vista a importância da entrevista narrativa, com base no levantamento de informações pretendidas, estabeleceu-se as seguintes questões:

1. Quais são suas maiores dificuldades ao acesso a informações, principalmente de imagens em materiais digitais?

2. Conte um pouco de suas experiências com a leitura de e-books. Hoje é comum encontrar esses materiais acessíveis a deficientes visuais?

3. Ao realizar a leitura do e-book sobre as atividades didáticas alicerçadas ao DUA, quais foram suas principais percepções?

4. A leitura das descrições de imagens estava devidamente acessível?

5. Você conseguiu associar a leitura dos textos às descrições das imagens?

6. Pela descrição das imagens foi possível compreender as atividades contidas no e-book?

7. Teria sugestões para melhorias desse material?

8. Você acredita que a acessibilidade aconteceu no momento de leitura desse material?

9. Quais as contribuições que os recursos acessíveis podem trazer para as pessoas com deficiência visual?

Com base nas perguntas, foi realizado contato com as entrevistadas. Ambas prontamente se propuseram a auxiliar no processo de avaliação do e-book, a partir de suas contribuições e respostas ao questionário a elas

---

[46] MUYLAERT, C. J. *et al.* Entrevistas Narrativas: um importante recurso em pesquisa qualitativa. **Revista da Escola de Enfermagem da USP**, p. 193-199, 2014. p. 195.

[47] *Idem.*

direcionado. O contato foi exclusivamente a partir de áudios enviados por aplicativo de conversa. Os resultados da compreensão e das considerações das leituras do e-book realizadas pelas deficientes visuais são descritos no tópico a seguir.

Resultados da leitura e interpretação do material didático acessível

Partindo da proposta de realizar uma entrevista narrativa e transcrever os resultados a partir de um texto dialógico, no dia 7 de abril de 2021, foi realizada a primeira entrevista com a graduanda de pedagogia Silvia. A primeira pergunta refere-se às maiores dificuldades encontradas em relação às informações, principalmente de imagens em materiais digitais. Silvia relata que uma das dificuldades em relação às informações é a falta de descrição de tabelas. Em tempos atuais é possível encontrar materiais que descrevam tabelas, mas isso sempre foi uma dificuldade para ela. Quando não tem descrição de imagem, fica difícil a leitura. Ela acrescenta que ficou bem feliz ao ler no e-book os detalhes das descrições, dizendo que parecia estar enxergando com os olhos de alguém.

Quando perguntada sobre suas experiências com a leitura de e-book e se hoje esse tipo de material está mais acessível aos deficientes visuais, a entrevistada afirma que hoje a questão do e-book melhorou em vista de tempos atrás, já que contam com o aplicativo @Voice, que faz a leitura dos e-books, facilitando a leitura no celular. Acrescenta que também é possível que a leitura seja realizada por meio de computadores. Muitos livros estão acessíveis para as pessoas deficientes visuais; os sistemas de leitores de telas têm facilitado o acesso a informações. Ao perguntar sobre a leitura do e-book com as atividades didáticas alicerçadas no DUA, em primeiro lugar a entrevistada declara que foi um livro de fácil compreensão, de linguagem simples. A comunicação do escritor com o leitor acontece. A ideia do escritor fica clara.

As descrições das imagens eram de fácil compreensão. Quanto à leitura das descrições de imagens, Silvia relata que estavam devidamente acessíveis e de fácil compreensão. Ainda sobre as imagens, pergunto se ela conseguiu associar as imagens ao texto. De acordo com as respostas, parece ter havido uma ligação significativa entre o texto e a descrição das imagens. Com a descrição das imagens ficou muito mais fácil imaginar o momento, segundo ela. Silvia conseguiu imaginar as atividades sensoriais. Ela relatou que gostou das atividades. Quando perguntado se, com as descrições das imagens, foi possível compreender as atividades, Silvia relata que sem as descrições ela provavelmente não conseguiria compreender e identificar tantos detalhes das atividades. Foi possível imaginar o cenário, a sala de aula e as características da organização da sala. "É como se a gente estivesse enxergando com os olhos de outra pessoa".

Quanto às sugestões para possíveis melhorias do material, a entrevistada relata que não falamos mais "pessoas portadoras de deficiência visual", como ainda aparece no material, e que em 2017 foi mudada a maneira de se referir à deficiência. Hoje falamos apenas deficientes visuais. Ainda é comum encontrar materiais que apresentam pessoa portadora. Outro fator é a mudança da hashtag. Deve ser colocado #pratodosverem. Tirar o "para" e colocar o "pra". Essas são as pontuações de Silvia quanto às melhorias. Em relação à acessibilidade, quando perguntado se aconteceu no momento da leitura do material, a entrevistada comenta que sim, pois a partir do momento que ela entendeu a informação, a acessibilidade aconteceu.

Ela acrescenta ainda que a parte mais acessível foi referente às tabelas, pois não são encontradas com facilidade em livros as descrições de tabelas. "Geralmente os livros que eu escolho para ler, principalmente na faculdade, não apresentam descrição de tabela"; "Hoje em dia o cego faz muitas exigências de descrição"; "A gente se sente parte de um todo". Por fim, é solicitado para Sílvia relatar as contribuições que os recursos acessíveis podem trazer para as pessoas com deficiência visual. Silvia descreve que, em relação ao e-book, se não houvesse a descrição das imagens ela não entenderia o planejamento das atividades e os detalhes da organização da sala e das etapas desenvolvidas no e-book. "Acessibilidade contribui com a informação, comunicação e principalmente com o conhecimento"; "Observei acessibilidade do início ao fim do e-book". Como palavras finais, Silvia acredita que esse e-book pode contribuir para que as pessoas compreendam e pensem com mais carinho na acessibilidade, nas contribuições que ela pode trazer para as pessoas com deficiência.

A segunda entrevistada se chama Débora. Ela é deficiente visual total, mas já teve baixa visão. Débora prontamente aceitou o convite de ler e fazer parte da avaliação do e-book acessível apresentado no produto educacional.

A primeira pergunta da entrevista está relacionada às maiores dificuldades ao acesso a informações, principalmente de imagens em materiais digitais. Debora responde que as maiores dificuldades acontecem quando os materiais não estão de forma acessível. Até material digital, que se entende que seja acessível, muitas vezes não é. "Um livro ou um e-book precisa ser acessível para termos acesso ao conteúdo por completo". Quando não tem a descrição de imagens, não há acesso. "Sem a descrição de imagens não há compreensão do todo". Essa é uma das maiores dificuldades. A segunda pergunta corresponde às experiências da entrevistada com a leitura de e-books e se é comum encontrar materiais acessíveis aos deficientes visuais. Débora evidencia que aprecia muito a leitura. Sempre procura utilizar como ferramenta de auxílio à leitura. No celular, ela utiliza o aplicativo *Voice Dream*. Esse aplicativo faz a leitura de e-pub, PDF, entre outros. Ele faz uma leitura linear, por isso é muito importante que o material esteja apresentado de forma correta. "Tem que ser pensada a forma de construir este material para que de fato ele seja acessível". As experiências de Débora hoje são bem melhores do que as de tempos atrás. Ela relata que os formatos que encontramos hoje não foram feitos exclusivamente para pessoas cegas. Esses formatos, como PDF, e-pub, por exemplo, são formatos que permitem também que pessoas com deficiência visual tenham acesso à leitura.

Ao perguntar à Débora sobre a leitura que ela realizou do e-book com atividades didáticas alicerçadas ao DUA, a entrevistada comenta que o e-book favorece a compreensão do conteúdo. As descrições das imagens e tabelas foram essenciais. Sem esse acesso seria difícil compreender como um todo.

Outro fator indicado por Débora, que pode ser um ponto de melhoria, é que o sumário não tem a indicação de página, dificultando a leitura, pois seria uma forma mais prática de localizar a página preferida. Uma outra observação da entrevistada é a questão de utilizar a expressão *Todxs* no título do e-book, por conta da pronúncia não muito adequada do leitor de áudio. Mas acrescenta que essa é uma questão pessoal, particular de cada leitor.

Com relação às tabelas, a entrevistada relata que são um pouco grandes, dificultando assim a compreensão. Poderia, por exemplo, ter uma complementação textual, abordando as características da tabela. Assim é possível ter a noção do todo. Segundo a entrevistada, é importante também deixar claro o fim da descrição da imagem, não se misturando assim com o texto. Isso pode dificultar a compreensão. Algumas descrições poderiam ser ainda mais detalhadas. Deixar mais claro o que é cada coisa. "Quando não compreendo por completo, eu busco saber por meio de pesquisas".

Quando perguntado se Débora conseguiu associar a leitura dos textos às descrições das imagens, ela indica que sim, foi possível fazer essa associação com tranquilidade. Quanto às descrições das imagens, Débora relata que a forma mais garantida de saber se a descrição realmente está de acordo com as imagens é por meio do auxílio de um consultor, que verificará se está correta a percepção. Mesmo assim, foi possível compreender as descrições e estão bem adequadas para a compreensão das atividades decorrentes do e-book.

Na questão seguinte, pergunto se foi possível pela descrição das imagens compreender as atividades contidas no e-book. Débora responde: "Sim, eu consegui compreender as atividades". No entanto, a imagem do Tangran ficou um pouco mais difícil por não conhecer o objeto, mas foi possível deduzir como é esse material. Nesse caso, uma descrição mais detalhada tiraria as dúvidas sobre o material. Quando perguntado à Débora suas sugestões de melhoria, ela relata que, em sua forma de compreender, não é necessária a abordagem do termo *alunos de inclusão* como aparece no e-book. Pode ser citado aluno com deficiência. Para ela, o aluno de inclusão é um termo preconceituoso, pois todos são alunos.

Quando questionada se acredita que a acessibilidade aconteceu no momento de leitura do material, Débora relata que sim, ela conseguiu acesso a todos os elementos do material. Nem se compara a um material que não tenha acessibilidade. O conjunto de elementos do e-book possibilitou sim a compreensão.

Por fim, pergunta-se quais as contribuições que os recursos acessíveis podem trazer para as pessoas com deficiência visual. "Acessar de fato o conteúdo, o conhecimento à medida que tenho materiais acessíveis, possibilitou acesso e leitura ao conteúdo. Formar ideias, emitir suas opiniões". Débora enfatiza que o acesso a esse material pode tornar possíveis variadas oportunidades. "À medida que eu torno um material didático acessível, transformo um livro em material acessível... vai fazendo com que o cego consiga captar e compreender como vão acontecendo as coisas. Permite acessar o mundo".

Checklist das principais percepções apresentadas pelas entrevistadas

Com a intenção de organizar as informações levantadas pela entrevistas com as deficientes visuais, um checklist foi desenvolvido para elencar as principais informações da avaliação do e-book:

Itens importantes identificados na leitura do e-book:

- As tabelas com descrição foram um diferencial em relação à acessibilidade no conteúdo do e-book
- Livro de fácil compreensão, apresenta linguagem simples
- Tornou-se possível a compreensão dos conteúdos
- Descrição das imagens de fácil compreensão
- Houve uma ligação significativa entre os textos e as imagens
- A descrição das imagens permite compreender o conteúdo de maneira mais abrangente
- Foi possível associar o texto às descrições de imagens
- As atividades do e-book foram compreendidas por meio da descrição de imagens
- A acessibilidade aconteceu no momento da leitura

Maiores dificuldades encontradas em e-books

- Acesso à leitura de tabelas, salientando que a maioria dos materiais não apresenta descrição de tabelas
- Materiais que não são acessíveis
- Falta de descrição de imagens

Possíveis melhorias do e-book avaliado

- Não utilizar os termos *Portador de deficiência* e *Alunos de inclusão*, apresentando nomenclaturas de acordo com pesquisas atuais da área
- Desenvolver um sumário com indicação de páginas
- Tabelas grandes podem dificultar a leitura e por isso breves descrições dessas auxiliam na compreensão do todo
- As descrições podem ser ainda mais detalhadas, especialmente de elementos que são específicos de determinadas áreas do conhecimento, como é o caso do Tangran

Contribuições que um e-book acessível pode trazer a um deficiente visual

- Acesso ao conteúdo
- Permite formar ideias, emitir opiniões

- Permite acesso ao mundo por meio das informações
- Sentimento de fazer parte de um todo
- Contribui informando, comunicando e gerando conhecimento

Análise e discussão dos resultados

O conceito de acessibilidade tornou-se mais amplo, sendo entendido como qualidade ou falta de qualidade de vida para todas as pessoas. A acessibilidade está interessada em diminuir ou mesmo eliminar barreiras dos indivíduos com ou sem deficiência[48].

Na avaliação realizada a partir das informações obtidas por meio das entrevistas com as deficientes visuais, a acessibilidade foi contemplada no e-book *Matemática para todxs: unidades didáticas alicerçadas no desenho universal para aprendizagem*. Hilderley[49] relata que um produto editorial precisa oferecer flexibilidade para seus leitores. No momento em que um material permite diferentes formas de compreensão de seu conteúdo, acontece a flexibilidade, mas a acessibilidade ainda continua sendo fator importante nesse processo. Sobre esse fator, Hilderley[50] afirma que qualquer documento deve combinar três elementos principais, sendo eles: estrutura (sequência de capítulos, seções, cabeçalhos, parágrafos de texto etc.), conteúdo (palavras, espaços, imagens) e aparência (estilo tipográfico, leiaute geométrico das páginas e conteúdo). Na avaliação das entrevistadas, a acessibilidade do material permitiu que houvesse compreensão quanto à estrutura, aos conteúdos e também quanto à aparência do material.

De acordo com os resultados obtidos, um dos pontos importantes mediante a estrutura foi a acessibilidade às tabelas. Petrie e Bevan[51] evidenciam que as informações e os componentes da interface devem ser perceptíveis ao usuário. Devem fornecer alternativas para textos com conteúdos não textuais. As tabelas e as imagens apresentaram um conteúdo não textual, permitindo que pessoas com deficiência visual tivessem acesso ao conteúdo em sua totalidade. Segundo os resultados da avaliação, tabelas acessíveis foram elencadas como uma das maiores dificuldades de acessibilidade em relação a e-books.

---

[48] QUEIROZ, M. A. **Acessibilidade web**: tudo tem sua primeira vez. 2006. Disponível em: http://www.bengalalegal.com/capitulomaq.php. Acesso em: 10 abr. 2021.

[49] HILDERLEY, 2013.

[50] *Idem.*

[51] PETRIE; BEVAN, 2009 *apud* POSSATTI; PERRY; SILVA, 2014.

Seguindo as considerações desses autores, é importante também criar conteúdos adaptáveis e que possam ser apresentados de diferentes formas, sem perder informação ou estrutura. Foi possível verificar que a estrutura e as informações do e-book se mantiveram em sua íntegra. Prova disso é o item descrito por uma das entrevistadas, quando relata que houve uma ligação significativa entre os textos e as imagens. Isso indica que a estrutura e as informações se mantiveram de forma organizada.

Quanto à afirmação de Petrie e Bevan[52] em relação à necessidade de direcionar os usuários a encontrar o conteúdo e determinar onde esse conteúdo está, é possível direcionar uma das melhorias apresentadas nos resultados da entrevista. Os autores ainda sugerem que a experiência de leitura dos usuários com deficiência pode ser melhorada a partir de um conteúdo estruturalmente rotulado (tag); na capacidade do texto ser falado (text-tospeech); na inclusão de um sumário detalhado e navegável; nas descrições alternativas de textos. Uma das entrevistadas deixa claro que gostaria que o e-book oferecesse um sumário mais acessível com indicações de páginas. Esse é um elemento que pode contribuir no direcionamento do usuário no momento de encontrar conteúdos mais específicos.

Tornar a informação e a operação da interface compreensíveis é um fator contribuinte nesse processo. Os deficientes visuais contam com o auxílio de Tecnologias Assistivas (TA). Os conteúdos de uma estrutura informacional devem ser interpretados de forma confiável. Por esse motivo, muitos deficientes visuais contam com aplicativos e softwares que possibilitam essa interação.

De acordo com Petrie e Bevan, as informações devem ser compatíveis com as Tecnologias Assistivas. Os resultados mostram que a acessibilidade aconteceu no momento da leitura. Aliado ao uso de softwares e aplicativos, as deficientes visuais conseguiram acessar as informações. Assim, é possível afirmar que o e-book estava adequado às tecnologias utilizadas.

Um dos elementos diagnosticados durante as entrevistas foi a fala de Silvia em relação ao que vislumbrou do conteúdo do e-book a ela direcionado. A entrevistada afirmou que durante a leitura teve a sensação de estar enxergando com os olhos de outra pessoa. Isso demonstra o quanto ela compreendeu todo o processo e contextualização dos conteúdos apresentados no e-book. Já Débora relatou que um material didático acessível, e estruturado, permite que o cego consiga compreender como vão acontecendo as coisas: "Permite acessar o mundo".

---

[52] *Idem.*

Considerações Finais

A avaliação descrita neste artigo propôs observar se um material desenvolvido em formato de e-book e que contemplasse descrição de imagens poderia ser acessível para deficientes visuais. A avaliação realizada por meio de entrevista dialógica não só permitiu compreender que é possível desenvolver um e-book acessível, como também pontuou elementos essenciais para melhorias nesse tipo de material.

Para que os resultados não se limitassem apenas à acessibilidade, foi possível identificar informações importantes relacionadas quanto à leitura do e-book, como, por exemplo, a descrição de tabelas como auxílio à acessibilidade do conteúdo, a compreensão mais facilitada dos assuntos a partir de uma linguagem acessível, a ligação significativa dos textos e descrições de imagens e principalmente a compreensão das descrições de imagens. A avaliação também permitiu levantar informações sobre as maiores dificuldades encontradas em e-books de modo geral, tais como não apresentarem descrição de tabelas e falta de descrição de imagens.

Quanto às melhorias sugeridas como resultado da leitura do e-book pelas deficientes visuais, foi possível compreender que é necessário utilizar os termos adequados para se referir aos sujeitos de acordo com a perspectiva de estudos da inclusão. Também foi possível compreender que a inserção de sumário, bem como de tabelas e descrições mais detalhadas, é ponto importante de melhorias e que pode contribuir ainda mais com um material mais acessível e dinâmico. Por fim, a avaliação também permitiu coletar dados sobre as contribuições que um e-book acessível pode trazer para um deficiente visual.

A partir do acesso ao e-book, os deficientes visuais podem ter acesso adequado a conteúdos que antes só poderiam ser acessados de forma física. Outro elemento importante é a contribuição da ferramenta em relação ao acesso à comunicação, a novas experiências e conhecimento. Mas a maior contribuição revelada pela avaliação do e-book foi o sentimento de fazer parte de um todo. De estar dialogando com o livro e, principalmente, ter acesso aos detalhes das imagens, podendo assim imaginar o cenário e o que acontece nele. Acessibilidade não é apenas promover acesso. É permitir que o cego enxergue a partir dos olhos de alguém.

Referências

BACHMANN, E. H. **As contribuições dos materiais didáticos manipulativos e sensoriais para o ensino de matemática com base nos princípios do**

desenho universal para aprendizagem. Dissertação (Mestrado em Matemática) – PPGECMT-UDESC, 2020. Disponível em: https://sucupira.capes.gov.br/sucupira/public/consultas/coleta/trabalhoConclusao/viewTrabalhoConclusao.jsf?popup=true&id_trabalho=9309442. Acesso em: 10 abr. 2021.

BACHMANN, E. H.; SELL, F. S. F. **Matemática para todos**: unidades didáticas alicerçadas no desenho universal para aprendizagem. Produto Educacional. PPGECMT-UDESC, 2020. Disponível em: https://educapes.capes.gov.br/handle/capes/574808. Acesso em: 10 abr. 2021.

BOCK, G. L. K.; GESSER, M.; NUERBERG, A. H. Desenho Universal para a aprendizagem: a produção Científica no período de 2011 a 2016. **Revista Brasileira de Educação Especial**, Marília, v. 24, p. 143-160, mar. 2018. Disponível em: http://www.scielo.br/scielo.php?pid=S141365382018000100143&script=sci_arttext&tlng=pt. Acesso em: 5 set. 2018.

BORBA, M. de C.; ARAÚJO, J. de L. (org.). **Pesquisa Qualitativa em Educação Matemática**. 5. ed. Belo Horizonte: Autêntica Editora, 2013.

CAT – Comitê de Ajudas Técnicas. **Ata da Reunião VII, de dezembro de 2007**. Comitê de Ajudas Técnicas, Secretaria Especial dos Direitos Humanos da Presidência da República (CORDE/SEDH/PR). 2007. Disponível em: http://www.infoesp.net/CAT_Reuniao_VII.pdf. Acesso em: 9 mar. 2020.

DUTRA, M.; GRIBOSKI, C. P. **Educar na diversidade**: compartilhando experiências educacionais inclusivas. Espanha: Ministério da Educação, 2009.

DZIEKANIAK, G. V. **Biblos**: Revista do Instituto de Ciências Humanas e da Informação, v. 24, n. 2, p. 83-99, jul./dez. 2010.

FELICETTI, S. A. **A utilização das tecnologias assistivas com pessoas cegas ou com baixa visão**: uma revisão da Literatura Br. J. Ed. Tec. Soc, Irati, v. 4, n. 10, p. 275-287, out. 2017. Disponível em: www.brajets.com › index.php › brajets › article › download. Acesso em: 15 abr. 2020.

HILDERLEY, S. **Accessible publishing**: best practice guidelines for publishers. Paris: [s. n.], 2013.

MOSQUEIRA, C. F. F. **Deficiência visual na escola inclusiva**. Curitiba: Intersaberes, 2012.

MUYLAERT, C. J. *et al.* Entrevistas Narrativas: um importante recurso em pesquisa qualitativa. **Revista da Escola de Enfermagem da USP**, p. 193-199, 2014.

PETRIE, H.; BEVAN, N. The evaluation of accessibility, usability and user experience. *In*: STEPANIDIS, C. (ed.). **The Universal Access Handbook.** Boca Raton: CRC Press, 2009. p. 1-27. Disponível em: http://bit.ly/19EFBmw. Acesso em: 10 abr. 2021.

POSSATTI, G. M. Tablet e livro digital: acessibilidade a usuários com deficiência visual. **Blucher Design Proceedings**, Gramado, v. 1, n. 4, p. 1-11, nov. 2014. Disponível em: http://pdf.blucher.com.br.s3-sa-east-1.amazonaws.com/designproceedings/11ped/00850.pdf. Acesso em: 10 abr. 2021.

QUEIROZ, M. A. **Acessibilidade web**: tudo tem sua primeira vez. 2006. Disponível em: http://www.bengalalegal.com/capitulomaq.php. Acesso em: 10 abr. 2021.

SAMPAIO, C. T. **Educação inclusiva**: o professor mediando para a vida. Salvador: EDUFBA, 2009.

AS CONTRIBUIÇÕES DO DESENHO UNIVERSAL PARA APRENDIZAGEM NA PERMANÊNCIA DE ESTUDANTES COM DEFICIÊNCIA NO ENSINO SUPERIOR

Marizete Serafim Hoffmann
Geisa Letícia Kempfer Böck

Introdução

Ao analisar as políticas públicas das últimas duas décadas em âmbito nacional, as quais visam à garantia do acesso, da permanência e da promoção de aprendizagem aos estudantes com deficiência nos ensinos básico, fundamental e médio, entende-se o aumento significativo das matrículas desses estudantes no ensino superior, entretanto muitos são os casos em que, após adentrar no curso de graduação, vivencia-se a condição de desigualdade para avançar nas unidades curriculares.

Em pesquisa realizada no Núcleo de Orientação a Pessoas com Necessidades Especiais (Nopne), identificaram-se distintas situações que podem ser fatores que propiciam essa desigualdade, entre elas estão: os desafios na relação ensino/aprendizagem das unidades curriculares; pelo nível de aprendizagem que os estudantes chegam no ensino superior (conhecimento prévio); por gestão da educação ineficiente na aplicabilidade de recursos, e pela falta de práticas pedagógicas inovadoras que envolvam estudantes com distintos perfis de aprendizagem.

Desde a adoção da Política Nacional da Educação Especial na Perspectiva da Educação Inclusiva, de 2008, da Lei 13.146/2015 (Lei Brasileira de Inclusão – LBI) e dos demais dispositivos legais nacionais instituídos em consonância com a Convenção dos Direitos das Pessoas com Deficiência – CDPD (ONU, 2007) –, a adoção de adequações tem sido pauta de luta dos movimentos sociais em prol da inclusão e demonstrou ser urgente para a garantia do direito à participação social plena e da inserção dos estudantes com deficiência em todos os níveis e modalidades de ensino.

No tocante ao objetivo deste ensaio teórico, buscou-se refletir sobre as contribuições do Desenho Universal para Aprendizagem (DUA) para a permanência e o sucesso do estudante no ensino superior, espaço em que as exigências de ensino, iniciação à pesquisa e à extensão são uma tríade importante, que requer desenvolvimento de competências dos futuros profissionais. A presença e as condições para promoção de aprendizagem dos estudantes com deficiência têm trazido muitas inquietações aos docentes do ensino superior. É preciso reconhecer o potencial de cada pessoa e não cair nas armadilhas do capacitismo, mas sim "[...] valorizar a participação das pessoas com deficiência nos processos de criação e implementação dos diversos serviços"[53].

Diante desses desafios, a comunidade universitária deve estar atenta aos novos desdobramentos da inclusão, buscando práticas que possam garantir não só acesso, mas permanência com estratégias de apoio e melhorias que promovam aprendizagem a todos os estudantes, e o desenvolvimento de competências que lhes conferiram agência e plena participação no exercício da profissão escolhida.

O Desenho Universal para a Aprendizagem (DUA), desenvolvido por David Rose, Anne Meyer e outros pesquisadores do Center for Applied Special Technology (Cast), em 1999, apresenta-se como uma das propostas para qualificar a adoção de estratégias e práticas pedagógicas mais adequadas aos distintos perfis de aprendizes. O DUA revelou-se ainda como um aliado para esse momento, em que as instituições, a equipe pedagógica e os professores precisam fazer adequações razoáveis para que os estudantes possam ter acesso ao conhecimento, em condições de alcance com segurança e autonomia. Assim, objetivou-se explicitar quais foram as contribuições do DUA, compreendidas a partir do estudo realizado, para reafirmar-se o propósito de educação em uma perspectiva inclusiva no intuito de contribuir para a reflexão sobre a garantia da permanência e o sucesso desses estudantes na universidade.

Metodologia

O estudo proposto tem base em duas situações a serem consideradas. De um lado, estão estudantes, os quais precisam de "apoio" até que encontrem autonomia na sua forma de aprender e em percurso acadêmico, e, de outro, a equipe institucional de docentes e especialistas, desafiados diariamente a refletirem sobre as diferentes barreiras a serem eliminadas para que haja condições equitativas de participação e aprendizagem para

---

[53] GESSER, M. Psicologia e deficiência: desafios à atuação profissional no campo das políticas públicas. *In*: GESSER, M. *et al.* (org.). **Psicologia e pessoas com deficiência**. Florianópolis: Conselho Regional de Psicologia de Santa Catarina 12 – Tribo da Ilha, 2019.

todos os estudantes. Esses desafios provocam os profissionais da educação a buscarem por novas estratégias para atender a diversidade que se apresenta nas salas de aula.

O DUA e o campo dos estudos sobre deficiência oferecem um norte importante nesse sentido, chamando a atenção para a diversidade e a interdependência entre os indivíduos, que devem ser valorizadas em todos os contextos[54]. Dessa maneira, este ensaio teórico vislumbrou refletir o seguinte questionamento: de que maneira o Desenho Universal para Aprendizagem pode contribuir para a permanência de estudantes com deficiência no ensino superior?

Este estudo descritivo, de cunho bibliográfico, focou na discussão sobre o DUA no ensino superior. Para tanto, foi realizada uma pesquisa simples nas bases do portal de periódicos da Capes, escolhido por ser a base de dados que reúne artigos nacionais e internacionais, utilizando-se de revisão por evidências, e atendeu-se às indicações de inclusão de artigos por especialistas da área. Posteriormente, elegeu-se a análise de conteúdo com a escolha de algumas categorias para discussão dos resultados localizados. O estudo procurou identificar práticas e estratégias inovadoras pautadas no Desenho Universal para Aprendizagem, de modo a contribuir para a qualidade na permanência de estudantes com deficiência no ensino superior.

Foram utilizados os descritores: "Desenho Universal para Aprendizagem e ensino superior", "práticas inovadoras, desenho universal e ensino superior". Também, termos em inglês para a procura em artigos internacionais: "universal design for learning, higher education", "innovative practices, universal design and higher education".

Como critério da inclusão dos artigos, utilizou-se a questão de evidências que pudessem comprovar a efetividade da contribuição do DUA para práticas no ensino superior. Como instrumento de organização de dados, optou-se pelas fichas de catalogação, nas quais constam os autores, os títulos, o ano de publicação, o local e os principais resultados.

Marcos teóricos e legais

No Brasil, a educação vem enfrentando muitos desafios no que se refere ao ingresso de estudantes com deficiência no ensino superior. Há movimentos de pessoas que questionam o direito à educação inclusiva, visto

---

[54] NUERNBERG, A. H. Psicologia e estudos sobre a deficiência: história e perspectivas. *In*: GESSER, M. *et al.* (org.). **Psicologia e pessoas com deficiência**. Florianópolis: Conselho Regional de Psicologia de Santa Catarina 12 – Tribo da Ilha, 2019.

que, embora haja dispositivos legais que garantam o direito de matrícula, muitos desses estudantes não encontram possibilidade de permanência, pois as desvantagens e barreiras enfrentadas no contexto educacional vão produzindo defasagens que potencializam o abandono dos cursos.

O trabalho de um núcleo de acessibilidade, proposto pelas diretrizes do Ministério da Educação (MEC), estabelece-se para acolher, verificar as demandas dos estudantes e mediar as relações deles com a comunidade acadêmica. Um trabalho que tem sido, no mínimo, desafiador.

Aos núcleos é conferida a tarefa de auxiliar na criação de estratégias, adequações e adaptações para que os estudantes possam acompanhar o processo do curso e responder aos requisitos legais deles.

Percebe-se, no meio universitário, ainda a falta de sensibilização e o reconhecimento de que os estudantes com deficiência possam ser "capazes" de desenvolvimento e aprendizagem. Essa falta de acessibilidade atitudinal impede a participação plena dos estudantes nas unidades curriculares. Nesse sentido, para Gesser[55], o campo dos estudos sobre a deficiência tem mostrado que é importante os profissionais romperem com o capacitismo, o qual tem suas bases no modelo biomédico, que tende a centrar no sujeito a responsabilidade por sua situação de desvantagem para que, assim, possam construir juntos novos caminhos para favorecer a efetivação da aprendizagem.

Para compreender as demarcações legais, cabe uma revisão histórica das compreensões que se tencionam e influenciam as vidas das pessoas com deficiência no Brasil. Sassaki[56] discute as etapas de integração e de inclusão e sugere que a integração das pessoas com deficiência teve seu início por volta de 1960. Antes desse período, elas viviam em exclusão total, segregadas. Na integração, havia um entendimento de que essas pessoas com deficiência poderiam participar dos espaços e da vida em sociedade desde que fossem "capazes de se integrar". Com um agravante, esses poucos espaços que as acolhiam ainda continuavam com barreiras porque a sociedade não estava preparada para tais mudanças. A partir do momento em que surgiram estudos mais aprofundados no campo da deficiência e mediante o ativismo das próprias pessoas que a vivenciam, a sociedade começou a preparar-se para receber e conviver com essa diversidade humana, quebrando barreiras e ampliando a participação.

---

[55] GESSER, 2019.

[56] SASSAKI, Romeu Kazumi. Nada sobre nós, sem nós: da integração à inclusão – Parte 2. **Revista Nacional de Reabilitação**, ano X, n. 58, p. 20-30, set./out. 2007.

A Convenção dos Direitos das Pessoas com Deficiência (CDPD), convenção da ONU, 2007, foi um dos maiores e mais importantes documentos legais, ratificado por 174 países ao redor do mundo, e apresenta importantes contribuições para a vida das pessoas com deficiência, bem como uma nova forma de considerar os sujeitos em condições de igualdade.

Para Dhanda[57], além de ser o primeiro instrumento de direitos humanos do milênio, a CDPD fez o seguinte pelas pessoas com deficiência:

- assinalou a mudança da assistência para os direitos;

- introduziu o idioma da igualdade para conceder igualdade e diferença a pessoas com deficiências;

- reconheceu a autonomia com apoio para pessoas com deficiências;

- e, sobretudo, tornou a deficiência uma parte da experiência humana.

E, ao tornar a deficiência parte da experiência humana, torna-a também relacional, estando agregada aos modos de ser, viver, enfim, ao ciclo de vida dos sujeitos, que não são "portadores" de deficiência, mas pessoas "com deficiência".

Diferente de outras formas de opressão, a deficiência traz em si questões de natureza aflitiva devido à lesão a ela associada, a exemplo da experiência da dor[58]. Assim, para atuar com coerência e alinhamento à CDPD, é preciso construir práticas profissionais junto às pessoas que vivenciam essa experiência no seu dia a dia. A Lei Brasileira de Inclusão propõe esse forte viés de valorizar a participação das pessoas com deficiência na criação e implementação dos diversos serviços. Nesse sentido, as políticas que forem sendo criadas com a participação dos sujeitos serão mais assertivas.

A CDPD dá a possibilidade e o direito às pessoas com deficiência de plena participação na sociedade, e os ordenamentos e ações propostos devem contar com a participação de pessoas com deficiência, que são de fato aquelas que realmente entendem da experiência da deficiência nos diferentes contextos sociais[59].

---

[57] DHANDA, A. Construindo um novo léxico dos direitos humanos: Convenção sobre os Direitos das Pessoas com Deficiências. **Sur, Rev. int. direitos human.**, v. 5, n. 8 , p. 42-59, 2008. Disponível em: https://doi.org/10.1590/S1806-64452008000100003. Acesso em: 2 fev. 2020.

[58] BOCK, G. L. K.; SILVA, S. C. da S. Modelo social da deficiência e o desenho universal para aprendizagem. *In*: GESSER, Marivete *et al.* (org.). **Psicologia e pessoas com deficiência.** Florianópolis: Conselho Regional de Psicologia de Santa Catarina 12 – Tribo da Ilha, 2019.

[59] DHANDA, 2008.

Neste ensaio, concorda-se com o ativista Tom Shakespeare[60], "É preciso reconhecer a perícia e autoridade das pessoas com deficiência". Sob essa perspectiva, objetiva-se aqui salientar a importância da participação de estudantes com deficiência no convívio do ensino superior e, assim, provocar novos arranjos curriculares, criar novas estratégias e produzir novas narrativas em direção à inclusão.

No Brasil, em 2008, inspirado pela CDPD, o Ministério da Educação lançou a Política Nacional de Educação Especial na Perspectiva da Educação Inclusiva, que objetiva o acesso, a participação e a aprendizagem dos estudantes com deficiência, transtornos[61] globais do desenvolvimento e altas habilidades/superdotação nas escolas regulares. Os desafios da educação especial são muitos e, embora seja um campo de disputa e de concepções que se tencionam, em 2014, surgiu o Plano Nacional, que legitimou o que a política nacional orientava sobre a matrícula no ensino regular. A partir desse momento histórico, a educação especial passa a ser reconhecida transversalmente, e os estudantes com alguma necessidade passam a ser vistos como sujeitos com possibilidades de aprendizagem no ensino regular. Na sequência, a Lei 13.005/2014 foi promulgada e aprovou o Plano Nacional de Educação com 20 metas para serem cumpridas e que preveem a universalização do acesso à educação básica e a garantia à inclusão de estudantes com deficiência de 4 a 17 anos na rede regular de ensino.

Em 2015, a Lei 13.146/2015, Lei Brasileira de Inclusão (LBI), desafiou uma lógica excludente que regia os valores e o modo de organização das escolas, das redes de ensino e da sociedade. Suas diretrizes, inspiradas no Modelo Social da Deficiência, trouxeram grandes contribuições a partir do campo dos estudos sobre deficiência, muito disso promovido e articulado pelo movimento ativista e de representatividade dos próprios sujeitos que vivem a experiência da deficiência. A LBI concebeu a deficiência como algo relacional de um corpo com lesão, com diferentes padrões de funcionamento corporal, intelectual e emocional. Colocou em situação de igualdade pessoas com e sem deficiência àquelas necessitando de adequações, como a remoção de barreiras em determinados contextos para ter participação plena. Destaca-se aqui a diferenciação dos conceitos

---

[60] O ativista de direitos das pessoas com deficiência Tom Shakespeare, em sua palestra "Entendendo a Deficiência", registrou o posicionamento, de que "é preciso reconhecer a perícia e autoridade das pessoas com deficiência", perante a Conferência Internacional "Deficiência com Atitude", realizada na University of Western Sydney, Austrália, em fevereiro de 2001.

[61] Entende-se nesse texto, o autismo como uma neurodivergência e não um transtorno. Deste modo, somente será usado esse termo transtorno quando se referir a publicação ou citação com o termo.

de "lesão" e de "deficiência": a lesão é uma marca biológica; entretanto a condição de deficiência é o modo como essa experiência impacta a vida de cada sujeito, porque a dinâmica da convivência depende da interação e da acessibilidade oferecida pelos ambientes, e a funcionalidade dos sujeitos e suas particularidades[62].

E para dar mais um passo com os lentos avanços legais, é urgente pautar-se em uma concepção que acolha as diferentes experiências e compreenda a corresponsabilidade da sociedade na produção de contextos menos opressores. Nesse sentido, acredita-se que o Modelo Social da Deficiência possa ser uma opção para conduzir as políticas públicas, assim como as práticas pedagógicas.

Os estudantes com deficiência no ensino superior

No Brasil, historicamente, determinados grupos se deparam com muitas barreiras de acesso ao ensino superior, no entanto, no período de 2010-2011, verificou-se um aumento das matrículas em 5,7% na educação superior, ocorrido pelo apoio de programas como Universidade para Todos (ProUni) e Programa de Financiamento Estudantil (Fies). O Programa de Apoio a Planos de Reestruturação e Expansão das Universidades Federais (Reuni) também contribuiu muito para o aumento considerável de matrículas nas instituições federais[63]. As políticas e ações afirmativas no ensino superior, alcançadas com muita luta, possibilitam à universidade abrir-se a novas realidades e novo desdobramento de uma sociedade mais inclusiva, com justiça social e efetivo exercício de cidadania.

Na medida em que esse público recebe recursos, estímulos, práticas adequadas e avança para níveis de ensino mais elevados, os órgãos reguladores da educação também precisam adequar-se. Um exemplo dessa adequação ocorreu em 2019, quando o Instituto Nacional de Estudos e Pesquisas Educacionais Anísio Teixeira (Inep), pela primeira vez, ofereceu recursos de acessibilidade para candidatos surdos e surdocegos na realização da prova do Exame Nacional do Ensino Médio (Enem). O Inep registrou

[62] BEZERRA, B.; MAIOR, I. **Deficiências e Diferenças**. Série Café filosófico, 2016. Disponível em: https://www.youtube.com/watch?v=29JooQEOCvA. Acesso em: 12 fev. 2020.

[63] CADERNOS DO GEA. **Democratização da educação superior no Brasil**: avanços e desafios, n. 1. Rio de Janeiro: FLACSO, GEA; UERJ, LPP, jan./jun. 2012. Disponível em: http://flacso.org.br/files/2012/06/Caderno_GEA_N1.pdf. Acesso em: 20 fev. 2020.

naquele ano 1.848 estudantes que usavam alguns recursos, como aparelho auditivo ou implante coclear, ou os dois[64].

Ao levar em consideração a legislação vigente e o aumento do número de matrículas de estudantes com deficiência no ensino superior, pode-se questionar: será que de fato esses alunos estão incluídos, participando e aprendendo? Nesse sentido, há necessidade de trazer para o contexto das práticas da universidade estratégias diferenciadas, que acolham uma diversidade de estudantes e tenham o intuito de diminuir barreiras. O DUA se aproxima disso como uma possibilidade de atender a essa diversidade, por preocupar-se com diminuir barreiras e aumentar as possibilidades de engajamento nos processos, possibilitando que todas as pessoas acessem o conhecimento.

A acessibilidade e as perspectivas do Desenho Universal para a Aprendizagem

As pessoas se distinguem umas das outras e cada uma com seu jeito singular de ser e agir compõe a diversidade humana. Foi pensando nessa diversidade de públicos que, por volta de 1990, profissionais da área de arquitetura na Universidade da Carolina do Norte, EUA, começaram a projetar produtos e serviços que tivessem a possibilidade de ser usados pelo maior número de pessoas. Disso surgiu a ideia central do desenho universal: oferecer a acessibilidade plena, que se caracteriza pelo direito de as pessoas exercerem a sua cidadania e terem participação social[65].

Na sua grande maioria, as pessoas com deficiência ficam à margem ou excluídas de lugares cujos espaços estão desprovidos de acessibilidade, ou seja, são permeados de barreiras que limitam a participação plena. São exemplos dessa situação: ônibus sem plataforma, calçadas sem piso tátil, páginas e sites sem a tradução em Libras ou audiodescrição, ausência de suportes metodológicos e tecnológicos em sala de aula, entre outros.

---

[64] INEP – Instituto Nacional de Estudos e Pesquisas Educacionais Anísio Texeira. **Inep reforça compromisso com a acessibilidade no Dia Internacional das Pessoas com Deficiência**. Portal Inep, 3 dez. 2019. Disponível em: http://portal.inep.gov.br/artigo/-/asset_publisher/B4AQV9zFY7Bv/content/inep-reforca- compromisso-com-a-acessibilidade-no-dia-internacional-das-pessoas-com-deficiencia/21206. Acesso em: 1 fev. 2020.

[65] BRASIL. **Lei n. 13.146/2015**. Institui a Lei Brasileira de Inclusão da Pessoa com Deficiência (Estatuto da Pessoa com Deficiência). 2015. Disponível em: http://www.planalto.gov.br/CCIVIL_03/_Ato2015-2018/2015/Lei/L13146.htm. Acesso em: 31 out. 2019.

Por volta dos anos 1990, nos Estados Unidos, surgiu a ideia da ampliação e ressignificação da expressão "universal design" para implementação de edificações e espaços mais acessíveis, que eram exclusividade da área de projetos arquitetônicos ou de desenvolvimento de produtos. Um grupo de pesquisadores do Centro de Design Universal (CDU) apresentou princípios e linhas de apoio a fim de auxiliar os arquitetos a desenvolverem espaços públicos e privados mais acessíveis. As aplicações desses princípios nos projetos geraram resultados e mudanças significativas nas concepções de acesso e convivência entre as pessoas, pois se percebeu que, partindo desses princípios, as novas construções contemplariam a diversidade e múltiplas opções de acesso para todas as pessoas[66].

O desenho universal, que naquela época foi especificamente pensado para a área da arquitetura e das engenharias de produtos, também adentrou na área da educação como um marco que abordou um dos principais problemas no desenvolvimento do ensino e aprendizagem: currículos inflexíveis[67]. As práticas de ensino nas quais há um mesmo estilo de aulas e metodologias sem flexibilizar ou propor variações potencializam a exclusão de estudantes com alguma necessidade diferenciada da maioria. Assim acontece quando conteúdos obrigatórios estão em formato não acessível para um estudante com deficiência visual, por exemplo.

Diversos autores demonstram que os estudos e a aplicação dos princípios do DUA nos processos educacionais de todos os níveis de ensino têm se mostrado uma prática que, cientificamente, melhora a aprendizagem dos estudantes. Pesquisas desenvolvidos pelos integrantes do Cast[68] sugerem que o modo como as pessoas aprendem é tão particular quanto suas impressões digitais, e que os estudantes trazem para sala de aula o seu histórico de vida, interesses, necessidades e expectativas. Os estudos sobre o DUA apontam que, para aprender, o cérebro humano utiliza três amplas redes neurais que estão interconectadas. Uma para o reconhecimento ("o que" da aprendizagem); uma para habilidades e estratégias ("o como" da aprendizagem); a outra para cuidar e priorizar a aprendizagem ("o porquê" da aprendizagem). Nesse sentido, o currículo deve oferecer oportunidades de aprendizagem com equidade de direitos para todos, diminuindo barreiras e oferecendo caminhos.

---

[66] RUIZ-BEL, R. *et al*. El princípio del "Universal Design": concepto y desarrollos en la enseñanza superior. **Revista de Educación**, n. 359, p. 413-430, 2012.

[67] CAST – CENTER FOR APPLIED SPECIAL TECHNOLOGY. **Universal design for learning guidelines version 2.0.** Wakefield: MA, 2011. Disponível em: http://udlguidelines.cast.org/. Acesso em: 30 out. 2019.

[68] CAST, 2011.

O reconhecimento da diversidade de perfis de aprendizagem ofereceu um campo para numerosos estudos empíricos, que envolveram trabalhos científicos para o desenvolvimento do DUA, como os trabalhos de Rose e Meyer[69], que revelam salas de aula universalmente projetadas, currículo acessível e tecnologia digital.

Coadunam com essas ideias os estudos de Zerbato; Bock e Silva; Villoria e Fuentes; Sánchez *et al.*; e Ribeiro e Amato[70], nos quais o Desenho Universal para Aprendizagem constitui-se de princípios importantes que abrangem os vários perfis de aprendizagem dos estudantes, apresentem eles alguma peculiaridade para acessar o conhecimento ou não. Esses princípios favorecem a interação deles com os conteúdos, os colegas e os professores, oportunizando-os aprender em conjunto. Assim, descrevem-se aqui os princípios do DUA: o princípio do engajamento, que são as múltiplas estratégias, atividades ou recursos que são utilizados para estimular e envolver o estudante "para a" e "na" aprendizagem; o princípio da representação, que são estratégias, atividades ou recursos que são utilizados para apresentar as informações aos estudantes; e o princípio da ação e expressão, que são estratégias, atividades ou recursos para que os estudantes expressem o que aprenderam.

Para Zerbato[71], há também urgência na colaboração, na parceria e no suporte de outros profissionais para que o trabalho e as estratégias sejam pensados para suportarem a diversidade. Para a autora, utilizar-se da mesma metodologia não garante o alcance a todos os estudantes, partindo-se dos princípios do DUA. O professor, em colaboração com outros profissionais, pode criar estratégias e o uso de diferentes questionamentos. Essa fundamentação dos planejamentos de aula, partindo dos princípios do DUA, auxilia de maneira significativa as estratégias mais inclusivas, desenvolvendo modificações baseadas nas habilidades dos estudantes.

Nesse sentido, há vários elementos envolvidos para que a aprendizagem se torne mais eficaz e inclusiva, como: a organização e o planejamento do ensino, o currículo do curso, o processo de aprendizagem, o "o que" ensinar, o "como" ensinar e, por fim, o sistema de avaliação.

---

[69] ROSE, D. H.; MEYER, A. 2002. Disponível em: www.cast.org/teachingeverystudent/. Acesso em: 20 jan. 2020.

[70] ZERBATO; BOCK; SILVA, 2019; VILLORIA; FUENTES, 2014; SÁNCHEZ *et al.*, 2011; RIBEIRO; AMATO, 2018.

[71] ZERBATO, A. P. **Desenho universal para aprendizagem na perspectiva da inclusão escolar:** potencialidades e limites de uma formação colaborativa. 298f. Tese (Doutorado em Educação) – Programa de Pós-Graduação em Educação Especial, Universidade Federal de São Carlos, São Carlos, 2018.

Resultados

No Quadro 1, a seguir, pode-se verificar as obras que fizeram parte deste ensaio teórico e que contribuíram para a compreensão sobre a aplicação dos princípios do DUA, da teoria à prática.

Quadro 1 – Obras incluídas no estudo

Autores (ano)	Título	Principais resultados
Bryson (2003)	*Universal instructional design in postsecondary setting*	Produziu um manual, guia de implantação dos princípios do desenho universal de aprendizagem para estudantes do pós-secundário.
Sarrionandía, Bars e Gallifa (2012)	*El princípio del Universal Design. Concepto y desarrollos en la enseñanza superior*	Estudo sobre os princípios de desenho universal: conceitos e planejamento para o ensino superior. Estudo com evidência.
Villoria e Fuentes (2014)	*Diseño universal para el aprendizaje como metodología docente para atender a la diversidade en la universidad*	Os autores descrevem o desenho universal e relatam uma experiência exitosa na formação de professores da universidade de Oviedo, Salamanca, na Espanha.
Meyer, Rose e Gordon (2014)	*Universal Design for Learning: Theory and Practice*	Livro com iniciação aos princípios de desenho universal para aprendizagem. Com histórico do trabalho desenvolvido desde 2002, inclui experiências práticas para professores e educadores.
Israel, Ribuffo e Smith (2014)	*Universal Design for Learning: Recommendations for teacher preparation and professional development*	Os autores propõem um estudo de inovação sobre os princípios do DUA para a formação de professores. Preparação e desenvolvimento profissional.
Fuentes, Villoria e Almaraz (2016)	*Universal El Diseño como Medio para Atender a La Diversidad en la Educación. Revisão de Casos de Exposição na Universidad*	O artigo contextualiza a educação superior na perspectiva da educação inclusiva e discute a complexidade do tema.
Knarlag e Olaussen (2016)	*Developing inclusive teaching and learning through the principles of Universal Design*	Princípios do desenho universal de aprendizagem e desenvolvimento de boas práticas para instituições de ensino superior europeias.

Autores (ano)	Título	Principais resultados
Ribeiro e Amato (2018)	*Análise da utilização do Desenho Universal para Aprendizagem*	A maioria dos estudos foi realizada nos Estados Unidos (20), e, quando se flexibiliza o método associando-o ao uso da tecnologia, todos os estudantes, incluindo aqueles com deficiência intelectual, são capazes de aprender. Conclui-se que os estudos mostraram que o DUA, quando utilizado no curso superior associado à educação on-line, garante a aprendizagem dos estudantes, pois favorece o desenvolvimento de comportamentos autônomos e independentes, fazendo com que eles se autorregulem.
Bock, Gesser e Nuernberg (2018)	*Desenho Universal para a Aprendizagem: a produção científica no período de 2011 a 2016*	Os autores realizaram uma pesquisa sobre o desenho universal para a aprendizagem, buscando artigos no período entre 2011 e 2016.
Zerbato (2018)	*Desenho universal para aprendizagem na perspectiva da inclusão escolar: potencialidades e limites de uma formação colaborativa*	Pesquisa qualitativa com viés colaborativo, considerando pesquisador e pesquisado como formas conjuntas de produzirem conhecimento acerca do contexto educacional e as peculiaridades com ensino colaborativo e aplicabilidade do DUA na formação docente, na intenção de enfrentamento de novos desafios educacionais decorrentes das práticas de inclusão escolar.

Fonte: as autoras

Discussão

Os estudantes com deficiência estão chegando ao ensino superior e, devido à pouca representatividade nos cursos, adotam-se políticas que são individualizadas. As ações são focadas no próprio estudante, que precisa adaptar-se à estrutura existente com suporte adicional sem que se mude a estrutura do curso ou crie-se uma política para todos, embora a sociedade exija mudanças e haja leis que apoiam isso. Para promover a garantia de acesso, a permanência e a promoção de aprendizagem dos estudantes com deficiência no ensino superior, são necessárias ações que vão muito além de estruturas arquitetônicas, como estratégias para o engajamento, a representação, a ação e a expressão, e uma política de ensino e aprendizagem institucional que envolva planejamento, capacitação docente e ações afirmativas em prol da inclusão.

Dos artigos elencados para o estudo, emergiram as seguintes categorias de análise: 1- princípios orientadores do DUA; 2- currículos e metodologias; e 3- associação do uso da tecnologia para alcançar os objetivos do DUA. Elas serão apresentadas na sequência.

1. Princípios orientadores do Desenho Universal para Aprendizagem

Motivado pelas áreas da neurociências e psicologia do desenvolvimento e aprendizagem, o DUA é um projeto que possibilita o aprender a aprender. Tem-se revelado uma ótima estratégia para engajamento, motivação e expressão de aprendizagem. Diversos autores demonstram com estudos empíricos e concordam entre si que há uma necessidade de utilizar práticas que cientificamente melhorem a aprendizagem dos estudantes[72].

Assim, o DUA utiliza-se de recursos afetivos e estratégicos com funções executivas e de engajamento de cada um, oferecendo apoio ao professor, que conduzirá o processo de ensino e aprendizagem, e possibilitando que os estudantes possam expressar à sua maneira o que de fato aprenderam. Na perspectiva do DUA, a inclusão de estudantes com deficiência não é vista como um trabalho de suporte e apoio, mas como um modelo que abrange a todos e é de responsabilidade de todos os profissionais envolvidos com o curso. É o modelo mais aberto a múltiplas maneiras de engajar estudantes para alcançar a plena participação[73].

Segundo Thomas[74], o DUA antecipa proativamente as diferentes necessidades de aprendizagem, reconhece a singularidade dos indivíduos e promove a escolha, fazendo com que os estudantes optem por se envolver com o aprendizado a fim de atenderem aos resultados de aprendizagem. Assim, utilizam-se todos os aspectos mentais que envolvem a aprendizagem, incluindo conhecimento processual, afetivo e condicional, e como eles se unem na aquisição de conhecimentos e habilidades.

---

[72] MEYER, A.; ROSE, D.; GORDON, D. **Universal design for learning**: theory and practice. Wakefield, MA: Cast Professional Publishing, 2014. Disponível em: http://www.cast.org/our-work/publications/2014/universal-design-learning-theory-practice- udl-meyer.html#.Xr3pEcBv-M8. Acesso em: 20 jan. 2020.

[73] *Idem.*

[74] THOMAS, 2013 apud HALLIGAN; HEELAN; QUIRKE, 2015

Para as autoras Ribeiro e Amato[75], o DUA é uma abordagem que procura minimizar as barreiras metodológicas de aprendizagem, tornando o currículo acessível para todos os estudantes, pois possibilita a utilização de diversos meios de representação do conteúdo, de execução e de engajamento na tarefa, elas trazem à tona o lema do DUA: "[...] o que é essencial para alguns é bom para todos"[76].

Desde 1984, quando da criação do Centro de Tecnologia Especial Aplicada (Cast), ocupou-se de verificar que a tecnologia entrou na vida de todos os processos da sociedade, que a educação precisaria passar por uma remodelagem, e que o desafio estava em fazer chegar a todos os estudantes o mais alto padrão de aprendizagem. Com a necessidade de atender às convenções educacionais internacionais de educação para todos, Knarlag e Olaussen[77] desenvolveram e implantaram um importante projeto para escolas superiores europeias utilizando-se dos princípios do DUA, com estratégias para inclusão de estudantes com deficiência no período de 2014 a 2016. Segundo os autores, a implementação dos princípios do DUA para os ambientes de aprendizagem e o uso das tecnologias digitais no processo de ensino favorecem a aprendizagem, pois o estudante tem a possibilidade de "ser", na expressão dos autores, "licenciado para aprender", aumentando assim a qualidade e o resultado de aprendizagem para todos. Outra conclusão importante que os autores apontam é que as abordagens realizadas com princípios do DUA aumentam as chances de engajamento dos estudantes, sendo possível aumentar o índice do desempenho e da aprendizagem e diminuir as taxas de abandono.

Outro trabalho significativo foi o realizado por Ruiz *et al.*[78], que analisa o conceito, os princípios do desenho universal e os desafios de sua implantação como prática para ensino e aprendizagem no ensino superior para garantir igualdade de oportunidades para todos os estudantes. Para programar práticas inovadoras, é necessário realizar pesquisas empíricas com cunho de evidências para comprovar que o Desenho Universal para Aprendizagem pode contribuir para eliminar e superar barreiras limitadoras de aprendizagem não só para estudantes com deficiência, mas para todos.

Assim, de acordo com os autores/pesquisadores incluídos neste estudo, os princípios orientadores do DUA foram destaque em grande parte dos artigos, e é consenso que oferecem a diminuição de barreiras e

[75] RIBEIRO; AMATO, 2018

[76] CAST, 2011

[77] KNARLAG; OLAUSSEN, 2016

[78] RUIZ *et al.*, 2012.

ampliam as possibilidades de participação no contexto do ensino superior. Conforme o estudo foi se aprofundando, verificou-se que é possível diminuir a evasão dos estudantes nos cursos, aumentar o potencial de aprendizagem chegando a ter estudantes autônomos no seu processo de aprendizagem. Entretanto, essa categoria não esgotou as contribuições localizadas nos demais estudos. Assim, outra categoria de análise bastante significativa foi "currículo e metodologias".

2. Currículos e metodologias

Nesta segunda categoria de análise, elencou-se um estudo importante realizado por Bock, Gesser e Nuernberg[79] que apontou que os princípios do DUA podem ser inseridos aos poucos nas práticas pedagógicas e metodologias até que os professores compreendam e incorporem os princípios em todas as atividades.

Os estudos sobre o DUA têm mostrado que muitas práticas e estratégias alinhadas às redes de aprendizagem têm contribuído nos processos de inovação do ensino. É sabido que os futuros profissionais saídos do ensino superior são avaliados pelo Sistema Nacional de Avaliação no Ensino Superior (Sinaes) e que é o Enade que confere se os estudantes alcançaram determinadas competências previstas nas Diretrizes Nacionais Curriculares (DCNs) do curso. São competências importantes que os estudantes devem desenvolver e expressar ao longo do processo da sua matrícula no curso e, mais tarde, no mercado de trabalho. Com a rigidez das DCNs alinhada aos parâmetros do Enade, é de se esperar que os coordenadores de curso e a equipe pedagógica pensem cada vez mais em como irão atender a uma diversidade de perfis de estudantes com o número de horas disponíveis para ensino, pesquisa e extensão.

Diante das exigências dos parâmetros nacionais e das demandas diversas com estudantes de muitos perfis, Villoria e Fuents[80] descrevem o desenho universal como metodologia docente para atender à diversidade da universidade. Defendem que currículos inclusivos que atendam às necessidades dos estudantes podem ser um novo modelo para uma educação

---

[79] BOCK, G. L. K.; GESSER, M.; NUERNBERG, A. H. Desenho Universal para a Aprendizagem: a produção científica no período de 2011 a 2016. **Rev. bras. educ. espec.**, Bauru, v. 24, n. 1, p. 143-160, mar. 2018.

[80] VILLORIA, E. D.; FUENTES, S. S. **Diseño universal para el aprendizaje como metodología docente para atender a la diversidad en la universidad**. Departamento de Psicología Básica, Psicobiología y Metodologías de las Ciencias del Comportamiento, Instituto Universitario de Integración en la Comunidad (INICO), Universidad de Salamanca, Salamanca, Espanha. Departamento de Educación, Universidad Católica de Murcia, Murcia, Espanha, 2014. Disponível em: http://creativecommons.org/licenses/by-nc-nd/4.0/. Acesso em: 10 jan. 2020.

inclusiva. Na mesma linha, McGuire, Scott e Shaw[81] apontam que o "[...] design universal aplicado à educação pode ser um novo paradigma que permite uma implementação eficaz da inclusão e fornece acesso à educação geral do currículo."

Ainda para os mesmos autores citados, atender à diversidade na educação deve ser uma ação diária. Dessa maneira, a atenção à diversidade nas aulas estaria atendendo a todos os tipos de sujeitos e formas de aprendizagem, sendo que é por meio da educação de qualidade e igualitária que os sujeitos se tornam cidadãos e podem desenvolver as suas competências, não importando quais suas dificuldades.

Nesse sentido, uma das principais propostas seria pensar currículos acessíveis, não apenas a grade curricular do curso, mas todo o conjunto das ações que envolvem ensino e aprendizagem na universidade. Esses currículos assim projetados nos princípios de desenho universal estariam atendendo a uma ampla gama de habilidades sensoriais, motoras, cognitivas, afetivas e linguísticas[82].

Os autores Villoria e Fuentes[83] sugerem que, por conta do requisito legal, a universidade precisa reconhecer o público de estudantes com diferentes habilidades que ingressam a cada ano, e que os professores precisam estar atentos a essa diversidade, desenvolvendo competências e participando de treinamentos adequados às necessidades dos estudantes. Assim, habilitar professores na aplicação do desenho universal para aprendizagem seria oferecer as mesmas oportunidades no ensino para todos, e se os princípios fossem apresentados desde o início do ingresso na universidade, os resultados seriam ainda mais eficientes.

Colaborando com essa ideia, Zerbato[84] expõe que as atividades de ensino- aprendizagem podem ser organizadas em grandes e pequenos grupos de estudantes ou cada um pode trabalhar individualmente. No quesito distribuição do tempo, é importante conhecer os estudantes, não há necessidade de que todos estejam fazendo a mesma atividade ao mesmo

---

[81] MCGUIRE, J. M.; SCOTT, S. S.; SHAW, S. F. Universal Design for Instruction: a new paradigm for adult instruction in postsecondary education. **Remedial e Educação Especial**, v. 24, ano 6, p. 167, 2003. Disponível em: https://www.researchgate.net/publication/249835107_Universal_Design_for_Instruction_A_ New_Paradigm_for_Adult_Instruction_in_Postsecondary_Education. Acesso em: 20 jan. 2020.

[82] *Idem.*

[83] VILLORIA; FUENTES, 2014.

[84] ZERBATO, A. P. **Desenho universal para aprendizagem na perspectiva da inclusão escolar:** potencialidades e limites de uma formação colaborativa. 298f. Tese (Doutorado em Educação) – Programa de Pós-Graduação em Educação Especial, Universidade Federal de São Carlos, São Carlos, 2018.

tempo, é preciso entender as necessidades diversas da turma. Na opinião da autora, o que proporciona a inclusão é o desenvolvimento de modificações baseadas nas habilidades dos estudantes, e que os princípios orientadores do DUA ativam neurologicamente os alunos para mantê-los motivados, com vontade de aprender e expressarem o que aprenderam. Assim, são ativadas: as redes afetivas, quando se destaca "o porquê" da aprendizagem; as redes de reconhecimento, quando se enfatiza "o que" da aprendizagem; e as redes estratégicas, com "o como" da aprendizagem. Para alcançar maior multiplicidade de recursos e estratégias, o uso da tecnologia tem se mostrado a categoria mais frequente associada às diretrizes do DUA.

3. Usos das tecnologias

O uso da tecnologia associado aos princípios orientadores do DUA, como uso da tecnologia assistiva, softwares, aplicativos, gravadores e cane-tas LiveScribe, para estudantes com dislexia, por exemplo, permitirá que eles desempenhem tarefas mais complexas com informações e acessos em tempo real. Os diagnósticos de deficiência e suas prescrições não devem ser limitadores para a implementação dos processos de ensino-aprendizagem associados às tecnologias, muito pelo contrário, eles devem ser equalizadores do exercício da agência e autonomia dos estudantes, que poderão escolher entre os recursos selecionados para os ambientes de aprendizagem aquele que mais lhe ajude nas resoluções dos problemas. Para os autores Israel, Ribuffo e Smith[85], quando os professores utilizam o quadro do DUA para planejar proativamente para a diversidade estudantil, a individualização diminui, embora reconheçam que haverá estudantes que requerem individualização relacionada a áreas como: instrução de estratégia explícita, tecnologia assis-tiva (T.A.) e modificações no currículo. Para estudantes que têm maiores dificuldades ou que não conseguem suprir as necessidades em conjunto com outros estudantes, o suporte da tecnologia assistiva é imprescindível.

As autoras Ribeiro e Amato[86], na categoria das tecnologias, verificaram que, quando se flexibiliza o método associando-o ao uso da tecnologia, todos os estudantes, incluindo aqueles com deficiência intelectual, são capazes de

[85] ISRAEL, M.; RIBUFFO, C.; SMITH, S. **Universal Design for Learning**: recommendations for teacher prepa-ration and professional development (Document No. IC-7). Retrieved from University of Florida, Collaboration for Effective Educator, Development, Accountability, and Reform Center, 2014. p. 38. Disponível em: http://ceedar.education.ufl.edu/tools/innovation- configurations/. Acesso em: 10 fev. 2020.

[86] RIBEIRO, G. R. de P. S.; AMATO, C. A. de La H. Análise da utilização do Desenho Universal para Aprendi-zagem. **Cad. Pós-Grad. Distúrb. Desenvolv.**, São Paulo, v. 18, n. 2, jul./dez. 2018. Disponível em: http://dx.doi.org/10.5935/cadernosdisturbios.v18n2p125-151. Acesso em: 20 jan. 2020.

aprender. As concepções e os princípios norteadores do DUA provêm estudantes "conectados" com conteúdos diversos que possam motivar a sua participação nas aulas e trazer um engajamento diferente. Assim, para Zerbato[87], no princípio de ação-expressão, no quesito fornecer opções para ação física, o professor poderá "[...] variar os métodos de resposta e navegação; e, aperfeiçoar o acesso às ferramentas e à tecnologia assistiva". Para a autora, é imprescindível que os professores tenham capacitação para o uso de recursos de informática e de tecnologia assistiva. Ela ressalta ainda que as tecnologias "[...] têm sido estratégias de estimulação ao protagonismo e autonomia dos estudantes para aprender"[88].

A promoção da inclusão de estudantes com deficiência no ensino superior requer uma mudança que vai além das salas de aulas, além de rampas de acesso e das vagas de estacionamentos. Requer uma mudança de paradigmas, em que ideias diferentes tencionam-se e algumas ações precisam ser impostas por leis enquanto outras nascem de movimentos dentro das próprias instituições, que reconhecem os avanços e as demandas que surgem, propondo medidas para superá-las.

Considerações finais

Os estudos sobre o Desenho Universal para Aprendizagem têm mostrado que seus princípios reportam a um compartilhamento de oportunidades e responsabilidades, e à possibilidade de alcançar ótimos resultados, caminhos pelos quais equipe pedagógica, professores e estudantes possam aprender juntos. Como ressalta Bryson[89], um processo em que a diversidade de habilidades é reconhecida e o sucesso é apoiado. Importante a consideração desse autor porque as atitudes preconceituosas e capacitistas são mais frequentes em âmbito universitário, especificamente em alguns cursos, pela pressão estudantil de desenvolvimentos de competências, pelo currículo ser rígido dentro do tempo de semestres, entre outros fatores que hierarquizam modos de participar e produzir conhecimento, os quais trazem desafios muito sérios para os estudantes que não encontram acessibilidade na sua trajetória acadêmica. Tais barreiras muitas vezes não são perceptíveis por aqueles que não vivenciam a deficiência, mas quem vive essa experiência no dia a dia sabe o quão desafiador é transpô-las.

---

[87] ZERBATO, 2018, p. 140.

[88] *Idem.*

[89] BRYSON, J. **Universal instructional design in postsecondary setting**. Trent University, Province Ontario, 2003. Disponível em: https://www.trentu.ca/learninginnovations/toolsforengagement/documents/UIDmanual. pdf. Acesso em: 30 nov. 2019.

Nesse sentido, vale a reflexão sobre que tipo de acessibilidade se está falando e para quem ela está sendo proporcionada, a exemplo dos acessos arquitetônicos para que se torne mais fácil acessar todos os espaços de uma IES; dos acessos às comunicações, tanto no pedagógico quanto no metodológico, como transcrições em Braille ou disponibilidade de audio-livros; e dos recursos visuais para quem possui deficiência auditiva, como intérprete de libras, conteúdos e materiais adaptados e apoio dos núcleos de acessibilidade. Essas indicações são conhecidas e legitimadas, no entanto carecem primeiramente de que as barreiras sejam reconhecidas por todos. Todavia, esses suportes para acessibilidade não atendem à amplitude das necessidades das pessoas. É preciso ampliar o que se entende por acessibilidade e o público a quem ela se destina. Assim, vale refletir: e quando há necessidade de apoio humano, como no caso de estudantes epiléticos? São centenas de situações dessa natureza que surgem cotidianamente nas instituições de ensino e que precisam de atenção que extrapole o que já foi proposto e implementado.

Conforme preconizado pela LBI de 2015, todos os serviços, processos e projetos devem contemplar acessibilidade e, com ela, os princípios de desenho universal. Nesse sentido, buscou-se com este ensaio por estudos empíricos desenvolvidos principalmente pelo Cast, importante órgão de pesquisa e desenvolvimento das bases teóricas e conceituais do DUA, que orienta o planejamento de metas instrucionais, avaliações, métodos e materiais que podem ser personalizados e ajustados para atender às necessidades coletivas e individuais. Os princípios do DUA podem ser agregados em outros projetos, metodologias e "[...] ferramentas que podem maximizar o impacto da intervenção e potencialmente estender sua utilidade para um conjunto maior de estudantes"[90], evidenciando, valorizando e incentivando a autonomia deles.

Faz-se necessário, para uma prática de acolhimento efetiva, conhecer os estudantes obtendo maior número de informações sobre suas especificidades para a aprendizagem e participação plena, apresentando-as aos professores e aos funcionários da IES. O reconhecimento dos estudantes na sua variabilidade pode facilitar as adaptações estruturais e minimizar as adequações individuais a posteriori. São ações coletivas que maximizam os acessos.

Outra ponderação importante que os autores apontam nos artigos incluídos neste estudo é que as abordagens realizadas com princípios do DUA aumentam as chances de engajamento dos estudantes, sendo possível aumentar também o índice de desempenho e da aprendizagem, e diminuir

---

[90] KAPLAN; MAEHR, 2007; SCHUNK, 1986; ZIMMERMAN, 1990 *apud* ISRAEL; RIBUFFO; SMITH, 2014.

as taxas de abandono. Esse é o grande desafio quando se trata de estudantes com deficiência, pois, à medida que avançam os semestres, sentem-se desamparados e, com poucos acessos, acumulam muitos trabalhos. Por vezes, perdem a coragem e a vontade de continuar.

Entende-se que as adaptações que proporcionam eliminação de barreiras arquitetônicas em todos os lugares da IES, nas tecnologias, nos cursos para atendentes, contribuem para que todos possam olhar para a diversidade de estudantes que transitam pela instituição, tornando-os visíveis na convivência com os demais.

Conclui-se que, com a formação continuada dos professores e equipes pedagógicas pautadas na aplicabilidade dos princípios do DUA e nos ordenamentos da LBI 2015, é possível projetar um lugar no qual todos possam exercer a cidadania com novos arranjos e novas narrativas, proporcionando um ensino superior que dê suporte e sustentação para uma formação com padrões de exigência adequados para todos os estudantes.

Referências

BEZERRA, B.; MAIOR, I. **Deficiências e Diferenças**. Série Café filosófico, 2016. Disponível em: https://www.youtube.com/watch?v=29JooQEOCvA. Acesso em: 12 fev. 2020.

BOCK, G. L. K.; GESSER, M.; NUERNBERG, A. H. Desenho Universal para a Aprendizagem: a produção científica no período de 2011 a 2016. **Rev. bras. educ. espec.**, Bauru, v. 24, n. 1, p. 143-160, mar. 2018.

BOCK, G. L. K.; SILVA, S. C. da S. Modelo social da deficiência e o desenho universal para aprendizagem. *In*: GESSER, Marivete *et al.* (org.). **Psicologia e pessoas com deficiência.** Florianópolis: Conselho Regional de Psicologia de Santa Catarina 12 – Tribo da Ilha, 2019.

BRASIL. **Convenção sobre os direitos das pessoas com deficiência**. 2007. Disponível em: http://portal.mec.gov.br/index.php?option=com_docman&view=-download&alias=424- cartilha-c&category_slug=documentos-pdf&Itemid=30192. Acesso em: 1 fev. 2020.

BRASIL. **Lei n. 13.146/2015**. Institui a Lei Brasileira de Inclusão da Pessoa com Deficiência (Estatuto da Pessoa com Deficiência). 2015. Disponível em: http://www.planalto.gov.br/CCIVIL_03/_Ato2015-2018/2015/Lei/L13146.htm. Acesso em: 31 out. 2019.

BRASIL. Ministério da Educação. **Política Nacional de Educação Especial na perspectiva da educação Inclusiva**. 2014. Disponível em: http://portal.mec.gov.br/index.php?option=com_docman&view=download&alias=16690-politica-nacional-de-educacao-especial-na-perspectiva-da-educacao-inclusiva- 05122014&Itemid=30192. Acesso em: 1 fev. 2020.

BRYSON, J. **Universal instructional design in postsecondary setting**. Trent University, Province Ontario, 2003. Disponível em: https://www.trentu.ca/learninginnovations/toolsforengagement/documents/UIDmanual.pdf. Acesso em: 30 nov. 2019.

CADERNOS DO GEA. **Democratização da educação superior no Brasil**: avanços e desafios, n. 1. Rio de Janeiro: FLACSO, GEA; UERJ, LPP, jan./jun. 2012. Disponível em: http://flacso.org.br/files/2012/06/Caderno_GEA_N1.pdf. Acesso em: 20 fev. 2020.

CAST – CENTER FOR APPLIED SPECIAL TECHNOLOGY. **Universal design for learning guidelines version 2.0.** Wakefield: MA, 2011. Disponível em: http://udlguidelines.cast.org/. Acesso em: 30 out. 2019.

DHANDA, A. Construindo um novo léxico dos direitos humanos: Convenção sobre os Direitos das Pessoas com Deficiências. **Sur, Rev. int. direitos human.**, v. 5, n. 8 , p. 42-59, 2008. Disponível em: https://doi.org/10.1590/S1806-64452008000100003. Acesso em: 2 fev. 2020.

ELACQUA, G. *et al.* **Educação baseada em evidências:** como saber o que funciona em educação. Brasília: Instituto Alfa e Beto, 2015. Disponível em: https://www.alfaebeto.org.br/wp-content/uploads/2015/11/Instituto-Alfa-e- Beto_EBE_2015.pdf. Acesso em: 31 out. 2019.

FUENTES, S. S.; VILLORIA, E. D.; ALMARAZ, R. Á. M. **Universal el diseño como medio para atender a la diversidad en la educación**. Revisão de casos de exposição na universidad. 2016. Disponível em: https://www.researchgate.net/publication/287800543_El_diseno_universal_como_medio_para_atender_a_la_diversidad_en_la_educacion_Una_revision_de_casos_de_exito_en_la_universidad. Acesso em: 25 nov. 2019.

GESSER, M. Psicologia e deficiência: desafios à atuação profissional no campo das políticas públicas. *In*: GESSER, M. *et al.* (org.). **Psicologia e pessoas com deficiência**. Florianópolis: Conselho Regional de Psicologia de Santa Catarina 12 – Tribo da Ilha, 2019.

HALLIGAN, P.; HEELAN, A.; QUIRKE, M. Universal design for learning and its application to clinical placements in Health Science Courses (Practice Brief). **Journal of Postsecondary Education and Disability**, v. 28, n. 4, p. 469-479, 2015.

INEP – Instituto Nacional de Estudos e Pesquisas Educacionais Anísio Texeira. **Inep reforça compromisso com a acessibilidade no Dia Internacional das Pessoas com Deficiência**. Portal Inep, 3 dez. 2019. Disponível em: http://portal. inep.gov.br/artigo/-/asset_publisher/B4AQV9zFY7Bv/content/inep-reforca-compromisso-com-a-acessibilidade-no-dia-internacional-das-pessoas-com-deficiencia/21206. Acesso em: 1 fev. 2020.

ISRAEL, M.; RIBUFFO, C.; SMITH, S. **Universal Design for Learning**: recommendations for teacher preparation and professional development (Document No. IC-7). Retrieved from University of Florida, Collaboration for Effective Educator, Development, Accountability, and Reform Center, 2014. Disponível em: http://ceedar.education.ufl.edu/tools/innovation- configurations/. Acesso em: 10 fev. 2020.

KNARLAG, K.; OLAUSSEN, E. Developing inclusive teaching and learning through the principles of universal design. **Stud Health Technol Inform**, v. 229, p. 165-166, 2016. Disponível em: https://www.ncbi.nlm.nih.gov/pubmed/27534300. Acesso em: 10 fev. 2020.

MCGUIRE, J. M.; SCOTT, S. S.; SHAW, S. F. Universal Design for Instruction: a new paradigm for adult instruction in postsecondary education. **Remedial e Educação Especial**, v. 24, ano 6, p. 369-379, 2003. Disponível em: https://www. researchgate.net/publication/249835107_Universal_Design_for_Instruction_A_ New_Paradigm_for_Adult_Instruction_in_Postsecondary_Education. Acesso em: 20 jan. 2020.

MELLO, A. G.; MOZZI, G. de. Deficiência e Psicologia: perspectivas interseccionais. *In*: GESSER, Marivete *et al*. (org.). **Psicologia e pessoas com deficiência**. Florianópolis: Conselho Regional de Psicologia de Santa Catarina 12 – Tribo da Ilha, 2019.

MEYER, A.; ROSE, D.; GORDON, D. **Universal design for learning**: theory and practice. Wakefield, MA: Cast Professional Publishing, 2014. Disponível em: http://www.cast.org/our-work/publications/2014/universal-design-learning-theory-practice- udl-meyer.html#.Xr3pEcBv-M8. Acesso em: 20 jan. 2020.

NUERNBERG, A. H. Psicologia e estudos sobre a deficiência: história e perspectivas. *In*: GESSER, M. *et al*. (org.). **Psicologia e pessoas com deficiência**. Florianópolis: Conselho Regional de Psicologia de Santa Catarina 12 – Tribo da Ilha, 2019.

NUERNBERG, A. H. Uma análise crítica do direito à diferença. **Revista de Estudos Feministas**, Florianópolis, v. 9, n. 1, p. 299-300, 2001. Disponível em: http://www.scielo.br/scielo.php?script=sci_arttext&pid=S0104-026X200100001 00018&lng=en&nrm=iso. Acesso em: 2 fev. 2020.

PAVÃO, S. M. de O. *et al*. (org.). **Aprendizagem e acessibilidade**: travessias do aprender na universidade. Santa Maria: UFSM, 2015.

RIBEIRO, G. R. de P. S.; AMATO, C. A. de La H. Análise da utilização do Desenho Universal para Aprendizagem. **Cad. Pós-Grad. Distúrb. Desenvolv.**, São Paulo, v. 18, n. 2, jul./dez. 2018. Disponível em: http://dx.doi.org/10.5935/cadernosdis-turbios.v18n2p125-151. Acesso em: 20 jan. 2020.

ROSE, D. H.; MEYER, A. Teaching every student in the digital age. Alexandria, VA: ASCD. 2002. Disponível em: http://www.cast.org/ teachingeverystudent/ ideas/tes/. Acesso em: 20 jan. 2020

RUIZ-BEL, R. *et al*. El princípio del "Universal Design": concepto y desarrollos en la enseñanza superior. **Revista de Educación**, n. 359, p. 413-430, 2012.

SÁNCHEZ, S. *et al*. Atención a la diversidad en las titulaciones adaptadas al RD 1393/2007: adaptación de una herramienta web de autoevaluación curricular basada en los principios del diseño universal para el aprendizaje. *In*: **Jornadas de Innovación Docente en la Universidad de Salamanca**. Universidad de Salamanca (Espana). Vicerrectorado de Docência, Salamanca, p. 148-155, 2011. Disponível em: http://gredos.usal.es/jspui/handle/10366/112888. Acesso em: 20 nov. 2019.

SASSAKI, R. K. **Inclusão**: construindo uma sociedade para todos. 7. ed. Rio de Janeiro: WVA, 2006.

SASSAKI, Romeu Kazumi. Nada sobre nós, sem nós: da integração à inclusão – Parte 2. **Revista Nacional de Reabilitação**, ano X, n. 58, p. 20-30, set./out. 2007.

SOUZA, H. J. dos S. Avaliação de competências e habilidades no ensino superior: o descompasso entre as diretrizes curriculares e o Enade. **Revista Hispeci & Lema On-Line**, Bebedouro-SP, n. 5, ano 1, p. 143-154, 2014. Disponível em: http://www.sedies.com.br/downloads/2017/textos/tema6.pdf. Acesso em: 20 fev. 2020.

VILLORIA, E. D.; FUENTES, S. S. **Diseño universal para el aprendizaje como metodología docente para atender a la diversidad en la universidad.** Departamento de Psicología Básica, Psicobiología y Metodologías de las Ciencias del Comportamiento, Instituto Universitario de Integración en la Comunidad (INICO), Universidad de Salamanca, Salamanca, Espanha. Departamento de Educación, Universidad Católica de Murcia, Murcia, Espanha, 2014. Disponível em: http://creativecommons.org/licenses/by-nc-nd/4.0/. Acesso em: 10 jan. 2020.

ZERBATO, A. P. **Desenho universal para aprendizagem na perspectiva da inclusão escolar:** potencialidades e limites de uma formação colaborativa. 298f. Tese (Doutorado em Educação) – Programa de Pós-Graduação em Educação Especial, Universidade Federal de São Carlos, São Carlos, 2018.

ZERBATO, A. P; MENDES, E. G. Desenho universal para a aprendizagem como estratégia de inclusão escolar. **Educação Unisinos**, v. 22, n. 2, p.147-155, abr./jun. 2018. Disponível em: file:///C:/Users/1006588/Downloads/14125-60747396-1-PB%20 (3).pdf. Acesso em: 1 nov. 2020.

ENSINAR E APRENDER A DIVERSIDADE: NARRATIVAS DE UMA PROFESSORA DE MÚSICA SOBRE SUAS PRÁTICAS NO IBC

Gabriela Cintra dos Santos
Regina Finck Schambeck

Introdução

O ano de 2020 trouxe com ele uma série de acontecimentos que ficarão marcados para sempre na história da humanidade. A pandemia gerada pela Covid-19 criou novos problemas em áreas como a educação e a saúde e intensificou os já existentes. De acordo com Santos[91], uma quarentena é sempre discriminatória, sendo mais difícil para alguns grupos do que para outros. Em seu trabalho intitulado *A cruel pedagogia do vírus*, o autor faz uma análise dos grupos que estão sendo especialmente prejudicados com a quarentena, entre eles o grupo de pessoas com deficiência.

Para além das dificuldades impostas pela Covid-19, o grupo de profissionais que atua com a educação de pessoas com deficiência foi surpreendido pela implementação de políticas públicas consideradas "de retrocesso", como é o caso do Decreto n.º 10.502, de 30 de setembro de 2020[92]. A Associação Nacional de Pós-Graduação e Pesquisa em Educação (Anped) e a Associação Brasileira de pesquisadores em Educação Especial (ABPEE) se referem ao decreto como sendo um "decreto da exclusão"[93], que retira a obrigatoriedade da escola regular de realizar a matrícula de alunos com deficiência, permitindo a volta do ensino regular em instituições especializadas – lembrando que a lei que tornou obrigatórias a matrícula e a inclusão de todos os alunos

---

[91] SANTOS, B. de S. **A cruel pedagogia do vírus**. Pandemia Capital. São Paulo: Boitempo Editorial, 2020.

[92] BRASIL. **Decreto nº 10.502, de 30 de setembro de 2020**. Institui a Política Nacional de Educação Especial: Equitativa, Inclusiva e com Aprendizado ao Longo da Vida. Diário Oficial da União: seção 1, Brasília, DF, n. 189, p. 6, 1 out. 2020. Disponível em: https://legislacao.presidencia.gov.br/atos/?tipo=DEC&numero=10502&ano=2020&ato=e26MTSU1UMZpWT303. Acesso em: 17 nov. 2020. No dia 21 de dezembro de 2020, após o julgamento da ADI n.º 6.590, o STF publicou a seguinte decisão: "O Tribunal, por maioria, referendou a decisão liminar para suspender a eficácia do Decreto nº 10.502/2020, nos termos do voto do Relator, vencidos os Ministros Marco Aurélio e Nunes Marques" (STF, 2021).

[93] Ver a nota de repúdio publicada em 5/10/2020, em que várias associações denunciam os retrocessos da nova política de educação especial, lançada pelo governo. Disponível em: https://anped.org.br/news/anped-e-abpee--denunciam-retrocessos-em-nova-politica-de-educacao-especial-lancada-pelo-governo. Acesso em: 17 nov. 2020.

com deficiência nas escolas regulares tem apenas 12 anos[94], sendo uma luta das pessoas com deficiência já há muitos anos.

A partir das lutas das pessoas com deficiência, que datam do início dos anos 1970, organizações internacionais, como a Organização das Nações Unidas (ONU) e a Organização das Nações Unidas para a Educação, a Ciência e a Cultura (Unesco), mobilizaram-se em movimentos internacionais de inclusão, dos quais se destacam a Declaração de Santiago (1981), a Declaração Mundial sobre Educação para Todos (1990) e a Declaração de Salamanca (1994). Tais movimentos resultaram em transformações no sistema educativo brasileiro, especialmente na educação de alunos com deficiência[95]. Sabendo que a presença e a inclusão de alunos com deficiência são uma realidade tanto nas escolas de educação básica como também nas aulas de música, é imprescindível que os discentes de licenciatura em Música recebam uma formação acerca dos fundamentos teóricos e metodológicos que sustente as ações pedagógicas a serem realizadas por eles nos espaços educativos inclusivos[96].

Todavia, essa formação nem sempre acontece. São poucas as instituições de ensino que ofertam conteúdos ou disciplinas que deem conta da demanda de formação docente na área de educação musical especial[97]. O processo de formação que abarca a construção da prática docente de cada educador se dá de maneiras distintas, de acordo com os mais variados contextos vivenciados por cada um. No que concerne à formação de professores, alguns autores vêm trabalhando com a questão dos saberes docentes na formação e na prática dos professores (de música) que trabalham com a educação especial e/ou inclusiva. Debruço-me especialmente nesse tema para a apresentação deste capítulo.

Decorrente de uma pesquisa de mestrado em andamento, este estudo, com base na abordagem qualitativa e base teórica nos saberes docentes, apresenta, a partir do método biográfico e das narrativas, os processos de ensinar e aprender a diversidade em um sentido mais amplo do que a mera tolerância à diferença. A educadora participante desta pesquisa se vale de perspectivas e tipos de saberes como oportunidades de cooperação que não

---

94 BRASIL. Ministério da Educação. **Política Nacional de Educação Especial na Perspectiva da Educação Inclusiva**. Brasília: MEC/SEESP, 2008. Disponível em: http://portal.mec.gov.br/arquivos/pdf/politicaeducespecial.pdf. Acesso em: 15 jul. 2020.

95 BRASIL, 2008; 2011.

96 SCHAMBECK, R. F. Inclusão de alunos com deficiência na sala de aula: tendências de pesquisa e impactos na formação do professor de música. **Revista da Abem**, Londrina, v. 24, n. 36, p. 25-35, 2016.

97 LOPES, J. P. M.; SCHAMBECK, R. F. Currículo, deficiência e inclusão. *In*: SOARES, J.; SCHAMBECK, R. F.; FIGUEIREDO, S. (org.). **A formação do professor de música no Brasil**. Belo Horizonte: Fino Traço, 2014.

apenas complementem a educação musical inclusiva, mas também ajudem a ir além da inclusão e rumo a uma sociedade democrática e diversificada. Os resultados poderão contribuir também para as práticas dos futuros professores de música que atuarão no contexto de educação musical inclusiva.

Metodologia

Os caminhos metodológicos delineados para esta pesquisa perpassam uma abordagem qualitativa do método biográfico com o emprego da entrevista narrativa como ferramenta de coleta de dados.

A questão central que permeia a pesquisa biográfica, partilhada também pela antropologia social, busca responder à *constituição individual*: como os indivíduos se tornam indivíduos?"[98]. Essa questão inicial suscita outras acerca do complexo de relações entre o indivíduo e seus arredores (políticos, históricos, sociais, linguísticos, econômicos, culturais), entre o indivíduo e os outros, entre o indivíduo e ele próprio, "entre o indivíduo e a dimensão temporal de sua experiência e de sua existência"[99].

No campo da educação, a pesquisa biográfica é alicerçada "na relação entre formação e aprendizagem"[100]. Seu propósito é o de compreender os processos envolvidos na formação e construção dos indivíduos em seu meio social, os significados que eles atribuem às suas experiências vividas e, ao mesmo tempo, como os indivíduos colaboram e influenciam para a existência, reprodução e produção da realidade social[101]. Na interface entre o individual e o social – sendo processos que se retroalimentam incessantemente –, a pesquisa biográfica se propõe, portanto, a compreender a relação ímpar que o indivíduo mantém com o mundo histórico e social, bem como os significados atribuídos às suas experiências.

De modo a buscar compreender tais propósitos da pesquisa biográfica, recorremos à entrevista narrativa como ferramenta de coleta de dados. Jovchelovitch e Bauer[102] definem a ideia central da entrevista narrativa como "reconstruir acontecimentos sociais a partir da perspectiva dos informantes,

---

[98] DELORY-MOMBERGER, Christine. Abordagens metodológicas na pesquisa biográfica. **Revista Brasileira de Educação**, v. 17, n. 51, p. 523-536, 2012. p. 523, grifo da autora.

[99] *Idem.*

[100] ABREU, D. V. de. Compreender a profissionalização de professores de música: contribuições de abordagens biográficas. **Opus**, Porto Alegre, v. 17, n. 2, p. 141-162, dez. 2011. p. 144.

[101] DELORY-MOMBERGER, 2012.

[102] JOVCHELOVITCH, S.; BAUER, M. W. Entrevista Narrativa. *In:* BAUER, M. W.; GASKELL, G. (ed.). **Pesquisa qualitativa com texto, imagem e som.** 7. ed. Petrópolis: Vozes, 2008. p. 93.

tão diretamente quanto possível". A entrevista narrativa é "considerada uma forma de entrevista não estruturada, de profundidade, com características específicas"[103]. Aqui o esquema pergunta-resposta é substituído pela narração, sendo possível uma melhor compreensão da perspectiva do entrevistado por ele usar uma linguagem própria e espontânea ao narrar suas experiências[104].

Saberes docentes

A questão dos saberes docentes passou a adentrar nas pesquisas em formação docente a partir dos anos 1980, especialmente nos países anglo-saxões e na Europa. Concomitantemente a esse movimento, uma significativa crise provocou o enfraquecimento do sistema educacional estadunidense, o que levou a uma série de reflexões sobre o papel do professor e sua importância profissional. A valorização da profissão docente e as reformas educacionais passaram a ser sinônimo de excelência em educação, conduzindo as pesquisas a investigar a valorização do ofício do professor[105]. A busca pela valorização da profissão docente suscitou o interesse em especificar quais seriam, portanto, os saberes primordiais à docência.

Diversos autores têm se debruçado nessa temática, entre eles o canadense Maurice Tardif. Para ele, o saber docente é um "saber plural, formado de diversos saberes provenientes das instituições de formação, da formação profissional, dos currículos e da prática cotidiana"[106]. Os saberes são elementos constitutivos da prática do professor e encontram-se simultaneamente articulados, não se reduzindo a uma mera transmissão dos conhecimentos já concebidos, mas à incorporação dos diferentes saberes em sua prática. São saberes sociais transformados em saberes escolares por meio dos saberes da formação profissional (das ciências da educação e da ideologia pedagógica), dos saberes disciplinares, dos saberes curriculares e dos saberes experienciais[107].

Este último encontra-se em uma posição de destaque em relação aos demais saberes, pois, segundo Tardif[108], sua constituição advém da prática cotidiana docente, e não dos currículos ou dos espaços de formação. Enquanto há uma relação de exterioridade com os demais saberes,

---

[103] *Ibidem*, p. 95.

[104] Para saber mais ver Jovchelovitch e Bauer (2008).

[105] ARAÚJO, R. C. de. Formação Docente do Professor de Música: Reflexividade, competências e saberes. **Música Hodie**, v. 6, n. 2, 2006.

[106] TARDIF, M. **Saberes docentes e formação profissional**. 17. ed. Petrópolis: Vozes, 2014. p. 54.

[107] Para saber mais, ver Tardif (2014).

[108] TARDIF, 2014.

por não controlarem sua produção ou circulação, os saberes experienciais são alicerçados no exercício prático da profissão, no trabalho cotidiano e no conhecimento de seu meio. Não há uma rejeição aos demais saberes, uma vez que todos constituem a profissão docente. Há, pelo contrário, a incorporação à prática profissional pelos professores, conforme seus propósitos e necessidades. A prática cotidiana da profissão docente, além de auxiliar no desenvolvimento do saber experiencial, possibilita a reflexão dos demais saberes, retraduzindo-os em função das condições limitadoras da experiência. Esse processo é explicado por Tardif[109] ao considerar a prática docente como um "processo de aprendizagem através do qual os professores retraduzem sua formação e a adaptam à profissão". O saber profissional dos professores se constitui como um amálgama de diversos saberes que são construídos, relacionados e mobilizados pelos professores, consoante aos desafios e às exigências de sua prática cotidiana[110].

Revisão de literatura

Buscando uma melhor compreensão dos temas implicados nesse projeto de pesquisa, foram revisados periódicos nacionais (*Revista da Abem, Revista Brasileira de Educação Especial, Revista Educação Especial, Revista Educação Artes e Inclusão, Crítica Educativa, Orfeu, Educação Temática Digital, Revista Virtual de Cultura Surda, Formação Docente, Hodie, Coleção Extensão e Sociedade, Texto & Debate, Revista Nupeart* e *Revista Fórum*) e internacionais (*International Journal of Music Education, Research Studies in Music Education, Council for Research in Music Education* e *Journal of Music Teacher Education*), além de uma busca no Catálogo de Teses e Dissertações da Capes (Coordenação de Aperfeiçoamento de Pessoal de Nível Superior) e na Biblioteca Digital Brasileira de Teses e Dissertações. Os trabalhos encontrados datam de 1994 a 2019.

As pesquisas sobre educação musical e educação especial e/ou inclusiva são relativamente recentes, datando do início dos anos 1980. Trabalhos de revisão de literatura vêm sendo realizados e nos indicam que, apesar do número reduzido, está havendo um aumento gradativo de pesquisas em educação musical especial[111]. A respeito disso, as autoras Fantini, Joly e

---

[109] *Ibidem*, p. 53.

[110] CARDOSO, A. A.; PINO, M. A. B. Del; DORNELES, C. L. Os saberes profissionais dos professores na perspectiva de Tardif e Gauthier: contribuições para o campo de pesquisa sobre os saberes docentes no Brasil. *In*: ANPED SUL, 9., 2012. **Anais [...]** Caxias do Sul: UCS, 2012.

[111] CIL; GONÇALVES, 2018; FANTINI; JOLY; ROSE, 2016.

Rose[112] realizaram um levantamento do período de 1981 a 2015 e encontraram um total de 129 estudos divididos entre trabalhos completos em anais (73%), dissertações (23%), teses (2%), artigos (1%) e resenhas (1%). Em números, as dissertações e teses representavam um total de 30 e de 3 trabalhos, respectivamente. No levantamento realizado para esta pesquisa, verificou-se um aumento de 153% do número de dissertações (46) e 100% de teses (6). A ampliação do número de pesquisas de pós-graduação representa um avanço progressivo na área, no entanto, por se tratar de uma área em consolidação e estruturação como campo de pesquisa[113], muitos assuntos precisam ser aprofundados.

Acerca das temáticas de educação musical especial e deficiência visual, a literatura analisada se desdobra em diferentes perspectivas. A Musicografia Braille é abordada na perspectiva dos indivíduos envolvidos no ensino-aprendizagem musical[114], suas condições de aplicação nas aulas[115], sua importância na aprendizagem musical[116] e o uso do *software* Musibraille como uma ferramenta de auxílio ao educador sem experiência em Musicografia Braille[117]. O espaço universitário surge nas perspectivas do processo de inclusão de uma pessoa cega no curso de licenciatura em Música da Universidade Federal do Rio Grande do Norte[118], da trajetória acadêmica de deficientes visuais na graduação em Música[119] e da compreensão dos desafios e dificuldades da inserção de um egresso de música

---

[112] FANTINI, R. F. S.; JOLY, I. Z. L.; ROSE, T. M. S. de. Educação Musical Especial: produção brasileira nos últimos 30 anos. **Revista da Abem**, Londrina, v. 24, n. 36, p. 36-64, 2016.

[113] SCHAMBECK, 2016.

[114] BONILHA, F. F. G. **Do toque ao som**: o ensino da musicografia braille como um caminho para a educação musical inclusiva. 2010. 261 f. Tese (Doutorado em Música) – Universidade Estadual de Campinas, Campinas, 2010.

[115] BONILHA, F. F. G. **Leitura musical na ponta dos dedos**: caminhos e desafios do ensino de musicografia Braille na perspectiva de alunos e professores. 2006. 226 f. Dissertação (Mestrado em Música) – Universidade Estadual de Campinas, Campinas, 2006.

[116] GIESTEIRA, A. C.; GODALL, P.; ZATTERA, V. La enseñanza de la Musicografía Braille: consideraciones sobre la importancia de la escritura musical en Braille y la transcripción de materiales didácticos. **Revista da Abem**, Londrina, v. 23, n. 34, p. 138-151, 2015.

[117] CUCCHI, K. D. **Software Musibraille**: a interface entre educador leigo em musicografia Braille e educando cego. 2013. 125f. Dissertação (Mestrado em Música) – Universidade Federal da Bahia, Salvador, 2013.

[118] MELO, I. S. C. de. **Um estudante cego no curso de Licenciatura em Música da UFRN**: questões de acessibilidade curricular e física. 2011. 148f. Dissertação (Mestrado em Educação) – Universidade Federal do Rio Grande do Norte, Natal, 2011.

[119] KEENAN JÚNIOR, D. **Trajetória acadêmica de alunos com deficiência visual**: um estudo com egressos da graduação em música. 2017. 198f. Dissertação (Mestrado em Música) – Universidade do Estado de Santa Catarina, Florianópolis, 2017; KEENAN JÚNIOR, D.; SCHAMBECK, R. F. Deficiência visual no ensino superior de música: ações, recursos e serviços sob a perspectiva de quatro egressos. **Revista da Abem**, Londrina, v. 25, n. 39, p. 160-174, 2017.

no mundo do trabalho acadêmico[120]. Outros temas, como a acessibilidade do deficiente visual nas aulas de música[121], as adversidades no acesso à aprendizagem musical[122], a relação entre música e deficiência visual[123] e o desenvolvimento musical de um aluno cego[124], também surgiram na pesquisa de levantamento bibliográfico.

Adentrando ainda mais nas temáticas aqui propostas, no que se refere à formação docente e às práticas musicais de educadores, a literatura aponta alguns trabalhos que ajudam a compreender como está se dando essa questão no contexto da educação especial e/ou inclusiva. Repolho, Pereira e Palheta[125] trataram da formação do professor frente à educação inclusiva de pessoas com deficiência e refletiram sobre estratégias que podem ser usadas pelo educador diante dos obstáculos encontrados no dia a dia da realidade educacional. As práticas docentes no contexto inclusivo foram discutidas por Silva[126] em sua dissertação sobre como têm se estabelecido as práticas de dois professores de música da rede municipal de Olinda (PE) no ensino de crianças com deficiências. Seguindo essa temática, Soares, Cortegoso e Joly[127] buscaram investigar as relações entre práticas docentes musicais na inclusão de pessoas com deficiência e a formação dos professores de música no atendimento às especificidades desses indivíduos, analisando as práticas de três professores de música do ensino privado da educação básica na região metropolitana de São Paulo.

Em boa parte, os cursos de formação inicial de professores de música apresentam diversas lacunas quanto à formação no contexto de educação especial e/ou inclusiva, carecendo de uma compreensão quanto à inclusão

---

[120] NICOLODELLI, Vinicius. **A trajetória formativa de um professor de música deficiente visual**: um estudo sobre as dimensões da acessibilidade. 2019. 94f. Dissertação (Mestrado em Música) – Universidade do Estado de Santa Catarina, Florianópolis, 2019.

[121] MELO, 2014.

[122] OLIVEIRA, L. A. C. de; REILY, L. H. Relatos de músicos cegos: subsídios para o ensino de música para alunos com deficiência visual. **Revista Brasileira de Educação Especial**, v. 20, n. 3, p. 405-420, 2014.

[123] PINTO, 2019.

[124] OGANDO, M. G. C. **Particularidades do desenvolvimento musical de um aluno observado com múltiplos sinais de talento entre estudantes cegos**. 2017. 263 f. Tese (Doutorado em Música) – Universidade Federal do Estado do Rio de Janeiro, Rio de Janeiro, 2017.

[125] REPOLHO, S. M.; PEREIRA, C. O.; PALHETA, R. M. dos S. A formação do professor frente à educação inclusiva de pessoas com deficiência. **Revista Educação, Artes e Inclusão**, Florianópolis, v. 14, n. 4, 2018.

[126] SILVA, C. V. da. **Práticas docentes e educação musical inclusiva no ensino fundamental da rede municipal de Olinda-PE**. 2017. 127 f. Dissertação (Mestrado em Educação) – Universidade Federal de Pernambuco, Recife, 2017.

[127] SOARES, L.; CORTEGOSO, A. L.; JOLY, I. Z. L. Educação Musical e Inclusão: saberes e práticas do professor de música. *In*: ENCONTRO ANUAL DA ABEM, 16., 2007. **Anais [...]** Campo Grande: Abem, 2007.

de alunos com deficiência na escola regular[128] ou mesmo de consideração aos espaços de educação especial. Segundo Lopes e Schambeck[129], "são poucas as instituições de ensino que estabelecem em seus currículos disciplinas ou conteúdos que atendam à demanda de formação de professores na área". Como resultado, ao chegarem ao espaço escolar de educação especial ou inclusiva, os professores se deparam com diversos fatores que dificultam suas práticas, como a falta de recursos materiais[130], teóricos e pedagógicos voltados para o trabalho musical[131], bem como uma formação inicial insuficiente[132].

Os cursos de formação inicial e continuada são destacados pelos autores como uma fundamental parte do processo de formação do docente, sendo necessários cursos que viabilizem em seus currículos estudos sobre música e deficiência, disciplinas específicas sobre o atendimento aos alunos com deficiência e práticas docentes (como estágios) no contexto de educação especial e/ou inclusivo[133]. Soares[134], ao abordar a formação e a atuação do professor de música na educação especial, destaca a relevância dos cursos de formação continuada para uma melhor compreensão da área. Segundo a autora, "a formação inicial dos professores de música foi considerada por eles mesmos como precária, mas foi sendo 'lapidada' com o decorrer da carreira, através de diferentes cursos [de formação continuada]"[135].

Acerca dos saberes docentes e da educação musical, são diversos os trabalhos abordados em diferentes espaços de ensino. Bellochio[136] investigou as práticas educativas de seis professores de música atuantes em escolas de música e na educação básica na cidade de Santa Maria (RS). Os saberes docentes dos professores de piano foram retratados por Araújo

[128] SCHAMBECK, 2016.

[129] LOPES; SCHAMBECK, 2014, p. 130.

[130] SILVA, 2017.

[131] VIANA, A. C. de L. **Uma proposta de capacitação na área da educação musical especial**. 2015. 119 f. Dissertação (Mestrado em Educação Especial) – Universidade Federal de São Carlos, São Carlos, 2015.

[132] PREVIATO, D. B. **Professores de música e inclusão escolar de alunos público alvo da educação especial**: percepções sobre o fazer docente. 2016. 151 f. Dissertação (Mestrado em Educação Escolar) – Universidade Estadual Paulista "Júlio de Mesquita Filho", Araraquara, 2016; SILVA, 2017; VIANA, 2015.

[133] LOPES; SCHAMBECK, 2014.

[134] SOARES, L. **Formação e prática docente musical no processo de educação inclusiva de pessoas com necessidades especiais**. 2006. 128 f. Dissertação (Mestrado em Educação Especial) – Universidade Federal de São Carlos, São Carlos, 2006.

[135] *Ibidem*, p. 111.

[136] BELLOCHIO, C. R. Saberes docentes do educador musical. *In*: ENCONTRO NACIONAL DA ABEM, 12., 2003. **Anais [...]** Florianópolis: Abem, 2003. p. 174-181.

e Gemesio[137], que analisaram o reconhecimento dos saberes ao longo do desenvolvimento da carreira profissional[138] e investigaram que saberes são mobilizados no início da carreira dos professores de piano[139]. Oliveira e Schambeck[140] buscaram compreender como se dão as práticas de ensino e aprendizagem dos professores do Projeto de Musicalização Infantil de Blumenau (SC) de acordo com seus saberes docentes e com a forma de organização do trabalho pedagógico. Nas aproximações entre os saberes docentes, a educação musical e a educação inclusiva, temos Cavalcanti[141], que buscou investigar, por meio da prática de uma professora de classe do ensino fundamental, as dimensões entre as concepções sobre educação inclusiva e a construção dos saberes no fazer musical.

Na perspectiva da educação inclusiva, Nozi e Vitaliano[142] averiguaram os saberes docentes destacados por outros pesquisadores e que premissas colaboram para o melhor desempenho desses saberes. A construção e a mobilização dos saberes docentes na prática de professores são destacadas por Silva[143] em uma escola municipal de ensino regular na cidade de Feira de Santana (BA) e por Coutinho[144] no espaço universitário do curso de Pedagogia da Faculdade de Ciências Humanas do Sertão Central, em Salgueiro (PE). A autora, a partir dos saberes docentes delineados por Tardif[145], acrescentou um outro saber denominado por ela de saberes inclusivos. A denominação dos saberes inclusivos originou-se das narrativas dos sujeitos de pesquisa, e identificaram-se como "saberes constituídos a partir das experiências vivenciadas pelos professores no seu percurso profissional,

---

[137] ARAÚJO, R. C. de. **Um estudo sobre os saberes que norteiam a prática pedagógica de professores de piano**. 2005. 281 f. Tese (Doutorado em Música) – Universidade Federal do Rio Grande do Sul, Porto Alegre, 2005; GEMESIO, 2010.

[138] ARAÚJO, 2005.

[139] GEMESIO, 2010.

[140] OLIVEIRA; SCHAMBECK, 2017.

[141] CAVALCANTI, F. M. B. **Saberes do professor de classe de uma escola Waldorf**: práticas musicais em contexto inclusivo. 2014. 179 f. Dissertação (Mestrado em Música) – Universidade do Estado de Santa Catarina, Florianópolis, 2014.

[142] NOZI, G. S.; VITALIANO, C. R. Saberes de professores propícios à inclusão dos alunos com necessidades educacionais especiais: condições para sua construção. **Revista Educação Especial**, Santa Maria, v. 30, n. 59, p. 589-602, set./dez. 2017.

[143] SILVA, A. S. da. **Os saberes docentes para a prática pedagógica de alunos com necessidades educativas especiais na escola regular**. 2014. 118f. Dissertação (Mestrado em Educação) – Universidade Estadual de Feira de Santana, Feira de Santana, 2014.

[144] COUTINHO, M. C. B. **A construção de saberes docentes para a inclusão das pessoas com deficiência**: um estudo a partir dos professores do curso de pedagogia do Sertão pernambucano. 2013. 145f. Dissertação (Mestrado em Educação) – Universidade Federal de Pernambuco, Recife, 2013.

[145] TARDIF, 2014.

que os possibilitou estabelecer, na sua prática de ensino com alunos com deficiência, um processo educativo inclusivo"[146].

A revisão de literatura realizada até aqui nos aponta um crescimento nas pesquisas sobre educação musical especial e inclusiva, abordando diversas temáticas, como formação docente (inicial e continuada), saberes docentes, além de temas específicos sobre deficiência visual, área na qual a colaboradora desta pesquisa atua.

Instituto Benjamin Constant

O Imperial Instituto dos Meninos Cegos foi criado por meio do Decreto n.º 1.428, de 12 de setembro de 1854[147], sendo inaugurado em 17 de setembro do mesmo ano na cidade do Rio de Janeiro, vindo a denominar-se, mais tarde, Instituto Benjamin Constant – IBC[148]. Juntamente ao Imperial Instituto dos Surdos-Mudos (hoje Instituto Nacional de Educação de Surdos – Ines), criado em 1856, o Brasil foi o primeiro país em toda a América Latina a criar instituições educacionais para o atendimento às pessoas com deficiência. Durante a segunda metade do século XIX, o acesso às instituições foi restrito, e apenas a cegueira e a surdez foram "reconhecidas pelo Estado como passíveis de uma abordagem que visava superar as dificuldades que ambas as deficiências traziam, sobretudo na educação e no trabalho"[149]. As instituições, inspiradas pelos ideários iluministas, funcionavam como internatos e seu objetivo principal era o de inserir os alunos na sociedade por meio do ensino de ciências, letras, religião e alguns ofícios manuais[150].

O ensino de música esteve presente desde a constituição do Instituto Benjamin Constant, sendo de responsabilidade de um profissional de música vocal e instrumental. O sistema de ensino da época era organizado em oito anos letivos, e a música se fazia presente em todos os anos. No último ano

---

[146] COUTINHO, 2013, p. 82.

[147] BRASIL. Palácio do Rio de Janeiro. Decreto nº 1.428, de 12 de setembro de 1854. Crea nesta corte hum Instituto denominado Imperial Instituto dos meninos cegos. **Coleção de Leis do Império do Brasil**, v. 1, pt. I, p. 295, 1854. Disponível em: https://www2.camara.leg.br/legin/fed/decret/1824-1899/decreto-1428-12-setembro-1854-508506-publicacaooriginal-1-pe.html. Acesso em: 14 jul. 2020.

[148] BRASIL. Governo Provisorio da Republica dos Estados Unidos do Brazil. Decreto nº 1.320, de 24 de janeiro de 1891. Institue honras e homenagens á memoria do eminente cidadão o general de brigada Benjamin Constant Botelho de Magalhães. **Coleção de Leis do Brasil**, v. 3, p. 340, col. 1, 31 dez. 1891. Disponível em: http://legis.senado.leg.br/norma/392142/publicacao/15837174. Acesso em: 14 jul. 2020.

[149] LANNA JÚNIOR, M. C. M. (comp.). **História do Movimento Político das Pessoas com Deficiência no Brasil**. Brasília: Secretaria de Direitos Humanos; Secretaria Nacional de Promoção dos Direitos da Pessoa com Deficiência, 2010. p. 21.

[150] *Idem*.

de ensino, o enfoque era dado para as disciplinas de história e geografia nacional e ao aperfeiçoamento dos trabalhos mecânicos e do ensino de música, dependendo da área que os alunos mostrassem mais interesse[151].

Para a realização desta pesquisa, três professores foram selecionados para as entrevistas narrativas, sendo uma mulher e dois homens. Neste capítulo me deterei a apresentar as narrativas da primeira colaboradora que entrevistei. Maria (nome fictício) é doutora em Música pela Universidade Federal do Estado do Rio de Janeiro (Unirio), especialista em Musicoterapia pelo Centro Universitário do Conservatório Brasileiro de Música do Rio de Janeiro (CEU/CBM-RJ), mestra em Música pela Universidade Federal do Rio de Janeiro (UFRJ), bacharela em Piano pela UFRJ e licenciada em Música pela Unirio. Os anos de formação são 2017, 2013, 2011, 2008 e 2007, respectivamente. Vinculada ao Instituto Benjamin Constant desde 2013, atua como professora dos ensinos básico, técnico e tecnológico.

A seguir, apresentaremos uma parte da análise das narrativas coletadas, no tocante à formação acadêmica e profissional de Maria, sua experiência no IBC e com a educação especial, os saberes docentes para o trabalho com a educação especial/inclusiva e como a colaboradora lida com as adversidades da área em sua prática docente.

Narrativas de Maria

Como forma de melhor organizar os dados analisados, apresentaremos a seguir as narrativas de Maria acerca de sua **formação** (acadêmica e profissional), sua **experiência com a educação especial** e os **saberes docentes** mobilizados e fundamentais para o trabalho com a educação especial/inclusiva.

Ao longo de sua formação inicial, Maria não teve qualquer experiência com a educação especial ou inclusiva, seja em disciplinas, estágios ou projetos acadêmicos. Foi apenas no mestrado que participou voluntariamente de um projeto de música para pessoas em tratamento psiquiátrico.

> Até então eu não tinha experiência na área de educação especial, na área de educação e inclusão, mas naturalmente, participando desse projeto, eu comecei a estudar o assunto[152].

---

151 BRASIL, 1854.

152 MARIA, 2020.

A experiência nesse projeto levou Maria a buscar a especialização em Musicoterapia, o que levou ao seu aprofundamento na área de educação especial, sendo esse um dos assuntos tratados no curso. No meio tempo em que Maria finalizava a especialização em musicoterapia, o edital para o concurso no IBC foi divulgado. Sobre isso, ela diz:

> Eu falei para mim na época quando eu vi no jornal: "Eu não tenho conhecimento nenhum de ensino para pessoa com deficiência visual" – o concurso não exigia na época. No próprio curso de musicoterapia eu tinha aprendido que, e também da minha experiência profissional, juntando as duas coisas, de que a gente sempre tá reaprendendo, né? Sempre a gente tá aprendendo novas coisas no nosso trabalho[153].

Depois dessa fala, Maria se recorda de duas vivências com a deficiência visual. A primeira foi no curso de licenciatura em Música, em que ela teve um colega cego, e a segunda já no mestrado, tendo participado de algumas palestras e eventos com um colega que era professor do IBC.

Quando assumiu as aulas no IBC, a sua entrada na sala de aula foi imediata, devido à falta de professores de Música na época. Maria comenta ter se baseado em técnicas da musicoterapia nesse início de prática docente, posteriormente aprofundando seus conhecimentos em cursos ofertados pelo próprio IBC.

> Eu comecei a me guiar por algumas técnicas da própria musicoterapia, a própria forma de entrevistar os alunos, saber um pouquinho da história deles de vida e fui me guiando um pouco nesse início dessa maneira. Junto, nesse início, o Benjamim ofereceu vários cursos sobre deficiência visual pra gente, e, na verdade, esses cursos a gente não deve terminar nunca de fazer [...]. Ali eu fui tendo tanto a parte prática, no contato com os alunos, quanto a formação que o IBC ofereceu, especializado na questão da deficiência visual[154].

Deparamo-nos aqui com dois pontos importantes: a formação inicial e continuada e a mobilização dos saberes disciplinares (em musicoterapia) e experienciais. Como mencionado, Maria não teve nenhuma experiência acadêmica ou profissional com o ensino para pessoas com deficiência, apenas algumas interações com colegas, eventos e projetos. Pesquisas na educação musical têm apontado para lacunas entre os processos de formação

---

153 *Idem.*
154 *Idem.*

de professores e para os problemas concretos que eles encontram na realidade escolar, sendo um dos problemas a dificuldade de colocar em prática os conhecimentos teóricos adquiridos na formação inicial e, em especial, aqueles relacionados à inclusão de pessoas com deficiência[155]. Tardif[156] explica essa tradição dos cursos de formação de professores, geralmente pautados em um modelo aplicacionista, de primeiro promoverem as disciplinas "teóricas" para em seguida "aplicarem" os conhecimentos no estágio e, apenas ao se formarem, vão para a sala de aula trabalharem sozinhos. É no momento de mobilizarem seus saberes na prática que a falta de experiência gera dúvidas e receios e impõe obstáculos que poderiam ter sido resolvidos no momento de formação inicial.

Essa adversidade se agrava ainda mais quando consideramos a formação do educador musical para a educação especial/inclusiva, visto que "são poucas as instituições de ensino que estabelecem em seus currículos disciplinas ou conteúdos que atendam à demanda de formação de professores na área"[157]. Uma forma de amenizar essa carência na formação inicial é a participação em cursos de formação continuada, como os mencionados por Maria, que "a gente não deve terminar nunca de fazer". Maria ainda comenta: "Eu não sei se existe alguma documentação interna do IBC que estabelece essa condição obrigatória [de realizar os cursos], mas a gente [a equipe de professores do IBC] tem um entendimento que todo mundo deve fazer". Lopes e Schambeck[158] ressaltam a importância da formação inicial e continuada em cursos que viabilizem em seus currículos estudos sobre música e deficiência, disciplinas específicas sobre o atendimento aos alunos com deficiência e práticas docentes (como estágios) no contexto de educação especial e/ou inclusivo. Devido a essa lacuna em sua formação, Maria se utilizou de outras experiências que adquiriu em sua prática profissional para dar início ao trabalho no IBC. Os saberes disciplinares da especialização em musicoterapia e os saberes experienciais são reforçados nesse momento.

Maria comenta sobre uma barreira prática ao ensino para as pessoas com deficiência devido à falta de conhecimento de professores e equipes diretivas de escolas (de música, no exemplo citado), que muitas vezes se recusam a atender um aluno com deficiência por não estarem preparados para o ensino no contexto especial ou inclusivo. Aponta o

---

155 SCHAMBECK, 2016; LOPES; SCHAMBECK, 2014; COUTINHO, 2013.
156 TARDIF, 2014.
157 LOPES; SCHAMBECK, 2014, p. 130.
158 *Ibidem*, 2014.

conhecimento sistemático, a realização de pesquisas e a escrita de artigos como uma maneira de desfazer essa barreira, proporcionando às pessoas sem acesso ou experiência nessa área a compreensão de que não se trata de um mundo à parte.

> É um processo, né? Tem a lei de inclusão e tem até hoje professores nas escolas que se sentem sem formação suficiente para atender esses alunos, que seriam o público da inclusão. E como fazer isso? A gente tem que tocar pra frente, tem que ir estudando, tem que ir dando conta na medida do que for possível.[159]

Ao narrar sobre os saberes necessários para o trabalho com a educação especial/inclusiva, Maria destaca os seguintes pontos: **1.** conhecimento sistematizado; **2.** troca de experiência com outros profissionais; **3.** capacidade crítica, sensibilidade e mente aberta; **4.** produção de novos conhecimentos; **5.** trabalho concreto.

Ela inicia frisando a importância do conhecimento:

> Primeiro, a coisa mais concreta realmente é o **estudo**. Estudo e desenvolver a **capacidade de observação** também, **capacidade crítica**, **capacidade de trocar com outros profissionais** que têm alguma experiência sobre o assunto. **Conhecimento realmente é importante**. Não adianta só a pessoa ficar reinventando a roda todo dia: tipo, eu vou pro meu trabalho e eu acho que eu vou solucionar sozinha todas as situações que eu me deparo em sala de aula. Não. Eu tenho claro que tem muita produção de conhecimento já a respeito do assunto e é fundamental que a gente possa **correr atrás disso** também, além de ter essa **capacidade de estar aberto ao novo**[160].

O conhecimento é importante e está sistematizado para que a gente possa ir buscar as informações necessárias, no entanto isso

> [...] não significa que o conhecimento todo está só lá no que já foi produzido, que eu como professora ou como pessoa que tem essa vivência eu também tenho potencial para produzir conhecimento na área, e também reconhecer o próprio potencial como **pessoa capaz de produzir conhecimento**[161].

---

159 MARIA, 2020.
160 MARIA, 2020, grifo nosso.
161 *Idem*, grifo nosso.

Na área de deficiência visual especificamente, ela ressalta questões como a não generalização dos alunos, a compreensão de que cada caso é único, o não se deixar levar por estereótipos, como, por exemplo, a falta da visão impossibilitar atividades visuais.

> Tem que ter **capacidade de ver o caso a caso**. Mais uma vez, não generalizar de uma forma que vai empobrecer o trabalho, né? Por exemplo, a gente fala muito que não é pelo fato de o aluno ser cego que você não vai trabalhar algo que tenha algum aspecto visual, como assim, eu posso descrever uma imagem pra ele, né? Por que não? Trazendo alguns conceitos que vão já alimentar o aprendizado dele na parte de conceitos e tudo mais. Então, assim, eu tenho que ter a capacidade de, no caso da deficiência, de ver o caso a caso. (MARIA, 2020, grifo nosso).

Maria comenta que é possível, sim, a realização de atividades visuais com os alunos com deficiência visual e, mais ainda, a importância da materialidade nesse processo, de ter o material para que o aluno possa explorá-lo de forma tácita, para que o entendimento sobre o assunto em questão seja mais concreto.

> [...] acaba que muitas coisas que a gente vê na deficiência que eu falei já antes pra você, que é o corpo a corpo. A gente vê a diferença que dá a presença ali do lado do aluno, como a gente pode demonstrar de maneiras muito mais concretas, que o aluno aprenda determinados conceitos de uma maneira mais material. [O aluno] incorpora, no próprio sentido da palavra, esse aprendizado no lugar de ficar uma coisa muito no nível das ideias. Então, a **concretude do trabalho** com os alunos com deficiência, eu percebo que é de fundamental diferença. Quanto menor o aluno, então, maior a importância, porque, à medida que o aluno vai crescendo, ele vai ganhando repertório, bagagem de vida, então ele já tem o contato com determinadas coisas[162].

Para além dos saberes docentes sistematizados por Tardif[163], acrescento os saberes inclusivos denominados por Coutinho[164] em sua pesquisa de mestrado, que se aproximam dos saberes narrados por Maria. O estudo de Coutinho[165] revelou que os saberes construídos e narrados pelos participantes de sua pesquisa "sinalizam a preocupação com a própria formação"

---

[162] *Idem*, grifo nosso.
[163] TARDIF, 2014.
[164] COUTINHO, 2013.
[165] *Ibidem*, p. 126.

e que, apesar de a formação inicial dos participantes não ter se voltado à educação inclusiva, "foi possível encontrar saberes construídos na própria prática pedagógica voltados para a inclusão educacional". A autora destaca as experiências docentes em sala de aula e outros espaços educacionais como uma forma de contribuição significativa "para a construção, mobilização e articulação de saberes docentes para a inclusão de todo e qualquer aluna-do"[166]. Para isso, há a necessidade de se investir em políticas públicas que aprimorem os cursos de formação inicial e continuada, proporcionando espaços formativos que deem conta da demanda de profissionais capacita-dos, bem como espaços para a construção de saberes e práticas inclusivas que assegurem os direitos dos alunos com e sem deficiência. Coutinho[167] complementa essa ideia afirmando que "é necessário que haja um processo coletivo de construção do conhecimento e de discussão da realidade, o que não exclui a ação individual (a subjetividade)".

Por último, foi pedido que a colaboradora da pesquisa comentasse sobre o que tem feito em sua prática profissional para lidar com todas as questões levantadas por ela. Maria destaca a busca de informações e de conhecimento, o voto consciente em candidatas e candidatos que tenham a deficiência como pauta e a atenção às políticas públicas como ações que ela tem tomado.

> [...] **procurar se informar** é uma das maneiras [de lidar com as barreiras impostas pela sociedade], se informar dos movimentos que estão acontecendo. Eu acho que assim, votar também [...]. Isso é um outro ato político, **votar em pessoas que a gente sabe que entendem do assunto,** ou pelo menos que têm noção sobre o assunto[168].

O diálogo também é destacado por ela como uma forma de debater assuntos acerca da deficiência e suas interseções com a diversidade, devendo esses momentos acontecerem na família, no grupo de amigos, na equipe de trabalho e também na sala de aula.

> **Esclarecer a nível imediato,** igual eu falei, **as pessoas que estão ao nosso redor,** a gente falar sobre assunto, **fazer com que essas pessoas ao nosso redor sejam multipli-cadores.** Aí vai desde família, círculos de amizade a grupo de trabalho, os próprios alunos também estão em processo de aprender sobre isso[169].

---

[166] *Ibidem*, p. 127.
[167] COUTINHO, 2013, p. 127.
[168] MARIA, 2020, grifo nosso.
[169] *Idem*, grifo nosso.

Notas finais

Buscamos apresentar neste capítulo um recorte de uma pesquisa de mestrado em andamento, tendo como objetivo compreender, por meio das narrativas de uma professora de música do Instituto Benjamin Constant, os processos de ensinar e aprender a diversidade em um sentido mais amplo do que a mera tolerância à diferença. Alguns temas emergiram das falas de Maria, havendo um destaque para sua **formação acadêmica e profissional**, sua **experiência com a educação especial** e os **saberes docentes** mobilizados e que se fazem fundamentais para o trabalho com a educação especial/inclusiva.

Sabemos que a presença e a inclusão de alunos com deficiência "[...] é uma realidade nas escolas de educação básica e também, por conseguinte, nas aulas de música"[170]. No entanto, são poucas as instituições de ensino que ofertam conteúdos ou disciplinas que deem conta da demanda de formação docente na área de educação musical especial[171]. Esse dado é corroborado pela colaboradora ao relembrar sua própria experiência e os receios que teve ao fazer o processo seletivo para o IBC. Em outro momento ela chama a atenção para o fato de que, se fosse concurso para qualquer outro emprego, as pessoas não teriam receio em fazer, mas, nos casos de empregos que envolvem a pessoa com deficiência, muitas pessoas se recusam, por não se sentirem preparadas.

O não preparo dos profissionais docentes traz à tona questões concernentes à formação inicial e continuada oferecida pelas instituições formadoras, sendo um tema recorrente em diversas pesquisas e que clama por uma solução eficaz. Valemo-nos das palavras de Lopes e Schambeck[172] ao afirmarem que

> [...] todas as atividades de mudança curricular na área da formação de professores que atuarão no contexto inclusivo devem, obrigatoriamente, propiciar ao educador uma formação capaz de fazê-lo entender a deficiência, deixando de percebê-la como algo incapacitante e que inferioriza o ser humano; as ações estabelecidas nos currículos deveriam, por princípio, promover mudanças nas práticas diárias das salas de aula.

---

[170] SCHAMBECK, 2016, p. 29.
[171] LOPES; SCHAMBECK, 2014.
[172] *Ibidem*, p. 129.

Há um destaque para a importância de os professores e futuros professores investirem em experiências concretas de ensino que possibilitem a construção da sua prática docente, que só se dará por meio da prática efetiva de ensino[173]. Esse processo de formação voltado à educação especial e inclusiva, somado às experiências concretas de ensino que possibilitem a construção da prática docente desde a formação inicial, pode solucionar as adversidades encontradas no cotidiano da escola regular. Todo esse processo inclui também os saberes que os professores vão construindo e mobilizando ao longo da sua formação acadêmica e profissional. Somado aos saberes docentes delineados por Tardif[174], Maria destaca cinco saberes que, em sua concepção, são fundamentais para o trabalho com os alunos com deficiência, especialmente os alunos com deficiência visual. São eles: **1.** conhecimento sistematizado, **2.** troca de experiência com outros profissionais, **3.** capacidade crítica, sensibilidade e mente aberta, **4.** produção de novos conhecimentos e **5.** trabalho concreto. Os saberes destacados por Maria se aproximam dos saberes denominados por Coutinho[175] como inclusivos, que se tratam de "saberes constituídos a partir das experiências vivenciadas pelos professores no seu percurso profissional, que os possibilitou estabelecer, na sua prática de ensino com alunos com deficiência, um processo educativo inclusivo". Entendemos esses saberes específicos ao trabalho na educação especial/inclusiva como saberes de fundamental importância, visto que o trabalho com os alunos com deficiência demanda atitudes específicas, conforme o aluno e sua deficiência. A compreensão de saberes característicos a essa área, não se limitando apenas aos que foram aqui citados, pode potencializar discussões e possíveis contribuições na área de educação musical especial/inclusiva. O (re)pensar e o (re)construir práticas musicais (mais) inclusivas podem auxiliar os cursos de formação de professores e de formação continuada a (re)organizarem seus projetos políticos pedagógicos, buscando formas alternativas de pensar sobre a deficiência e de construí-la em suas multiplicidades como um fenômeno social e cultural.

A partir das narrativas analisadas, podemos compreender os processos de ensino e aprendizagem na prática docente da colaboradora Maria, os saberes por ela mobilizados que se colocam como oportunidades de aprender a diversidade em um sentido mais amplo do que a mera tolerância à diferença, os saberes como oportunidades de cooperação que não apenas

---

[173] GAULKE, 2013; MANCHUR *et al.*, 2013.

[174] TARDIF, 2014.

[175] COUTINHO, 2013, p. 82.

complementem a educação musical inclusiva, mas também ajudem a ir além da inclusão e rumo a uma sociedade democrática e diversificada. Os resultados aqui destacados podem, dessa forma, contribuir também para as práticas dos futuros professores de música que atuarão no contexto de educação musical inclusiva.

Referências

ABREU, D. V. de. Compreender a profissionalização de professores de música: contribuições de abordagens biográficas. **Opus**, Porto Alegre, v. 17, n. 2, p. 141-162, dez. 2011.

ARAÚJO, R. C. de. **Um estudo sobre os saberes que norteiam a prática pedagógica de professores de piano**. 2005. 281 f. Tese (Doutorado em Música) – Universidade Federal do Rio Grande do Sul, Porto Alegre, 2005.

ARAÚJO, R. C. de. Formação Docente do Professor de Música: Reflexividade, competências e saberes. **Música Hodie**, v. 6, n. 2, 2006.

BELLOCHIO, C. R. Saberes docentes do educador musical. *In*: ENCONTRO NACIONAL DA ABEM, 12., 2003. **Anais [...]** Florianópolis: Abem, 2003. p. 174-181.

BONILHA, F. F. G. **Leitura musical na ponta dos dedos**: caminhos e desafios do ensino de musicografia Braille na perspectiva de alunos e professores. 2006. 226 f. Dissertação (Mestrado em Música) – Universidade Estadual de Campinas, Campinas, 2006.

BONILHA, F. F. G. **Do toque ao som**: o ensino da musicografia braille como um caminho para a educação musical inclusiva. 2010. 261 f. Tese (Doutorado em Música) – Universidade Estadual de Campinas, Campinas, 2010.

BRASIL. Palácio do Rio de Janeiro. Decreto nº 1.428, de 12 de setembro de 1854. Crea nesta corte hum Instituto denominado Imperial Instituto dos meninos cegos. **Coleção de Leis do Império do Brasil**, v. 1, pt. I, p. 295, 1854. Disponível em: https://www2.camara.leg.br/legin/fed/decret/1824-1899/decreto-1428-12-setembro-1854-508506-publicacaooriginal-1-pe.html. Acesso em: 14 jul. 2020.

BRASIL. Governo Provisorio da Republica dos Estados Unidos do Brazil. Decreto nº 1.320, de 24 de janeiro de 1891. Institue honras e homenagens á memoria do eminente cidadão o general de brigada Benjamin Constant Botelho de Magalhães. **Coleção de Leis do Brasil**, v. 3, p. 340, col. 1, 31 dez. 1891. Disponível em: http://legis.senado.leg.br/norma/392142/publicacao/15837174. Acesso em: 14 jul. 2020.

BRASIL. Ministério da Educação. **Política Nacional de Educação Especial na Perspectiva da Educação Inclusiva**. Brasília: MEC/SEESP, 2008. Disponível em: http://portal.mec.gov.br/arquivos/pdf/politicaeducespecial.pdf. Acesso em: 15 jul. 2020.

BRASIL. Presidência da República. **Decreto nº 7.611, de 17 de novembro de 2011.** Dispõe sobre a educação especial, o atendimento educacional especializado e dá outras providências. Diário Oficial da União: Brasília, DF, 18 nov. 2011. Disponível em: http://www.planalto.gov.br/ccivil_03/_Ato2011-2014/2011/Decreto/D7611. htm. Acesso em: 15 jul. 2020.

BRASIL. **Decreto nº 10.502, de 30 de setembro de 2020**. Institui a Política Nacional de Educação Especial: Equitativa, Inclusiva e com Aprendizado ao Longo da Vida. Diário Oficial da União: seção 1, Brasília, DF, n. 189, p. 6, 1 out. 2020. Disponível em: https://legislacao.presidencia.gov.br/atos/?tipo=DEC&numero=10502&ano=2020&ato=e26MTSU1UMZpWT303. Acesso em: 17 nov. 2020.

CARDOSO, A. A.; PINO, M. A. B. Del; DORNELES, C. L. Os saberes profissionais dos professores na perspectiva de Tardif e Gauthier: contribuições para o campo de pesquisa sobre os saberes docentes no Brasil. *In*: ANPED SUL, 9., 2012. **Anais** [...]. Caxias do Sul: UCS, 2012.

CAVALCANTI, F. M. B. **Saberes do professor de classe de uma escola Waldorf**: práticas musicais em contexto inclusivo. 2014. 179 f. Dissertação (Mestrado em Música) – Universidade do Estado de Santa Catarina, Florianópolis, 2014.

CIL, L. R.; GONÇALVES, T. G. G. L. Educação Musical e Educação Especial na produção científica de dissertações e teses. **Música Hodie**, Goiânia, v. 18, n. 2, p. 327-342, 2018.

COUTINHO, M. C. B. **A construção de saberes docentes para a inclusão das pessoas com deficiência**: um estudo a partir dos professores do curso de pedagogia do Sertão pernambucano. 2013. 145f. Dissertação (Mestrado em Educação) – Universidade Federal de Pernambuco, Recife, 2013.

CUCCHI, K. D. **Software Musibraille**: a interface entre educador leigo em musicografia Braille e educando cego. 2013. 125f. Dissertação (Mestrado em Música) – Universidade Federal da Bahia, Salvador, 2013.

DELORY-MOMBERGER, Christine. Abordagens metodológicas na pesquisa biográfica. **Revista Brasileira de Educação**, v. 17, n. 51, p. 523-536, 2012.

FANTINI, R. F. S.; JOLY, I. Z. L.; ROSE, T. M. S. de. Educação Musical Especial: produção brasileira nos últimos 30 anos. **Revista da Abem**, Londrina, v. 24, n. 36, p. 36-64, 2016.

GAULKE, Tamar Genz. Aprendizagem da docência: um estudo com professores de música da educação básica. **Revista da Abem**, Londrina, v. 21, n. 31, p. 91-104, jul./dez. 2013.

GEMESIO, Claudia Mara Costa Perfeito. O início de carreira dos professores de piano: socialização profissional, instabilidade no trabalho e mobilização de saberes docentes. *In*: Congresso Nacional da Associação Brasileira de Educação Musical, 19, 2010, Goiânia. **Anais**... Goiânia: ABEM, 2010, pp. 1594-1602.

GIESTEIRA, A. C.; GODALL, P.; ZATTERA, V. La enseñanza de la Musicografía Braille: consideraciones sobre la importancia de la escritura musical en Braille y la transcripción de materiales didácticos. **Revista da Abem**, Londrina, v. 23, n. 34, p. 138-151, 2015.

JOVCHELOVITCH, S.; BAUER, M. W. Entrevista Narrativa. *In:* BAUER, M. W.; GASKELL, G. (ed.). **Pesquisa qualitativa com texto, imagem e som.** 7. ed. Petrópolis: Vozes, 2008.

KEENAN JÚNIOR, D. **Trajetória acadêmica de alunos com deficiência visual**: um estudo com egressos da graduação em música. 2017. 198f. Dissertação (Mestrado em Música) – Universidade do Estado de Santa Catarina, Florianópolis, 2017.

KEENAN JÚNIOR, D.; SCHAMBECK, R. F. Deficiência visual no ensino superior de música: ações, recursos e serviços sob a perspectiva de quatro egressos. **Revista da Abem**, Londrina, v. 25, n. 39, p. 160-174, 2017.

LANNA JÚNIOR, M. C. M. (comp.). **História do Movimento Político das Pessoas com Deficiência no Brasil**. Brasília: Secretaria de Direitos Humanos; Secretaria Nacional de Promoção dos Direitos da Pessoa com Deficiência, 2010.

LOPES, J. P. M.; SCHAMBECK, R. F. Currículo, deficiência e inclusão. *In*: SOARES, J.; SCHAMBECK, R. F.; FIGUEIREDO, S. (org.). **A formação do professor de música no Brasil**. Belo Horizonte: Fino Traço, 2014.

MANCHUR, J.; SURIANI, A. L. A.; CUNHA, M. C. da. A contribuição de projetos de extensão na formação profissional de graduandos de licenciaturas. **Revista Conexão UEPG**, Ponta grossa, v. 9, n. 2, p. 334-341, jul./dez. 2013.

MARIA. **Entrevista concedida a Gabriela Cintra dos Santos,** em 3 nov. 2020.

MELO, I. S. C. de. **Um estudante cego no curso de Licenciatura em Música da UFRN**: questões de acessibilidade curricular e física. 2011. 148f. Dissertação (Mestrado em Educação) – Universidade Federal do Rio Grande do Norte, Natal, 2011.

MELO, M. W. S. **Acessibilidade na educação musical para educandos com deficiência visual no contexto da sala de aula**. 2014. 236 f. Tese (Doutorado em Educação) – Universidade Federal da Bahia, Salvador, 2014.

NICOLODELLI, Vinicius. **A trajetória formativa de um professor de música deficiente visual**: um estudo sobre as dimensões da acessibilidade. 2019. 94f. Dissertação (Mestrado em Música) – Universidade do Estado de Santa Catarina, Florianópolis, 2019.

NOZI, G. S.; VITALIANO, C. R. Saberes de professores propícios à inclusão dos alunos com necessidades educacionais especiais: condições para sua construção. **Revista Educação Especial**, Santa Maria, v. 30, n. 59, p. 589-602, set./dez. 2017.

OGANDO, M. G. C. **Particularidades do desenvolvimento musical de um aluno observado com múltiplos sinais de talento entre estudantes cegos**. 2017. 263 f. Tese (Doutorado em Música) – Universidade Federal do Estado do Rio de Janeiro, Rio de Janeiro, 2017.

OLIVEIRA, G. M. de; SCHAMBECK, R. F. Saberes docentes de um grupo de professores de música na educação infantil. *In*: ENCONTRO DE PESQUISA E EXTENSÃO DO GRUPO MÚSICA E EDUCAÇÃO – MUSE, 7., 2017. **Anais [...]** Florianópolis: Udesc, 2017.

OLIVEIRA, L. A. C. de; REILY, L. H. Relatos de músicos cegos: subsídios para o ensino de música para alunos com deficiência visual. **Revista Brasileira de Educação Especial**, v. 20, n. 3, p. 405-420, 2014.

PINTO, Renato Antônio Brandão Medeiros. **O visual do invisível**: a complexidade das categorias entre a música e a cegueira. 2019. 147 f. Tese (Doutorado em Sociedade e Cultura na Amazônia) – Universidade Federal do Amazonas, Manaus, 2019.

PREVIATO, D. B. **Professores de música e inclusão escolar de alunos público alvo da educação especial**: percepções sobre o fazer docente. 2016. 151 f. Dissertação (Mestrado em Educação Escolar) – Universidade Estadual Paulista "Júlio de Mesquita Filho", Araraquara, 2016.

REPOLHO, S. M.; PEREIRA, C. O.; PALHETA, R. M. dos S. A formação do professor frente à educação inclusiva de pessoas com deficiência. **Revista Educação, Artes e Inclusão**, Florianópolis, v. 14, n. 4, 2018.

SANTOS, B. de S. **A cruel pedagogia do vírus**. Pandemia Capital. São Paulo: Boitempo Editorial, 2020.

SCHAMBECK, R. F. Inclusão de alunos com deficiência na sala de aula: tendências de pesquisa e impactos na formação do professor de música. **Revista da Abem**, Londrina, v. 24, n. 36, p. 25-35, 2016.

SILVA, A. S. da. **Os saberes docentes para a prática pedagógica de alunos com necessidades educativas especiais na escola regular**. 2014. 118f. Dissertação (Mestrado em Educação) – Universidade Estadual de Feira de Santana, Feira de Santana, 2014.

SILVA, C. V. da. **Práticas docentes e educação musical inclusiva no ensino fundamental da rede municipal de Olinda-PE**. 2017. 127 f. Dissertação (Mestrado em Educação) – Universidade Federal de Pernambuco, Recife, 2017.

SOARES, L. **Formação e prática docente musical no processo de educação inclusiva de pessoas com necessidades especiais**. 2006. 128 f. Dissertação (Mestrado em Educação Especial) – Universidade Federal de São Carlos, São Carlos, 2006.

SOARES, L.; CORTEGOSO, A. L.; JOLY, I. Z. L. Educação Musical e Inclusão: saberes e práticas do professor de música. *In*: ENCONTRO ANUAL DA ABEM, 16., 2007. **Anais [...]** Campo Grande: Abem, 2007.

SUPREMO TRIBUNAL FEDERAL. Suspensa eficácia de decreto que instituiu a política nacional de educação especial. **Portal do Supremo Federal**. Disponível em: http://portal.stf.jus.br/noticias/verNoticiaDetalhe.asp?idConteudo=456419&ori=1. Acesso em: 12 abr. 2021.

TARDIF, M. **Saberes docentes e formação profissional**. 17. ed. Petrópolis: Vozes, 2014.

VIANA, A. C. de L. **Uma proposta de capacitação na área da educação musical especial**. 2015. 119 f. Dissertação (Mestrado em Educação Especial) – Universidade Federal de São Carlos, São Carlos, 2015.

PERCEPÇÃO DOS GESTORES SOBRE A ACESSIBILIDADE PARA ESTUDANTES AUTISTAS NO ENSINO SUPERIOR

Solange Cristina da Silva

Introdução

Nos espaços acadêmicos os gestores têm a tarefa complexa de promover uma integração de setores e um gerenciamento de processos que garantam eficiência administrativa e pedagógica, assim como uma atenção às peculiaridades existentes no contexto educativo de distintos estudantes, assim como frente às necessidades específicas de docentes. Considera-se um representante da parte gestacional das Instituições de Ensino Superior (IES) o núcleo de acessibilidade ou setores similares das IES, como um órgão fundamental no processo de inclusão dos estudantes com deficiência. Os núcleos de acessibilidade "visam eliminar barreiras físicas, de comunicação e de informação que restringem a participação e o desenvolvimento acadêmico e social de estudantes com deficiência"[176].

Nesse sentido, para entender a acessibilidade para estudantes autistas no ensino superior, recorremos aos membros desses órgãos. Objetivou-se então conhecer a percepção desses gestores em relação às condições de acessibilidade que os estudantes autistas estão vivenciando cotidianamente nas suas trajetórias acadêmicas, bem como as barreiras e os facilitadores desses contextos educacionais. A pesquisa[177] de cunho qualitativo contou com a participação de dez gestores (membros ou coordenadores de núcleo de acessibilidade ou órgão/setor similar), um de cada IES, sendo elas três estaduais (das regiões Nordeste e Sul) e sete federais (das regiões Norte, Nordeste, Centro-Oeste, Sudeste e Sul). Esclarece-se que as nomenclaturas dos serviços voltados à acessibilidade variam de acordo com a IES. Todavia, para efeito deste estudo chamaremos de núcleo de acessibilidade esses e outros setores/programas similares.

---

[176] BRASIL. Ministério da Educação. **Documento Orientador Programa Incluir** – Acessibilidade na Educação Superior. Brasília: MEC/SECADI/SESu, 2013.

[177] A referida pesquisa faz parte da pesquisa doutoral *Acessibilidade para o Estudante com Transtorno do Espectro Autista no Ensino Superior*, publicada no acervo de tese da biblioteca universitária da Universidade Federal de Santa Catarina em abril/2020.

A coleta das informações ocorreu por meio da aplicação de um questionário com roteiro estruturado e validado por juízes de conteúdo, contendo perguntas fechadas e abertas, o qual pôde ser respondido e devolvido com apoio da internet.

Para garantir maior rigor na análise, após a coleta das informações, estas foram tratadas em duas etapas: as questões fechadas e escalas, que se referem à caracterização dos Núcleos de Acessibilidade, e o oferecimento do serviço foi analisado com o apoio do software Excel 2019, e para as questões abertas (textuais) utilizou-se a análise de conteúdo[178]. Esclarece-se que os(as) partícipes serão identificados(as) com nomes de flores, visando garantir seu anonimato.

A partir das informações dos gestores, emergiram três categorias: 1) Ações do núcleo de acessibilidade junto aos profissionais; 2) Ações do núcleo de acessibilidade junto aos estudantes autistas; 3) Ações do núcleo de acessibilidade junto à comunidade.

A interpretação e a análise das informações foram feitas a partir de referenciais teóricos sobre o tema proposto, tendo como principal os Estudos sobre Deficiência, mais especificamente a segunda geração do modelo social de deficiência[179] e Estudos da Deficiência na Educação[180]. Assim, apoia-se no entendimento de deficiência trazido por Garland-Thomson[181], como "uma narrativa culturalmente fabricada do corpo", e a compreensão do autismo como variações neurocognitivas parte da diversidade natural da espécie humana[182]. Como uma contribuição para os estudos do campo dos direitos humanos, buscou-se, com esta pesquisa, refletir sobre alternativas para o aprimoramento do serviço universitário, visando à igualdade de oportunidades para os estudantes autistas e à qualificação do ensino público.

---

[178] RUIZ OLABUÉNAGA, J. I. **Metodología de la investigación cualitativa**. 5. ed. Bilbao: Universidad de Deusto, 2012.

[179] GARLAND-THOMSON, Rosimarie. Integrating disability, transforming feminist theory. **NWSA Journal**, Baltimore, v. 14, n. 3, p. 1-32, 2002. Disponível: < https://www.english.upenn.edu/sites/www.english.upenn.edu/files/Garland-Thomson_Rosemarie_Disability-Feminist-Theory.pdf>. Acesso em: 29 maio. 2017; KITTAY, E. F. The Ethics of Care, Dependency, and Disability. **Ratio Juris**, [S.l.], v. 24, n. 1, p. 49-58, 2011. Disponível em: http://evafederkittay.com/wp-content/uploads/2015/01/The-ethics-of-care.pdf. Acesso em: 19 set. 2017.

[180] VALLE, J.; CONNOR, D. J. **Ressignificando a Deficiência:** da abordagem social às práticas inclusivas na escola. Porto Alegre: AMGH, 2014.

[181] GARLAND-THOMSON, 2002, p. 6.

[182] MINISTÉRIO PÚBLICO DE SANTA CATARINA. Carta Educacional da Neurodiversidade. 2022. Disponível em: https://documentos.mpsc.mp.br/portal/manager/resourcesDB.aspx?path=5864. Acesso em: 02 maio 2023.

Acessibilidade para estudantes autistas no ensino superior: com a palavra os gestores dos núcleos de acessibilidade

Buscamos neste capítulo, a partir dos resultados da referida pesquisa, trazer o perfil dos gestores partícipes da pesquisa, a caracterização do serviço de acompanhamento, bem como as condições de acessibilidade das IES, com destaque para as barreiras e os facilitadores no trabalho de acompanhamento aos estudantes autistas.

Perfil dos gestores membros dos Núcleos de Acessibilidade

Dos dez partícipes da pesquisa, nove são do sexo feminino e um do sexo masculino; oito são casados ou estão em união estável e dois são solteiros; apenas dois são caracterizados como pessoa com deficiência (baixa-visão e cego). A faixa etária é variada, sendo cinco na faixa etária de 27 a 40 anos e cinco na faixa etária de 50 a 70 anos. O tempo de experiência e a formação também variaram, sendo seis com formação em Pedagogia, um em História, um em Psicologia, um em Serviço Social/Sociologia e um em Secretariado Executivo, sendo que um tem especialização, seis têm mestrado e três têm doutorado. Destes, um não tinha experiência profissional com pessoas com deficiência, quatro tinham experiência de 2 a 10 anos, três de 11 a 20 anos e dois de 24 a 40 anos.

A formação da equipe que compõe o núcleo é diversificada, principalmente desenvolvida na área de Humanas. A experiência com pessoas com deficiência contribui para a atuação no setor, visto que "as características individuais do estudante com deficiência e as especificidades dos cursos de graduação e pós-graduação, tornam complexas as atividades dos núcleos de acessibilidade"[183].

Em relação ao serviço de acompanhamento oferecido pelo núcleo, um partícipe não informou o número de estudantes autodeclarados com autismo matriculados na IES. Dos nove que responderam, seis não apresentaram discrepância no número de estudantes autistas matriculados na IES em relação ao número de estudantes autistas acompanhados pelo núcleo de acessibilidade (ou setor similar). Dos três que apresentaram essa discrepância, apenas um declarou o motivo, informando que somente dois estudantes

---

[183] ANACHE, A. A.; CAVALCANTE, L. D. Análise das condições de permanência do estudante com deficiência na Educação Superior. **Psicologia Escolar e Educacional**, São Paulo, n. esp. p. 115-125, 2018. Disponível em: http://dx.doi.org/10.1590/2175-3539/2018/042. Acesso em: 13 dez. 2018.

autistas dos oito matriculados solicitaram acompanhamento do núcleo. Um dos gestores participantes informou que o cadastro na Coordenação de Apoio às Pessoas com Deficiência é voluntário, sendo assim, é possível que outros estudantes autistas estejam matriculados na IES sem o registro.

Além do motivo declarado de que alguns estudantes não necessitaram de acompanhamento, pode-se inferir outros motivos, como o fato de alguns estudantes não conhecerem seus direitos para uso do serviço ou até mesmo desconhecerem sua existência; ou, ainda, não solicitarem auxílio dos setores por medo de discriminação e preconceito ao se colocarem como pessoa com deficiência frente aos colegas, aos professores e aos funcionários. A preocupação sobre se identificar como pessoa com deficiência se deve ao medo de serem estigmatizados ou de provocarem reações negativas, conforme aparece nas pesquisas de Black, Weinberg e Brodwuin, e Claiborne *et al.*[184].

Em relação ao acompanhamento do núcleo de acessibilidade, das dez IES participantes da pesquisa, três informaram que as demandas chegam ao núcleo pelos professores, três pelos estudantes autistas, dois pelos familiares; um pelos coordenadores de curso e um pelos professores, colegiados e família. Essas demandas chegam, na maioria (n=6), pelos professores e estudantes. Isso evidencia que os corpos docente e discente têm ciência da existência do núcleo e há um movimento de acesso aos direitos dos estudantes.

Sobre os recursos financeiros, não há uniformidade nas distribuições orçamentárias entre as dez IES, pois há as que recebem valor fixo, as que recebem pelo número de estudantes com deficiência, as que recebem pelo Programa de Acessibilidade na Educação Superior[185], as que recebem os recursos necessários para o acompanhamento do estudante, e somente três não recebem verba interna ou externa direcionada aos Núcleos de Acessibilidade. A dotação orçamentária específica, destinada a ações de inclusão, é essencial para a efetivação de ações e diretrizes institucionais voltadas à acessibilidade e ao suporte pedagógico aos estudantes com deficiência[186]. Todavia, os recursos designados à IES e aos programas governamentais direcionados à inclusão ficam atrelados às prioridades do governo vigente. Diante disso, a pergunta que ecoa nesse momento é: frente à conjuntura

---

[184] BLACK; WEINBERG; BRODWUIN, 2015; CLAIBORNE *et al.*, 2011.

[185] BRASIL, 2013.

[186] PLETSCH, M. D.; MELO, F. R. L. V. de. Estrutura e funcionamento dos Núcleos de Acessibilidade e Inclusão nas Universidades Federais da Região Sudeste. **Revista Ibero-Americana de Estudos em Educação**, [*S.l.*], v. 12, n. 3, p. 1610-1627, 2017. Disponível em: http://seer.fclar.unesp.br/iberoamericana/article/view/10354/6733. Acesso em: 2 abr. 2019.

política governamental atual (gestão 2019 a 2022), como ficarão os investimentos nas universidades públicas e, consequentemente, nos programas e núcleos voltados à acessibilidade das pessoas com deficiência?

A disponibilização de recursos pelas IES é compromisso com a consolidação de práticas e cultura da inclusão em âmbito mais ampliado do que o ensino, e é imprescindível para a efetivação do trabalho com qualidade dos Núcleos. Para tanto, é importante a garantia dos repasses financeiros às IES pelo governo. De acordo com Pletsch e Melo[187], "com o Decreto n.º 7. 611 de 17 de novembro de 2011, as IFES passaram a ter dotação orçamentária para desenvolver suas ações para a permanência dos discentes com deficiência no ensino superior". Esse apoio financeiro definido legalmente no âmbito federal precisaria ser considerado na estruturação dos serviços em IES estaduais, de maneira que os núcleos tenham condições de funcionamento com qualidade e os estudantes tenham a acolhida necessária às suas condições de participação.

As condições de acessibilidade nas IES se evidenciaram como distintas. Dos dez partícipes, uma considera a condição de acessibilidade excelente, três consideram boa, quatro consideram regular e dois consideram ruim. Os motivos mencionados pelos gestores para uma baixa avaliação sobre a condição de acessibilidades em suas instituições foram: ausência de atuação pedagógica e formação; necessidade de equipe maior para o atendimento e para ampliar a atuação junto a professores e estudantes; abertura recente do núcleo e início do processo de atendimento aos estudantes; necessidade de institucionalização das ações para que os estudantes sejam atendidos com qualidade; oferta, pela Universidade, do mínimo de atendimento necessário; ausência de equipe multidisciplinar na divisão de acessibilidade; necessidade da promoção de mais ações, produção de recursos e metodologias visando conquistar a autonomia dos estudantes.

A partir de algumas barreiras enfrentadas por estudantes autistas no ensino superior relatadas em pesquisas[188], elencou-se nos questionários algumas possíveis estratégias para a eliminação das barreiras à aprendizagem, tais como: a) adequação do espaço para atividades avaliativas de acordo com as necessidades do estudante autista; b) orientação aos professores para: o uso de alternativa educacional que minimize imprevistos e insegurança; o uso de materiais pedagógicos adequados ao estilo e ao ritmo de aprendizagem

---

[187] *Ibidem*, p. 1612.
[188] ANDERSON; STEPHENSON; CARTER, 2017; GELBAR; SMITH; REICHOW, 2014; TOOR; HANLEY; HEBRON, 2016.

do/a estudante autista na realização das tarefas e atividades avaliativas; a oferta de ensino estruturado e com rotina explícita, a adequações na linguagem, na organização e na disponibilização das atividades pedagógicas; c) flexibilização no currículo para atender as necessidades do(a) estudante; d) tutoria, estagiário(a) ou bolsista para dar apoio ao(à) estudante nas aulas, organização das tarefas etc.; e) promoção de atividades sociais entre estudantes autistas na IES e programa de habilidades sociais para resolução de problemas; f) apoio a familiares e amigos(as) para o envolvimento nas atividades acadêmicas dos(as) estudantes; g) atendimento psicológico; h) acompanhamento e formação aos professores e aos funcionários dos setores que prestam atendimento aos estudantes na IES. Dessas estratégias, os gestores participantes da pesquisa responderam quais eram oferecidas na sua IES e se consideravam estarem adequadas.

O resultado mostrou que, de maneira geral, as dez IES disponibilizam diferentes estratégias de apoio para a promoção da acessibilidade, sendo essas variadas e oferecidas na maioria de forma "adequada" e "parcialmente adequada". Há um investimento no aspecto pedagógico, visto que nove IES oferecem tutores/estagiários/bolsistas de apoio ao estudante, orientação aos professores para adequação nas atividades pedagógicas e modificação curricular para atender as necessidades educacionais dos estudantes autistas. Por outro lado, pouco investimento em ações voltadas a interação social (sete IES não oferecem) e atividades sociais entre os estudantes autistas (seis IES não oferecem) e, em menor intensidade, em relação ao acompanhamento e à formação dos funcionários das IES (quatro IES não oferecem).

Na pesquisa de Pletsch e Melo[189], no âmbito da avaliação da acessibilidade pelos coordenadores dos núcleos, concluíram que estes, mesmo desenvolvendo diferentes ações para a acessibilidade, não conseguem desenvolver a maioria delas de forma integral. Os autores afirmam que "os dados são preocupantes, pois mostram a fragilidade das instituições de ensino superior da região Sudeste no que diz respeito às diferentes dimensões da acessibilidade"[190].

Na análise de conteúdo da pesquisa, emergiram três categorias que serão apresentadas na sequência: 1) Ações do núcleo de acessibilidade junto aos profissionais, 2) Ações do núcleo de acessibilidade junto aos estudantes autistas; 3) Ações do núcleo de acessibilidade junto à comunidade.

---

[189] PLETSCH; MELO, 2017.
[190] *Ibidem*, p. 1620.

Das categorias apresentadas, as que aparecem com maior número de unidade de análise são as ações voltadas ao estudante. Assim, pode-se considerar que os estudantes são o centro das ações do Núcleo de Acessibilidade. Em segundo lugar vêm as ações voltadas à formação de profissionais, em que o docente está em destaque.

Os estudantes autistas serem o centro das ações do núcleo é um aspecto positivo, no sentido de que há uma preocupação de ações de cuidado. Por outro lado, centrar as ações nos estudantes pode direcionar ao aspecto individual, com base em diagnósticos, ou seja, pode tomar como base uma perspectiva biomédica/individual, na qual olha-se para a "falta" prescrita no diagnóstico do estudante e não para a falta de acessibilidade do ambiente acadêmico.

É preciso investir mais em formação do corpo acadêmico geral, que também é uma ação de cuidado que contribui para a eliminação de atitudes capacitistas. Assim, cada setor pode possibilitar a acessibilidade para o estudante com autismo e não se centrar no núcleo como um setor privado do cuidado.

Para entender a condição de acessibilidade dos estudantes autistas no ensino superior na perspectiva dos gestores (núcleo de acessibilidade), buscou-se identificar as barreiras e os facilitadores à acessibilidade encontrados nas respostas dos partícipes de acordo com as ações dos núcleos nas IES.

Ações do Núcleo junto aos Profissionais

Essa categoria envolve as ações do Núcleo de Acessibilidade voltadas para o corpo docente, técnicos e gestores da IES. Os resultados mostraram que os facilitadores atrelados a essas ações são prioritariamente metodológicos (como orientação aos professores no uso de metodologias adequadas), seguidos dos atitudinais (como acolhimento aos estudantes), comunicacionais (como coordenação dos intérpretes de Libras), instrumentais (adequação de materiais) e de recursos humanos (como equipe multidisciplinar no núcleo). Em relação às barreiras que obstaculizam a acessibilidade, constatou-se a evidência das metodológicas (falta de formação de professores) e atitudinais (como resistência de alguns professores), seguidas pelas comunicacional (como falta de diálogo entre estudante e professor) e de recursos humanos (como pequena quantidade de profissionais no núcleo).

Um dado importante é que muitos dos facilitadores que aparecem – a exemplo do atitudinal, comunicacional, metodológicos e de recursos humanos – também são citados como barreiras, revelando que embora exista um esforço do núcleo de acessibilidade na ação com os profissionais para eliminação das barreiras, elas persistem em se manter, com exceção do que tange à acessibilidade instrumental. As barreiras de recursos humanos foram evidenciadas no tocante à falta de equipe interdisciplinar e à pequena quantidade de profissionais no núcleo de acessibilidade. Como facilitador de recursos humanos, um participante indica a ampliação do quadro de profissionais do núcleo.

Na ação do Núcleo junto aos profissionais se destacam aquelas ações estabelecidas com os professores e que estão relacionadas à acessibilidade metodológica. Estudos de pesquisadores[191] têm demonstrado que o Desenho Universal de Aprendizagem (DUA) pode ser um aliado na acessibilidade metodológica no Ensino Superior. O DUA, em consonância com o modelo social da deficiência, traz elementos importantes para a reflexão sobre a acessibilidade, na medida em que vislumbra processos pedagógicos mais inclusivos e abrange três princípios básicos: "múltiplos meios de representar informação, múltiplos meios de expressar o conhecimento e múltiplos meios de engajamento na aprendizagem"[192]. Sendo assim, o currículo, a metodologia, a organização e as formas de apresentação do conteúdo devem ser flexíveis para que possam atender aos diferentes perfis e aos ritmos de aprendizagem, inclusive as especificidades de aprender, habilidades e necessidades educacionais das pessoas com deficiência. A flexibilidade é essencial na construção de processos pedagógicos inclusivos, possibilita a personalização dos estudantes em relação à maneira que é apresentado o conteúdo e a expressão do conhecimento mais adequada a seu perfil e estilo de aprendizagem[193].

De acordo com Black, Weinberg, Brodwin[194], o currículo que incorpora os princípios do UDL/UDI (*Universal Design for Learning/Universal Design for Instruction*) proporciona aos estudantes com deficiência ambiente de aprendizagem não discriminatório, eficaz e equitativo, aliviando a carga de solicitar adaptações. Os autores acreditam que essa incorporação dos princípios pode ser implantada em larga escala nos currículos do ensino superior, de serviços de apoio e programas que visem melhorar a acessibilidade.

---

[191] BOCK; GESSER; NUERNBERG, 2019; ROSE *et al.*, 2002; ZERBATO; MENDES, 2018.

[192] CAST, 2013; ROSE *et al.*, 2002.

[193] SILVA; SOUZA, 2015.

[194] BLACK; WEINBERG; BRODWIN, 2015.

Defende-se "a organização do ensino na perspectiva do DUA pode ser caracterizada como uma estratégia de cuidado voltada à garantia do direito à educação a todos"[195], ao se considerar que a responsabilidade pela acessibilidade e atenção à diversidade deve ser uma atitude da gestão pública, devendo envolver ações de profissionais da educação e colocando-se como uma tarefa para os gestores responsáveis pelas políticas educacionais brasileiras.

Na perspectiva do DUA, quando o planejamento é realizado a partir de seus princípios, considerando todas as diferenças de perfis e ritmos de aprendizagem, não exclui a ajuda técnica e exige o mínimo possível de adequações. No entanto, o DUA ainda tem baixa implementação nas IES, sendo que em algumas poucas está em fase inicial. Nessa direção, temos o depoimento de uma das gestoras, que descreve que buscam realizar adaptações para que possam atender às necessidades educacionais dos estudantes autistas com base nas características do quadro de deficiência: "as adaptações metodológicas e didáticas são as mais necessárias"[196].

Sendo assim, o termo adaptação é muito usado quanto se refere aos ajustes às necessidades das pessoas com deficiência no espaço educacional. Entretanto, quando se propõe uma adaptação, esta é voltada para uma pessoa ou grupo específico, indo na contramão do que se propõe com a adoção do DUA, segundo o qual os espaços e as metodologias são construídos para todos e os instrumentos e recursos disponíveis para quem deles necessitarem, independentemente de terem ou não deficiência. A realização de adequações necessárias para dar condições de acessibilidade aos estudantes autistas por vezes é mínima em relação à necessidade do estudante, como relatado por uma das partícipes se referindo à acessibilidade que a IES oferece aos estudantes autistas: "a universidade oferece o mínimo de atendimento às necessidades que os acadêmicos com TEA que ingressaram apresentam"[197].

Para evitar essa falta de acessibilidade, é essencial que o planejamento e a organização curricular sejam construídos considerando os diferentes perfis de estudantes. Embora haja a incorporação dos princípios e diretrizes do DUA, algumas especificidades podem não ser contempladas e essas necessitarão de adequações curriculares para garantir a acessibilidade do estudante autista. Dessa forma, poderão se tornar potencializadoras da

---

[195] BOCK; GESSER; NUERNBERG, 2019, p. 1.

[196] Violeta.

[197] Margarida.

participação de outros estudantes. As adequações do método de ensino para o estudante com autismo surgem no registro de Melissa como algo que precisa ser investido para melhorar a condição de acessibilidade.

Ademais, nas barreiras para a acessibilidade metodológica e atitudinal apresentadas anteriormente, aparecem nos registros a resistência e a falta de abertura dos professores como uma dificuldade no trabalho do núcleo: "Resistência de alguns professores em compreenderem as diferenças e de adaptarem sua rotina em sala de aula"[198], ou, ainda, "falta de abertura dos professores e formação pedagógica"[199]. Isso interfere diretamente na condição de acessibilidade, como expresso por Hortência: "as condições de acessibilidade variam muito de acordo com a disponibilidade de docentes".

Essa resistência, dentre outros fatores, pode ser pela falta de conhecimento sobre o autismo e pela falta de compreensão das características sociais e funcionais enfrentadas por esses estudantes. Taylor[200] defende que "pode ser difícil para o pessoal do Ensino Superior entender que os ajustes para práticas acadêmicas podem ser necessários para os alunos com um Transtorno do Espectro Autista, se eles não estão familiarizados com as implicações da condição".

Em convergência com esta pesquisa no que se refere à ação dos núcleos voltada à eliminação das barreiras atitudinais, Ciantelli, Leite e Nuernberg[201] verificaram uma tendência dos núcleos e comitês de acessibilidade na realização de programas de sensibilização e/ou conscientização, palestras etc. que possibilitam a reflexão crítica sobre a importância da acessibilidade e no sentido de combater práticas discriminatórias. Os autores constataram a importância do psicólogo na composição da equipe dos núcleos que trabalham na remoção dessas barreiras, visto que "ele é o profissional qualificado para realizar uma análise crítica dos estigmas, preconceitos e estereótipos presentes no contexto universitário em relação à pessoa com deficiência"[202].

A preocupação na eliminação da barreira atitudinal se dá, principalmente, porque ela aparece como potencializadora das outras barreiras, visto que está relacionada com a concepção de deficiência do sujeito da ação, ou seja, a barreira atitudinal é a gênese de outras barreiras. Desse modo, é fundamental a desmistificação da deficiência a partir de concepções emancipatórias como o Estudo sobre Deficiência.

---

[198] Violeta.

[199] Lírio.

[200] TAYLOR, 2005, p. 485, tradução nossa.

[201] CIANTELLI; LEITE; NUERNBERG, 2017.

[202] *Ibidem*, p. 310.

No contexto universitário, há também professores que procuram romper com essa cultura normocêntrica e discriminatória e propõem uma prática inclusiva. Professores conscientes dos direitos das pessoas com autismo e de sua responsabilidade na eliminação das barreiras educacionais, com vistas à participação equitativa e ao sucesso desses estudantes. É o que mostra a fala da Violeta, ao registrar que "os professores em geral seguem as recomendações da Coordenadoria", e a fala de Rosa, ao comentar que há "boa receptividade das coordenações de Curso e professores para as mudanças necessárias". O professor tem um papel-chave no processo de inclusão desses estudantes. Nesse sentido, é importante que tenham entendido que a acessibilidade é um direito dos estudantes e não uma concessão.

Outro registro se refere aos encaminhamentos dos estudantes autistas feitos pelo núcleo para outros setores, como, por exemplo, "para os setores responsáveis pelos auxílios existentes na instituição (Bolsa auxílio, Kit PcD, auxílio alimentação taxa zero, auxílio residência"[203]. Alguns encaminhamentos são necessários em função da parceria estabelecida pelo núcleo com setores de atendimento individual, por exemplo, encaminhamento para atendimento psicológico. Porém, alguns questionamentos são necessários: é função exclusiva do núcleo fazer encaminhamentos, como, por exemplo, para bolsa-auxílio, auxílio residência etc.? Quem faz o encaminhamento dos estudantes em geral para esses auxílios? Por que existe uma distinção entre o percurso realizado na IES pelos acadêmicos em geral e pelo estudante com deficiência?

Há uma tendência de tutelar as pessoas com deficiência. Essa tutela vai na contramão da inclusão, possibilitando que se crie dependências que são desnecessárias, distanciando-se, assim, da premissa da equidade na educação que é um objetivo do movimento da educação inclusiva[204]. Para Gesser e Nuernberg[205] "um dos grandes desafios para a inclusão de pessoas com deficiência no contexto universitário é o de se fornecer assistência quando necessário, sem as tornar dependentes em algo a qual elas não são". Para possibilitar a autonomia dos estudantes autistas, o núcleo deve instrumentalizar esses setores para recebê-los, considerando suas especificidades. Assim, cada estudante pode buscar os setores, quando de seu interesse, e ter suas necessidades atendidas.

---

[203] Íris.

[204] VALLE; CONNOR, 2014

[205] GESSER, M.; NUERNBERG, A. H. A participação dos estudantes com deficiência física e visual no ensino superior: apontamentos e contribuições das teorias feministas da deficiência. **Educar em Revista**, [S.l.], v. 33, n. esp. 3, p. 151-166, 2017. Disponível em: http://www.scielo.br/scielo.php?script=sci_arttext&pid=S0104-40602017000700151. Acesso em: 31 out. 2019.

Em consonância com o movimento de tutelar a pessoa com deficiência, que é antagônico ao exercício da agência, a IES tem uma tendência em delegar a especialistas – nesse caso, ao núcleo – qualquer situação do campo da deficiência, ao invés de compreender a inclusão como uma responsabilidade de todos. Isso revela que as ações estão pautadas ainda no modelo médico, que concebe a deficiência como algo fixo de algumas pessoas, que exige a intervenção de especialista, e não como algo que faz parte da variação humana e deve ser incorporado no plano político pedagógico da instituição.

Connor[206] esclarece que "tudo relacionado aos conceitos combinados de *deficiência* e *educação* foi inquestionavelmente afunilada na caixa padrão de educação especial". No ensino superior, são os núcleos de acessibilidade que respondem pela educação especial e, assim, alguns acabam assumindo também o Atendimento Educacional Especializado (AEE), como mostra a pesquisa de Pletsch e Melo[207], em que uma das atividades desenvolvidas por 10 dos 19 núcleos pesquisados era a organização e oferta do AEE.

A cisão entre a dimensão pública e a privada, no que se refere ao cuidado, acaba se reproduzindo, também, no ensino superior[208]. No contexto universitário, a gestão das demandas advindas dos estudantes com deficiência (público) acaba por centrar-se no núcleo/setor de acessibilidade, sendo visto como o único responsável pelo cuidado das pessoas com deficiência, como "a mãe protetora" (cuidado privado). Esse papel atribuído ao núcleo/setor e, muitas vezes, assumido por ele impede que professores e demais funcionários compartilhem o cuidado do estudante com deficiência e provoca uma sobrecarga do núcleo/setor, para além das demandas pertinentes, que não são poucas. Isso intensifica as barreiras em relação aos recursos humanos, interferindo na qualidade do atendimento, como apontado por Jasmim, que informa:

> A pequena quantidade de profissionais (3 da equipe técnica para cerca de 300 estudantes) é um limitador em um acompanhamento mais próximo dos estudantes e professores" e, também não permite um acompanhamento contínuo de todos os estudantes e nem a construção de vínculos, o que se torna uma dificuldade ainda maior no casos dos estudantes com autismo.

---

[206] CONNOR, D. J. The Disability Studies in Education Annual Conference: Explorations of Working Within, and Against, Special Education. **Disability Studies Quarterly**, [*S.l.*], v. 34, n. 2, 2014, p. 2. Disponível em: http://dsq-sds.org/article/view/4257/3597. Acesso em: 20 maio 2019.

[207] PLETSCH; MELO, 2017.

[208] GESSER; NUERNBERG, 2017.

Todo o corpo acadêmico deve se responsabilizar pelo bem-estar e inclusão (cuidado) dos estudantes com deficiência. Assim, cabe ao núcleo redirecionar esse modo de atuação e formar os profissionais dos diversos setores para qualificar o atendimento a esses estudantes, bem como os estudantes, para que tenham uma relação de respeito e acolhimento para com as diferenças.

Ações do Núcleo junto aos Estudantes autistas

Na categoria das ações junto aos estudantes também se destaca o facilitador atitudinal como prioritário para acesso e participação desses estudantes, seguido pelo facilitador metodológico. Contudo, a barreira que mais se evidencia nas respostas dos(as) gestores(as) é a barreira atitudinal, a qual está presente nos diversos espaços sociais em que se encontram as pessoas com deficiência.

Constatou-se, pelos registros apresentados pelos partícipes, que os núcleos realizam ações inspiradas pelo modelo social de deficiência, voltadas à eliminação das barreiras sociais, a exemplo das adequações e instrumentalização nos espaços e da "quebra de preconceitos e estigmas sobre o que é o autismo"[209]. Todavia, há núcleo com resquícios de uma visão biomédica, normalizante, com ações voltadas a "corrigir" comportamentos dos estudantes para se adaptarem às IES, como, por exemplo, "oferta de monitorias psicopedagógicas, no sentido de reduzir comportamentos inadequados (estereotipias, hipo e hipersensibilidade sensorial, birras, dificuldade de organização para participar das atividades acadêmicas, etc.)"[210].

A concepção de que é preciso corrigir os corpos para que os estudantes com deficiência possam fazer parte do ambiente educacional ainda é presente na academia de modo geral. Sobre a concepção de deficiência que se adota, Martins et al.[211] afirmam que "longe de ser irrelevante, interfere na forma como se define os problemas e delineia as soluções". Consonante a essa afirmação, Valle e Connor[212] esclarecem que se pode conceber que algo está errado com a pessoa ou conceber que algo está errado com o

---

[209] Jasmim.

[210] Íris.

[211] MARTINS, B. S.; FONTES, F.; HESPANHA, P.; BERG, A. A emancipação dos estudos da deficiência. **Revista Crítica de Ciências Sociais**, [S.l.], n. 98, p. 45-64, 2012. Disponível em: http://rccs.revues.org/5014. Acesso em: 28 set. 2017.

[212] VALLE; CONNOR, 2014.

sistema social que incapacita a pessoa, sendo que a forma que se escolhe compreender a deficiência interfere significativamente na ação e como se educa os estudantes com deficiência.

Nas IES, enquanto contexto em que coabitam divergências e contradições de concepções sobre deficiência, há profissionais que ao invés da correção do estudante promovem adequações do social e dos aspectos pedagógicos, como, por exemplo, "ampliação/flexibilidade de horário para as avaliações, organização/entrega de materiais das disciplinas com antecedência"[213] e "sensibilização e orientação aos docentes para garantias de acessibilidades do aluno TEA"[214].

O processo de inclusão, ao contrário da perspectiva reabilitatória, tem como foco a remoção das barreiras nos contextos sociais. No caso do autismo, principalmente as que se referem à comunicação e à interação social, para que tais estudantes possam participar, aprender e ter sucesso no contexto acadêmico de forma equitativa.

Ações do Núcleo junto à Comunidade

Os Núcleos de Acessibilidade demonstraram desempenhar atividades voltadas aos colegas dos estudantes autistas e aos demais estudantes da Instituição, familiares e população em geral, o que será objeto da discussão nessa categoria. Evidenciou-se preocupação com a eliminação de barreiras atitudinais, como expresso nestes registros: "acolhimento ao estudante e sensibilização/orientação aos colegas de turma e professores"[215], "vínculo criado com esses alunos e seus familiares para o desenvolvimento do nosso trabalho"[216].

Embora o facilitador atitudinal tenha sido o mais importante indicado nessa categoria, ainda aparecem barreiras como "superproteção familiar"[217] e "preconceito dos estudantes/colegas no ambiente universitário"[218]. Chama a atenção nos registros a resposta de Íris, cujo relato diz que o núcleo de acessibilidade faz "visitas pela equipe técnica especializada à residência dos alunos para fins de esclarecimentos quanto à vulnerabilidade do aluno e para

---

[213] Rosa.

[214] Íris.

[215] Aurora.

[216] Hortência.

[217] Lírio.

[218] Violeta.

conhecer a dinâmica familiar do aluno". Não tem um setor de assistência social na Universidade que acompanha todos os estudantes em situação de vulnerabilidade? Por que os estudantes autistas não podem ser atendidos também por esse setor? Será que o núcleo está assumindo uma responsabilidade que não lhe compete?

Fica em evidência de que o núcleo não tem bem definida a sua função institucional e assume atribuições de assistentes sociais, psicólogos e outros profissionais. Esse fato interfere nas condições de acessibilidade das IES, à medida que ações promotoras de acessibilidade deixam de ser realizadas diante da demanda aumentada por assumir ações de outros setores.

Por fim, foi perguntado aos gestores o que é necessário para possibilitar melhor condição de acessibilidade aos(às) estudantes autistas no contexto universitário. A acessibilidade atitudinal teve destaque nas respostas, a exemplo destes registros: "maior cultura de inclusão e diversidade"[219], "sensibilizações nos mais diferentes espaços para efetivação da política de inclusão"[220], "minimização das barreiras atitudinais"[221], "diálogo com as famílias"[222], "formação continuada para funcionários"[223].

Surgiram em menor evidência a acessibilidade metodológica (incluída nessa os facilitadores de Recursos Humanos) e a instrumental, a exemplo de "formação para os docentes"[224], "recursos didáticos-pedagógicos necessários"[225], "organização curricular"[226], "Tecnologia Assistiva voltada para alunos com TEA"[227].

Essas ações que aparecem como necessárias para melhorar as condições de acessibilidade dos estudantes autistas são ações já realizadas pelos núcleos. Isso denota que elas não estão sendo suficientes ou eficientes para a eliminação das barreiras. Os partícipes demarcam a formação profissional como demanda do núcleo e um facilitador importante para a acessibilidade. A formação é importante ao considerar "que as necessidades educacionais específicas de cada estudante se manifestarão no encontro e

---

219 Jasmim.
220 Aurora.
221 Camélia.
222 Lírio.
223 Margarida.
224 Aurora.
225 Lírio.
226 Íris.
227 Melissa.

confronto com as características do curso escolhido por ele"[228], exigindo um desenho curricular adequado a essas demandas[229], bem como ações de cuidado[230] e respeito.

Todavia, acredita-se que a formação só terá efeito na prática do corpo acadêmico para possibilitar a acessibilidade dos estudantes com deficiência se ela fizer refletir e possibilitar a ressignificação da deficiência a partir do modelo social. A formação é importante, mas sua falta não pode ser imobilizadora, pois conforme Nuernberg e Gesser[231],

> [...] o conhecimento que parte da relação com a pessoa com TEA sim é essencialmente profícuo para atitudes vidando a eliminação de barreiras que impedem a participação desses estudantes e proporcionam condições de igualdade na apropriação do conhecimento.

É fundamental proporcionar ao corpo acadêmico o convívio com as pessoas com deficiência, pois é a partir desse convívio que a aprendizagem se constitui na prática e se torna significativa. É fundamental o envolvimento das pessoas com deficiência no processo de inclusão nos núcleos de acessibilidade, no planejamento curricular e individual, na construção da acessibilidade nos diferentes espaços acadêmicos e como protagonistas nas ações de formação.

Os resultados mostram que, no geral, as condições de acessibilidade para o estudante autista variam entre boa e regular. Mostram também que se trata de um conjunto de recursos e ações que possibilitarão que as IES tenham condições de acessibilidade adequadas ao estudante com autismo para sua aprendizagem e participação efetiva. O núcleo de acessibilidade tem papel fundamental na eliminação de barreiras que restringem a participação e o desenvolvimento acadêmico e social dos estudantes autistas. Todavia, constatou-se que não existe uma política que conduz a ação de todos os núcleos. Eles têm constituições e práticas diferenciadas, como, por exemplo, núcleos que trabalham com atendimento psicopedagógico. Ainda se percebeu uma mistura de ações administrativas, da área da saúde (assistência social, psicologia) e pedagógicas assumidas pelos núcleos. Nesse contexto, ao absorver ações de outros setores de atendimento aos estudantes (assistência estudantil), pelo simples fato de ser um estudante com deficiência, o núcleo acaba tendo uma demanda excessiva.

---

[228] ANACHE; CAVALCANTE, 2018, p. 17.
[229] BOCK; GESSER; NUERNBERG, 2019.
[230] GARLAND-THOMSON, 2002; KITTAY, 2011.
[231] NUERNBERG; GESSER, 2016, p. 20.

Dentro desse processo, a maioria dos núcleos se distancia de uma proposta pautada no modelo social de deficiência e constata-se que, mesmo com todo o esforço, há muitas ações a serem executadas para a melhoria da acessibilidade do estudante autista no ensino superior.

O núcleo deveria ser o mediador na construção de uma cultura universitária inclusiva e na sensibilização do corpo universitário para a importância de atitudes de respeito e acolhimento às diferenças, levando à compreensão da deficiência como parte da diversidade humana, no esclarecimento da interdependência como aspecto do viver e condição inerente ao longo da vida de qualquer pessoa. Deve atuar também como apoio aos professores, para que possam considerar a acessibilidade em seu planejamento, indistintamente.

É fundamental proporcionar ao corpo acadêmico o convívio com as pessoas com deficiência, pois é a partir desse convívio que a aprendizagem se constitui na prática e se torna significativa. É imprescindível, também, o envolvimento das pessoas com deficiência no processo de inclusão como partícipes dos núcleos de acessibilidade, no planejamento curricular e individual, na construção da acessibilidade nos diferentes espaços acadêmicos e como protagonistas nas ações de formação.

O núcleo de acessibilidade, por meio de suas ações de formação, oferta de recursos, dentre outras, pode ser um espaço primordial para a potencialização da interdependência, para eliminação do capacitismo e para o fortalecimento de ações de cuidado no contexto acadêmico.

Considerações finais

Os avanços na legislação e a constituição de núcleos de acessibilidade nas IES, com vistas à eliminação das barreiras que reduzem ou impossibilitam a participação e o desenvolvimento acadêmico dos estudantes com deficiência, foram e continuam sendo importantes no processo inclusivo das pessoas com autismo. Contudo, apesar dos esforços em oportunizar a esses estudantes a eliminação das barreiras que os colocam em desvantagem no processo acadêmico, ainda se demandam ações para qualificar esse trabalho no sentido da obtenção de melhores resultados. As informações obtidas na pesquisa evidenciaram que os núcleos de acessibilidade realizam várias ações em prol da garantia de acesso e permanência dos estudantes autistas no ensino superior. No contexto acadêmico, no qual não se tem efetivada uma cultura inclusiva, o núcleo de acessibilidade (ou setor similar) é essencial para a eliminação das barreiras à acessibilidade desses estudantes. Todavia, a condição de acessibilidade foi considerada como regular pela maioria dos gestores/partícipes. As barreiras atitudinais e metodológicas aparecem em destaque nos registros e a necessidade de formação permanente pelas equipes técnicas como um importante facilitador para a acessibilidade. Constatou-se que os núcleos têm constituição e práticas diferenciadas e que não há uma política comum que conduz a ação de todos os núcleos. Isso, por vezes, acaba gerando uma confusão do que é ou não competência do núcleo, fazendo com que alguns deles assumam tarefas de outros setores para responder a demanda do estudante com autismo ao invés de preparar o setor para esse atendimento, bem como desenvolvam atividades administrativas, pedagógicas, da área da saúde, o que aumenta desproporcionalmente a demanda em relação à equipe de atendimento.

Os núcleos de acessibilidade desenvolvem diversas estratégias para eliminação das barreiras no processo de aprendizagem desses estudantes de forma adequada ou parcialmente adequada, principalmente no oferecimento de tutores/estagiários/bolsistas de apoio ao estudante, orientação aos professores para adequação nas atividades pedagógicas e curricular para atender as necessidades educacionais desses estudantes. Porém, percebe-se a necessidade de maior investimento em ações para possibilitar interação social do estudante, bem como de acompanhamento e formação dos funcionários das IES.

A importância desses núcleos está muito além do acompanhamento direto e individual ao estudante com deficiência, necessário ainda na organização atual das IES. Acredita-se que sua principal competência deve ser como promotor da construção de uma cultura inclusiva, impulsionando as IES para a adesão aos princípios do Desenho Universal para Aprendizagem na sua prática institucional, curricular e pedagógica, pelo qual a acessibilidade na educação se estabelece a partir dos diferentes perfis, estilos e ritmos de aprendizagem dos estudantes e não pela marca da lesão ou da experiência da deficiência. Dentro dessa proposta, as necessidades educacionais dos estudantes autistas estariam incluídas no rol das necessidades gerais dos estudantes, por essas especificidades fazerem parte de diferentes perfis de aprendizagem, e assim, o Núcleo de Acessibilidade auxiliaria na introdução das especificidades dos estudantes autistas a favor da variabilidade de recursos e metodologias de ensino, contribuindo para a eliminação das barreiras. Melhorar as oportunidades e condições educacionais é essencial para progressão dos resultados para qualquer estudante.

É necessário que os núcleos de acessibilidade redefinam seu papel e lócus de atuação e que as pessoas com deficiência sejam partícipes na constituição e ações dos núcleos. Esse é um desafio que demanda uma reorganização interna e externa ao núcleo de acessibilidade. Nesse sentido, as reflexões possibilitadas por este estudo sinalizam a necessidade de aprofundamento e debate sobre a organização, ações e desafios enfrentados pelos núcleos de acessibilidade nas IES.

Referências

ANACHE, A. A.; CAVALCANTE, L. D. Análise das condições de permanência do estudante com deficiência na Educação Superior. **Psicologia Escolar e Educacional**, São Paulo, n. esp. p. 115-125, 2018. Disponível em: http://dx.doi.org/10.1590/2175-3539/2018/042. Acesso em: 13 dez. 2018.

ANDERSON, A. H.; STEPHENSON, J.; CARTER, M. A systematic literature review of the experiences and supports of students with autism spectrum disorder in post-secondary education. **Research in Autism Spectrum Disorders**, [*S.l.*], v. 39, p. 33-53, 2017. Disponível em: http://www.sciencedirect.com/science/article/pii/S1750946717300521. Acesso em: 27 maio 2017.

BLACK, R. D.; WEINBERG, L. A.; BRODWIN, M. G. Universal Design for Learning and Instruction: Perspectives of Students with Disabilities in Higher Education. **Exceptionality Education International**, [*S.l.*], v. 25, p. 1-16, 2015. Disponível em: http://ir.lib.uwo.ca/eei/vol25/iss2/2. Acesso em: 21 fev. 2019.

BOCK, G. L. K.; GESSER, M.; NUERNBERG, A. H. O Desenho Universal Para Aprendizagem Como Um Princípio Do Cuidado. **Revista Educação Especial**, Santa Maria, v. 32, p. 1-18, 2019. Disponível em: https://periodicos.ufsm.br/educacaoespecial/article/view/34504/html_1. Acesso em: 20 jun. 2017.

BRASIL. Ministério da Educação. **Documento Orientador Programa Incluir** – Acessibilidade na Educação Superior. Brasília: MEC/SECADI/SESu, 2013.

CAST – Center For Applied Special Technology. **About Universal Design for Learning**. 2013. Disponível em: http://www.cast.org/our-work/about-udl.html#.WSoRamjyvIU. Acesso em: 1 nov. 2019.

CIANTELLI, A. P. C.; LEITE, L. P.; NUERNBERG, A. H. Atuação do psicólogo nos "núcleos de acessibilidade" das universidades federais brasileiras. **Psicologia Escolar e Educacional**, São Paulo, v. 21, n. 2, p. 303-311, 2017. Disponível em:

http://www.scielo.br/pdf/pee/v21n2/2175-3539-pee-21-02-00303.pdf. Acesso em: 27 set. 2019.

CLAIBORNE, L. B. *et al.* Supporting students with impairments in higher education: social inclusion or cold comfort? **International Journal of Inclusive Education**, [*S.l.*], v. 15, n. 5, p. 513-527, 2011. Disponível em: http://www.tandfonline.com/doi/abs/10.1080/13603110903131747. Acesso em: 24 maio 2019.

CONNOR, D. J. The Disability Studies in Education Annual Conference: Explorations of Working Within, and Against, Special Education. **Disability Studies Quarterly**, [*S.l.*], v. 34, n. 2, 2014. Disponível em: http://dsq-sds.org/article/view/4257/3597. Acesso em: 20 maio 2019.

COOPER, D. R.; SCHINDLER, P. S. **Métodos de pesquisa em Administração**. 7. ed. Porto Alegre: Bookman, 2003.

DINIZ, D. **O Que é Deficiência**. São Paulo: Brasiliense, 2007. (Coleção Primeiros Passos).

GARLAND-THOMSON, Rosimarie. Integrating disability, transforming feminist theory. **NWSA Journal**, Baltimore, v. 14, n. 3, p. 1-32, 2002. Disponível: < https://www.english.upenn.edu/sites/www.english.upenn.edu/files/Garland-Thomson_Rosemarie_Disability-Feminist-Theory.pdf>. Acesso em: 29 maio. 2017.

GELBAR, N.; SMITH, I.; REICHOW, B. Systematic Review of Articles Describing Experience and Supports of Individuals with Autism Enrolled in College and University Programs. **Journal of Autism and Developmental Disorders**, [*S.l.*], v. 44, n. 10, p. 2593-2601, 2014. Disponível em: http://www.ncbi.nlm.nih.gov/pubmed/24816943. Acesso em: 27 maio 2017.

GESSER, M.; NUERNBERG, A. H. A participação dos estudantes com deficiência física e visual no ensino superior: apontamentos e contribuições das teorias feministas da deficiência. **Educar em Revista**, [*S.l.*], v. 33, n. esp. 3, p. 151-166, 2017. Disponível em: http://www.scielo.br/scielo.php?script=sci_arttext&pid=S0104-40602017000700151. Acesso em: 31 out. 2019.

KITTAY, E. F. The Ethics of Care, Dependency, and Disability. **Ratio Juris**, [*S.l.*], v. 24, n. 1, p. 49-58, 2011. Disponível em: http://evafederkittay.com/wp-content/uploads/2015/01/The-ethics-of-care.pdf. Acesso em: 19 set. 2017.

MARTINS, B. S.; FONTES, F.; HESPANHA, P.; BERG, A. A emancipação dos estudos da deficiência. **Revista Crítica de Ciências Sociais**, [S.l.], n. 98, p. 45-64, 2012. Disponível em: http://rccs.revues.org/5014. Acesso em: 28 set. 2017.

MINISTÉRIO PÚBLICO DE SANTA CATARINA. Carta Educacional da Neurodiversidade. 2022. Disponível em: https://documentos.mpsc.mp.br/portal/manager/resourcesDB.aspx?path=5864. Acesso: 10 fev. 2023.

NUERNBERG, A. H.; GESSER, M. Barreiras Atitudinais no Contexto da Inclusão Escolar de Estudantes com Deficiência. *In*: NOGUEIRA, R. E. (org.). **Geografia e Inclusão escolar:** Teoria e práticas. Florianópolis: Edições do Bosque CFH/UFSC, 2016. p. 13-25.

PLETSCH, M. D.; MELO, F. R. L. V. de. Estrutura e funcionamento dos Núcleos de Acessibilidade e Inclusão nas Universidades Federais da Região Sudeste. **Revista Ibero-Americana de Estudos em Educação**, [S.l.], v. 12, n. 3, p. 1610-1627, 2017. Disponível em: http://seer.fclar.unesp.br/iberoamericana/article/view/10354/6733. Acesso em: 2 abr. 2019.

RUIZ OLABUÉNAGA, J. I. **Metodología de la investigación cualitativa**. 5. ed. Bilbao: Universidad de Deusto, 2012.

SILVA, S. C. Da; SOUZA, M. V. De. Desenho Universal para Aprendizagem e Moocs: Uma Reflexão Preliminar. **Mídias Digitais, Redes Sociais e Educação em Rede:** Experiências na Pesquisa e Extensão Universitária. São Paulo: Editora Edgard Blücher, 2015. p. 129-138.

SILVA, S. C. Da. Acessibilidade para Estudantes com Transtorno do Espectro Autista no Ensino Superior. 2020. Tese (Doutorado em Psicologia) - Centro de Filosofia e Ciências Humanas, Universidade Federal de Santa Catarina, Florianópolis, 2020.

TAYLOR, M. J. Teaching students with autistic spectrum disorders in HE. **Education + Training**, v. 47, n. 7, p. 484-495, 2005. Disponível em: https://www.emeraldinsight.com/doi/10.1108/00400910510626330. Acesso em: 3 maio 2019.

TOOR, N.; HANLEY, T.; HEBRON, J. The Facilitators, Obstacles and Needs of Individuals With Autism Spectrum Conditions Accessing Further and Higher Education: A Systematic Review. **Journal of Psychologists and Counsellors in Schools**, [S.l.], v. 26, n. 2, p. 166-190, 2016. Disponível em: https://www.cambridge.org/core/product/identifier/S2055636516000215/type/journal_article. Acesso em: 27 maio 2017.

VALLE, J.; CONNOR, D. J. **Ressignificando a Deficiência:** da abordagem social às práticas inclusivas na escola. Porto Alegre: AMGH, 2014.

ZERBATO, A. P.; MENDES, E. G. Desenho universal para a aprendizagem como estratégia de inclusão escolar. **Educação Unisinos**, [*S.l.*], v. 22, n. 2, 2018. Disponível em: http://revistas.unisinos.br/index.php/educacao/article/view/14125. Acesso em: 28 maio 2019.

CORPO CEGO: A IMPORTÂNCIA DO ACESSO À OBRA DE ARTE NOS ESPAÇOS EXPOSITIVOS

Ana Lucia Oliveira Fernandez Gil

Introdução

Com intuito de definir o corpo da cegueira, faz-se importante salientar a diferença dos termos *deficiência visual* e *cegueira*[232]. O termo *corpo cego,* escolhido para ser trabalhado neste texto, abrange ambos os termos (baixa visão e cegueira), portanto, este estudo foca suas reflexões tanto no sujeito com baixa visão quanto no que apresenta perda total da visão. A definição escolhida é a de corpo como existência real e sensível, um corpo em que, segundo Merleau-Ponty[233], "o mundo visível e de meus projetos motores são partes totais do mesmo ser", ou seja, trata-se de um corpo que se entrelaça e se funde com o mundo, pois não há dualidade entre ele e o mundo.

O corpo-cego constrói, à sua maneira, um modo de perceber o mundo que o circunda, por meio de outras modalidades sensoriais, e essa problemática constitui-se numa questão de inclusão nesse mundo que não tolera o diferente, motivo pelo qual resolvi aprofundar meus estudos acerca da importância do acesso das pessoas cegas às obras de arte nos espaços expositivos. E isso implica em entender quais são os desafios que essas pessoas enfrentam ao deparar-se com espaços que não foram projetados para atender às necessidades. Torna-se imperativo, portanto, propor experiências estéticas ligadas às Artes Visuais para pessoas cegas em museus e espaços expositivos onde a maioria das obras não pode ser tocada.

Diante dessas questões, procuro descrever, refletir e discorrer por meio de depoimentos orais como o corpo cego tem consciência de si próprio, dos outros e do mundo. Foram realizadas observações e entrevistas,

---

[232] Segundo o *Programa de Capacitação dos Recursos Humanos – deficiência visual: Vol. 1 – MEC* (2001, p. 33), o termo *deficiência visual* é utilizado em duas situações: baixa visão e cegueira. O termo *baixa visão* é a alteração da capacidade de funcionamento da visão que pode ser decorrente de inúmeros fatores, tais como: "baixa acuidade visual significativa, redução importante do campo visual, alterações corticais e/ou de sensibilidade aos contrastes que interferem ou limitam o desempenho visual do indivíduo". O termo *cegueira* é entendido como "perda total da visão ou ausência da projeção de luz".

[233] MERLEAU-PONTY, Maurice. **Fenomenologia da percepção**. Tradução de Carlos Alberto Ribeiros de Moura. 3. ed. São Paulo: Martins Fontes, 2011. p. 16.

enfatizando suas experiências vividas, desafios e êxitos, suas sensações e percepções peculiares diante de seu contato com as obras de arte e acesso aos museus. Dessa forma, entendo todos os entrevistados como participantes do presente capítulo.

A metodologia utilizada no presente estudo fundamenta-se em fontes empíricas, depoimentos orais realizados nas entrevistas estruturadas, cujo procedimento metodológico é calcado na investigação qualitativa[234]. Por meio das narrativas dos entrevistados, descrevo e observo as relações de experiência da corporeidade singular da cegueira nos espaços expositivos da arte, sendo parte significativa desta discussão. As fontes teóricas contam com os pensadores Merleau-Ponty e Vygotsky[235] como autores que norteiam as principais perspectivas epistemológicas discutidas no presente artigo, no caso, a fenomenologia e a sócio-histórica.

No que diz respeito às políticas de inclusão, os estudos de Tojal[236] problematizam a necessidade de pensar sobre as políticas públicas culturais e propostas educativas privilegiando a inclusão social, particularmente o público com necessidades especiais e, para tanto, enfatizo algumas categorias relacionadas ao acesso e à socialização de bens culturais em museus, por meio das reflexões de Alderoqui e Perdesoli[237].

O corpo-cego: o "ser no mundo" e sua mobilidade

A mobilidade do corpo refere-se à sua motricidade e a seu primeiro contato com o mundo. Entendendo, a partir de meu contato com as leituras de Merleau-Ponty, que é por meio do meu corpo que me envolvo com o mundo e o percebo mediante minhas ações. Merleau-Ponty expõe o corpo cego como um corpo para além da visão, enfatiza a interioridade do sujeito, cuja profundidade das ações deseja ir "às coisas mesmas". O sujeito cego, bem como o vidente, está "envolvido no tecido do mundo", nos seus projetos moto-res, sendo na sua "essência e existência", como afirma o filósofo supracitado.

---

[234] BOGDAN, R. C.; BIKLEN, S. K. **Investigação qualitativa em educação:** uma introdução à teoria e aos métodos. Porto: Porto, 1994. p. 52-97; CAIADO, 2003; SEVERINO, A. J. **Metodologia do trabalho científico**. 23. ed. atual. São Paulo: Cortez, 2007.

[235] MERLEAU-PONTY, 1991; 2004; 2006; VYGOTSKY, 1997; 1998; 2007.

[236] TOJAL, A. P. da F. **Museu de arte e público especial**. Orientado por Ana Mae Tavares Bastos Barbosa. 1999. Dissertação (Mestrado em Artes) – Escola de Comunicações e Artes, Universidade de São Paulo, São Paulo, 1999; TOJAL, A. P. da F. **Políticas públicas culturais de inclusão de públicos especiais em museus**. Disponível em: http://www.teses.usp.br/teses/disponiveis/27/27151/tde-19032008-183924/pt-br.php. Acesso em: 17 jan. 2013.

[237] ALDEROQUI, S.; PEDERSOLI, C. **La educación en los museos**: de los objetos a los visitantes. Buenos Aires: Paidós, 2011.

Entendo que podemos acolher o pensamento de que os cegos constroem uma forma de mobilidade e expressão com o mundo extremamente peculiar, e que essa expressão se dá no corpo, nas percepções do tato, do olfato, das sensações corporais de forma bastante diferenciada dos videntes.

O corpo cego, por sua vez, vê a partir de sentidos que a nós videntes também estão disponíveis, mas que, devido à possessão da visão, não os acionamos com a mesma propriedade do corpo-cego. Isso é o que nos faz afirmar que estamos diante de uma mobilidade singular. Desse modo, talvez seja válido dizer que, para sentir as coisas do mundo, ele necessita de uma aproximação maior com as coisas, adquirindo uma intensidade igualmente maior nas relações com os outros e com as coisas do mundo.

Porto[238] discorre sobre a diferença entre a percepção de mundo dos videntes e dos não videntes:

> Fazer diferença entre o mundo dos videntes e o mundo dos cegos é não acreditar que o mundo é o mesmo diante do direito que possuímos para e em nos comunicar, pois a coisa se apresenta como real para todo sujeito que partilha da situação. O que existe e é sempre presente entre os seres humanos é a exigência de que o mundo seja sempre percebido de modo semelhante entre mim e o outro. No caso dos cegos é muito comum querer que eles assimilem o mundo à sua volta como os videntes o concebem e o conhecem. Com essa atitude, não estamos respeitando o fato de que os videntes como os cegos partilham as mesmas situações, porém de modo diferente por serem seres diferentes na sua essência e na sua existência [...].

E, de maneira a fundamentar a fala de Porto[239], exponho a fala de Adilson[240], cego congênito, relatando que sente-se desconfortável em relação ao tratamento que a Igreja dá às pessoas com deficiência, que, por compaixão, paradoxalmente, enfatiza e discrimina ainda mais a condição da cegueira. Adilson ensina-me sobre a cegueira quando ele afirma:

> [...] A igreja, a religião em si têm essa coisa que tudo tem que ser no visual: 'Ah, mas que bom se você visse a luz do dia'! Não sei; como já teve gente que perguntou: ser cego é ruim, né? Não sei se é ruim, se eu já nasci cego, como é que eu vou saber? Agora, se eu tivesse presenciado as duas questões como

---

[238] PORTO, Eline. **A corporeidade do cego**: novos olhares. Piracicaba: UNIMEP: Memnon, 2005. p. 37.

[239] *Idem.*

[240] Entrevista realizada com Adilson na Acic em 10/04/2012.

> o M., que já enxergou e tal, eu poderia dizer se é ruim ou se
> não é. Com certeza a gente tem muitas perdas, principalmente
> quando se vai assistir televisão, quando fornece um *site* que
> o endereço está escrito em sua tela.

Dessa forma, Adilson nos faz refletir: como ele sabe desenvolver a crítica sobre seu meio, se ele nasceu cego e desenvolveu toda uma forma peculiar de adaptação de mundo na cegueira, utilizando-se de outros mecanismos, diferentes espaços e tempos para a sua integração e convívio social? Adilson passou toda uma vida sem enxergar, porém isso não o impede de saber dialogar com o mundo que o rodeia; sabe reconhecer que há perdas no que se refere à realização de algumas tarefas em relação aos videntes, mas, ao que parece, não tem perdas em suas relações com o mundo, em suas funções psicológicas, dentro de sua intencionalidade.

Segundo Amiralian[241], quando o sujeito adquire a cegueira de maneira gradativa, os traumas sofridos são menores, ao passo que o trauma causado pela cegueira súbita provoca danos significativos no ego do sujeito; esses danos podem ser minorados ou enfatizados a depender da subjetividade do indivíduo e de como a família reage à perda.

Perguntei a Odete como foi sua aceitação ao saber do diagnóstico da cegueira. Odete relatou o seguinte depoimento:

> Foi difícil porque pensei no meu marido e no meu filho, na
> aceitação deles. Então me senti eu, como se fosse uma pilas-
> tra de uma casa, e a pilastra dessa casa 'quebrou'. Eu tinha
> que levantar o mais rápido possível. E não para mostrar pra
> ninguém, mas mostrar para mim mesma que era capaz e que
> eu ia conseguir[242].

Percebemos, como apresentado por Amiralian[243], o caso de Odete, que foi perdendo a visão aos poucos, devido à progressão da Diabetes. A entrevistada foi aprendendo aos poucos uma outra forma de "ser" Odete, ou seja, a Odete sentindo-se "cega", portanto, precisou passar por um processo de aceitação, em que ela vai aprender a "tramar no tecido do mundo", segundo Merleau-Ponty[244], de outra maneira, por meio da mobilidade singular da cegueira.

---

[241] AMIRALIAN, M.L., M. L. T. M. **Compreendendo o cego**: uma visão psicanalítica da cegueira por meio de desenhos-estórias. São Paulo: Casa do Psicólogo: FAPESP, 1997.

[242] Entrevista realizada na Udesc com Odete em 29/11/2012.

[243] AMIRALIAN, 1997.

[244] MERLEAU-PONTY, 2011.

O corpo-cego: as relações com a obra de arte no espaço expositivo

O espaço expositivo torna-se importante à medida que é a partir dele que o corpo-cego encontra as possibilidades de experiência com as obras. A questão do espaço expositivo está ainda ligada às relações que os visuais e os espaços (na maioria das vezes construídos por videntes) têm com o corpo-cego. Assim, podemos indagar ainda: o espaço expositivo da arte, pensado como espaço cultural e social, é constituído e projetado para acolher as diferenças? Assim, faz-se necessário pensar o espaço da arte em relação ao corpo cego, antes de pensar suas relações com a obra de arte.

De acordo com o manual da ABNT[245], tem-se no documento uma variedade de itens e dispositivos criados, tais como de comando e acionamento, bem como parâmetros antropométricos, códigos de comunicação, a exemplo de sinaleiras sonoras e muitos outros recursos adaptados para a melhoria e inclusão das pessoas com deficiência nos espaços. No caso dos deficientes visuais, é garantido pelas normas técnicas de acessibilidade que o piso tátil indique a direção do trajeto a ser percorrido, ou seja, o sentido de localização ao qual o indivíduo deve dirigir-se para evitar possíveis ocorrências.

Segundo a ABNT NBR 9050, as construções deveriam indicar por meio de placas os tipos de deficiências, dispor de equipamentos ou dispositivos adaptados para atender ao público, garantindo um fácil e seguro acesso. Dentre os dispositivos, constam a necessidade de placas em alto contraste para as pessoas de baixa visão e placas em Braille para as pessoas cegas, com a finalidade de indicar a sequência de ações ao realizar uma tarefa. A representação de imagens para pessoas com baixa visão ou cegas deve ser em alto contraste, com linhas grossas, com relevo, nítidas, de formas simplificadas, geométricas e fechadas. A importância de uma conduta política para essas questões é imprescindível, todavia estas não são aplicadas por falta de consciência ou descaso em relação às necessidades das pessoas com deficiência, seja sensorial, física ou mental. Constatamos que a maioria dos museus não observa a totalidade dessas leis, salvo algumas exceções.

A "inclusão", de forma geral, não acontece; desse modo, o indivíduo cego, para sentir-se "aceito", busca o grupo de apoio relacionado à sua deficiência, no caso do espaço, na maioria das vezes a pessoa cega adap-

---

[245] Associação Brasileira de Normas Técnicas – ABNT NBR 9050 – segunda edição, 31.05/2004, válida a partir de 30/06/2004. Palavras-chave: Acessibilidade. Edificação. Mobiliário. Ergonomia. Pessoa portadora de deficiência. Deficiente físico. ICS 91.010.49 Número de referência: ABNT NBR 9050:2004, 97 p. © ABNT 2004.

ta-se a ele e não o contrário, quando, na verdade, o espaço é que deveria preparar-se para receber a pessoa com deficiência, seja ela qual for. Diante disso, Odete nos aponta a necessidade de pensarmos os espaços expositivos e sua adequação para acolher o corpo cego:

> [...] A exposição, para mim que tenho o cão, ele vai desviando, mas às vezes se torna difícil, eu tenho que ter ajuda de alguém. Então a maneira que é colocada, às vezes em cima de uma mesa ou de um balcão, qualquer coisa, tem peças que podem até te machucar. Às vezes tu passas, bate com a cabeça. Então tem que ter uma maneira que eles possam me dar acesso. Isso é complicado [...] eu costumo dizer que os meus olhos são a minha mão, então ela é quem vai me indicar e ler tudo que eu estou vendo ali. Às vezes assim, as pessoas falam: – que flor linda! Mas se eu pegar, vou sentir muito mais. [...] Então tem que ser: vamos fazer uma exposição, mas pensar a exposição não só para o vidente, mas para as pessoas com necessidades especiais, pessoas cadeirantes, e principalmente as pessoas cegas. Mesmo que seja difícil o acesso e tudo, mas para o cego, ele tem que tocar, não adianta, porque o espaço não favorece, é difícil[246].

A seguir, relato de Fernando, cujas experiências tanto em relação ao contato com o espaço expositivo como a fruição estética não foram nem um pouco satisfatórias. Diz Fernando:

> [...] A experiência no museu em Quito foi temerosa, pois a dis-posição das peças de arte facilita derrubá-las. Havia também muitos vidros que serviam como proteção das peças. [...] O acesso ao museu era amplo, mas tinha escada. Os funcionários do museu não estavam preparados para recepcionar pessoas cegas. Não havia piso tátil. A minha mobilidade naquele espaço expositivo foi facilitada pela minha esposa. Sozinho, teria sido impossível ir naquele museu. [...] Em Bogotá, tanto o acesso quanto o espaço interno não estão preparados para recepcionar pessoas cegas e com baixa visão. No espaço interno há escadas com poucos degraus, e o piso é irregular. Espaços improvisados são inimigos dos cegos. [...] Também quis sair daquele ambiente[247].

As experiências no caminho do espaço expositivo são acompanhadas de todo um repertório que o indivíduo carrega ao longo de sua vida e que interfere na recepção e cognição a partir da fruição com a obra de arte; uma

---

[246] Entrevista concedida por Odete em sua residência, realizada em 05/02/2013.
[247] Entrevista concedida por Fernando por e-mail em 01/02/2013.

boa recepção por parte do espaço gera riqueza perceptiva, caso contrário, ocorre um processo de exclusão, pois o espaço não atende às necessidades do público com deficiência, seja ela visual, auditiva, física ou intelectual.

Fernando reafirma a importância de se pensar no planejamento desses espaços e explica como o seu corpo interagiu com o espaço expositivo:

> [...] Não dá vontade de caminhar nesses dois espaços, o cego fica refém do vidente. Em relação ao meu corpo, eu não me senti parte daquele espaço, me senti uma ameaça às obras de arte, pois poderia danificá-las. A minha experiência, e refletindo sobre a sua pergunta quanto à estética, lembro mais da estética inadaptada do espaço desses museus do que as obras de arte[248].

Numa outra conversa que tive com Odete, ela comentou que foi ao museu[249], numa amostra de Arte Cerâmica de Arte Indígena com uma amiga. Ocorreu que as duas passaram as mãos sobre um dos vasos, e o segurança as alertou para que não repetissem o ato novamente, informando-as de que era proibido tocar nas peças. Constatei que os entrevistados ficam extremamente chateados por não poderem tocar nas obras. Afirmam que a audiodescrição, por si só, não é suficiente para a fruição estética, a obra de arte passa a ser um conceito para eles. O mesmo ocorre com relação às mediações realizadas na maioria dos museus, onde a acessibilidade e a inclusão não são prioridade, as propostas de mediação são pensadas para o público vidente, acontecendo, portanto, um processo de exclusão.

Perguntei para Fernando como se dá às relações entre ele e o mediador no que se refere à questão do entendimento da exposição. Respondeu-me:

> Em nenhum desses museus havia mediador. Havia seguranças e recepcionistas. Só consegui transitar nos museus porque a minha esposa estava comigo. Foi ela quem me conduzia e lia a respeito das obras de arte. De forma geral, a minha experiência diz que o museu em si é o que deveria ser obra de arte, pertencendo a um passado. Esses dois museus são verdadeiras obras de arte de como não se deve recepcionar deficientes visuais[250].

---

248 Entrevista concedida por Fernando por e-mail em 01/02/2013.

249 Por motivos éticos não será anunciado o nome da referida instituição.

250 Entrevista concedida por Fernando por e-mail em 01/02/2013.

Odete descreve a respeito das suas experiências com o mediador. No seu entendimento, falta treinamento de alguns mediadores e funcionários de espaços culturais. Explica Odete a respeito desse fato:

> É bem complicado, porque os mediadores também não estão preparados; falta muito treinamento, porque eles também se assustam porque não sabem como é que vão fazer [...] não pode passar a mão na peça, ou a peça está dentro do vidro, entendeu? Para ele, vamos supor, pode ser uma bola, mas eu posso estar vendo outra coisa, a textura, tudo. Ah, isso é parecido com tal coisa, para ele sim, mas para mim não, tem muita falha ainda[251].

Tojal[252] considera o museu "um espaço tradicionalmente visual, voltado às questões de apreciação das obras de arte". Discute a necessidade de pensar nas adaptações para pessoas com deficiência visual em relação ao espaço físico dos museus, bem como a necessidade de promoção de projetos educativos que apresentem maiores contribuições e inovações nas ações relacionadas à fruição estética. Diz a autora:

> A necessidade que este público possui de recorrer a outros sentidos, determinada pelas limitações ou ausência do sentido da visão, deve ser encarada pelos profissionais de museus como um fator de estímulo à dinamização de novas propostas mais interativas de apresentação e apreciação das coleções, aproximando não somente este público específico do objeto museológico, como também permitindo novas formas de exploração e descobertas deste objeto pelo público em geral[253].

Alderoqui e Pedersoli[254] apresentam categorias adaptadas de Ceppi e Zini[255] que consideram importantes para uma prática em que os visitantes sejam incluídos e que e vivenciem as obras[256]. Porém saliento as categorias

---

[251] Entrevista concedida por Odete em sua residência 05/02/2013.

[252] TOJAL, 1999, p. 13.

[253] *Idem.*

[254] ALDEROQUI; PEDERSOLI, 2011, p. 120-121.

[255] CEPPI, G. ZINI, M. (ed.). **Children, Spaces, Relations.** Metaproject for an Environment for Young Children. Milão: Reggio Children-Domus Academy Research, 1998.

[256] São elas: Flexibilidade – espaço que permite criar um ambiente estimulante e diversificado em que o visitante possa ter experiências coletivas e individuais. Multissensorialidade – espaço que abriga experiências sensoriais e cinestésicas; busca quebrar a monotonia dos museus, oferecendo múltiplas linguagens, permitindo a leitura, interpretação e articulação dos visitantes. Temporalidade – duração de uma exposição conforme o público que está a usufruir desse espaço. Relacionalidade – o museu deveria ser um espaço coletivo, embasado na participação e na convivência para a construção da comunidade; a identidade do espaço advém da qualidade e intencionalidade das ligações que se estabelecem e das experiências que promovem. Narratividade – refere-se não somente às descrições e ao modo com os quais os objetos estão dispostos espacialmente, bem como às narrativas dos visitantes.

Multissensorialidade e a Narratividade por entender que estas correspondem às experiências sensoriais e cinestésicas (multissensorialidade) e às propostas de mediação relacionadas à linguagem (narratividade).

Corpo cego e experiências estéticas: acesso à obra de arte por meio da mediação no Masc

A fim de propiciar experiências estéticas e reflexivas pelo contato com as obras de arte, as quatro visitações realizadas no Masc tiveram como proposição experiências vivenciadas que enfatizaram o envolvimento com as obras, por meio da percepção do corpo cego, que apreende de um modo outro, que não está centrado na visão, criando um espaço dialógico de trocas, conhecimentos e aprendizados.

Primeira visitação: exposição *Cartas ao mar*, da artista plástica Clara Fernandes

A primeira visitação ocorreu no dia 27 de março de 2013. Chegamos ao Masc em um grupo de 12 pessoas, dentre elas: Roseli, Dona "Fofa" (Maria), Seu "Coca" (Waldir), Nelson, Vanilda, Sandra, Lourdes, João Paulo, Rita, Adilson, Judite, Terezinha, todos alunos da Acic. A exposição itinerante da artista plástica Clara Fernandes, *Cartas ao Mar* (Figura 2), consiste numa poética voltada à multissensorialidade e à memória. Os mediadores Sérgio Prosdócimo, Maria Helena Barbosa e Eliane Costa nos receberam na entrada do Masc, conduzindo-nos aos espaços expositivos do Museu, provocando os participantes para que os guiasse, promovendo o diálogo entre os visitantes. A artista Clara Fernandes autorizou o toque nas peças, após conversa com os mediadores do Masc[257].

---

[257] Clara Fernandes foi informada sobre a relevância do contato para a fruição estética, pois se tratava de um grupo de pessoas cegas, já que as obras não estavam disponíveis ao toque para todos os visitantes da exposição.

Figura 2 – Exposição *Cartas ao Mar*, da artista plástica Clara Fernandes

Fonte: fotografia de Ana Lúcia Gil, acervo da autora

Figura 3 – Alunos da Acic em contato com as obras da artista Clara Fernandes – mediação de Sérgio Prosdócimo

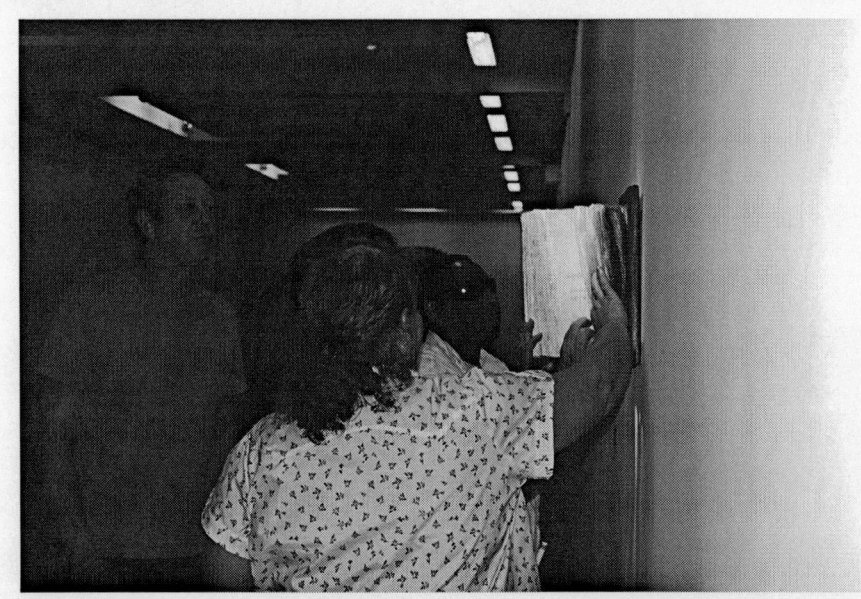

Fonte: fotografia de Ana Lúcia Gil, acervo da autora

Figura 4 – Alunos da Acic em contato com as obras da artista Clara Fernandes

Fonte: fotografia de Ana Lúcia Gil, acervo da autora

Figura 5 – Alunos da Acic em contato com as obras da artista Clara Fernandes – mediação de Maria Helena Barbosa

Fonte: fotografia de Ana Lúcia Gil, acervo da autora

O mediador Sérgio provoca os visitantes a guiarem os mediadores, convidando-os a tocar nas obras. A primeira obra a que os participantes tiveram acesso foi um livro de memórias da artista, no qual perceberam pelo tato os riscos da caligrafia de Clara, a textura infundida pela artista com a força colocada no papel no ato de escrever, a comentar sobre os diferentes tipos de papéis, texturas, bem como os odores exalados por estes.

Maria Helena mostra outra peça por meio da narrativa, e alguns dos participantes com baixa visão disseram que a peça lembrava uma flor; mais uma vez a mediadora instiga os visitantes para o diálogo e pergunta a que outra forma a peça remete, e muitos disseram que lembrava um cordão umbilical, a estabelecer relações com o ciclo da vida ao destino de todos nós.

Eliane os convida a sentar-se e pede para que relatem suas sensações e percepções após a fruição com as obras de Clara Fernandes, muitos remeteram a memórias boas do passado, lembranças. Disseram que, em algum momento, já haviam mandado uma carta para Iemanjá ou recebido de um amigo ou ente querido, ou seja, cada participante, à sua forma, conseguiu absorver a poética da artista, por meio do acesso às obras de arte construíram outras experiências e as apreenderam, adquirindo outros significados.

As proposições dos mediadores por meio do diálogo e o acesso às obras proporcionaram a cada um deles poder elaborar uma imagem poética, resultado daquele momento que, certamente, produzirá ecos em suas vidas, em seu ser, se entendermos que essa imagem poética não é o resultado de um momento imediato, do toque, conforme nos ensina Bachelard:

> Não é o eco de um passado. É antes o inverso: pela explosão de uma imagem, o passado longínquo ressoa em ecos e não se vê mais em que profundidade esses ecos vão repercutir e cessar. Por sua novidade, por sua atividade, a imagem poética tem um ser próprio, um dinamismo próprio. Ela advém de uma *ontologia direta*. É com essa ontologia que desejamos trabalhar[258].

Para o grupo da Acic, esse aspecto foi de grande importância, pois tiveram a oportunidade de compreender ao seu modo, ao modo do corpo cego, a forma que ali estava, e não uma ideia "forjada", explicitada apenas pela fala ou pelo conceito, de algo que ficaria no imaginário, a ausência da forma poética que realmente está ali apresentada. O contato com as obras remeteu a acontecimentos, funções e poéticas, provocando percepções, diálogos, discussões, questionamentos, emoções, momentos de encontro inenarráveis.

---

[258] BACHELARD, G. **A poética do espaço.** Tradução de Antonio da Costa Leal, Lídia do Valle Santos Leal. São Paulo: Abril Cultural, 1974. (Os Pensadores). p. 1, grifo do autor.

Segunda visitação: estimulação tátil mediante o contato com esculturas do acervo do Masc

A segunda visitação aconteceu no dia 3 de abril de 2013. A mediação iniciou com a apresentação de Ronaldo Linhares[259], expondo sua responsabilidade sobre o controle da climatização do espaço. Elucidou sobre a pesquisa de materiais mais adequados para cada tipo de linguagem e técnicas que iam surgindo com as novas tecnologias, bem como discorreu sobre a importância da restauração para as gerações futuras, no que diz respeito à conservação e à preservação do patrimônio cultural. Após explicitação de Ronaldo, os mediadores, Maria Helena e Sérgio, oportunizaram a mediação, pensadas a partir de três obras esculóricas do acervo[260].

Maria Helena apresentou ao grupo três modelos de luvas, de diferentes materiais. Mediante experimentação e verificação dos participantes, sendo a de látex mais adequada. Dirigimo-nos até as peças. A primeira obra do acervo a ser tocada foi: *Figura Sentada*, da artista blumenauense Elke Hering:

Figura 9 – *Figura sentada,* 1985, Elke Hering, Blumenau, SC, Bronze, 42 x 21 x 19,5 cm. Aquisição do Governo do Estado de Santa Catarina

Fonte: fotografia de Ana Lúcia Gil, acervo da autora

---

[259] Funcionário do setor de conservação e restauração do Masc.

[260] Para a realização dessa proposta, a equipe do Núcleo e Arte-Educação consultou a Prof.ª Lygia Helena Roussenq Neves (administradora do Masc), Ronaldo Linhares (técnico do acervo Masc), e Renilton Roberto da Silva Matos Assis (museólogo da FCC/Masc).

Os visitantes foram tocando nas obras do acervo, absorvendo o cheiro, a temperatura, o som. Ocorreu um fato interessante, um dos participantes, seu Waldir (Sr. Coca), pelo fato de ter trabalhado com alegorias de escola de samba e ter conhecimento de diferentes materiais, sabia qual o material da obra por sua temperatura, informando que a obra da artista Elke Hering era de bronze. Conseguiu perceber por meio do tato que a obra era gelada e tratava-se de um corpo humano, sem os braços, mas com pernas. Os mediadores ficaram exclamados com a propriedade com que o Sr. Coca ia relatando suas experiências estéticas e sensoriais por meio da fruição com a obra de arte.

Figura 10 – Estimulação tátil realizada pelos alunos da Acic por meio da obra de Elke Hering

Fonte: fotografia de Ana Lúcia Gil, acervo da autora

A segunda peça a ser apresentada faz referência à obra do italiano Roberto Gramigna:

Figura 11 – *Restos humanos*, 1993, Roberto Gramigna. Migliarini, Itália, 1932. Cimento e tinta, 98 x 43 x 15 cm. Doação do artista

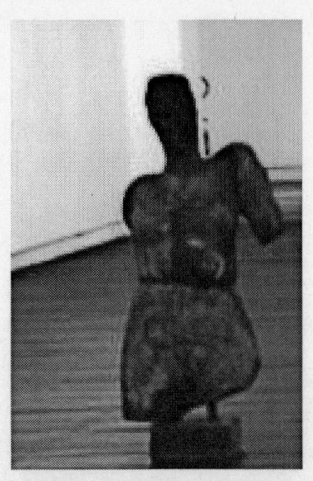

Fonte: fotografia de Ana Lúcia Gil, acervo da autora

O mediador Sérgio questiona se os participantes conseguem distinguir o material e se pela inclinação da cabeça saberiam dizer o estado de espírito da obra. A maioria falou que a peça estava triste, pois estava cabisbaixa, a forma de sua boca denotava tristeza; eles conseguiam perceber que esta estava levemente inclinada para baixo, inclusive a Roseli aproximou-se da peça e disse que tinha uma boca bem formada, ombros largos, e que, ao contrário da primeira, a obra não tinha pernas, e Dona Fofa (Maria) comentou: "Parece um corpo mutilado".

Figura 12 (A, B) – Estimulação tátil realizada pelos alunos da Acic na obra de Roberto Gramigna

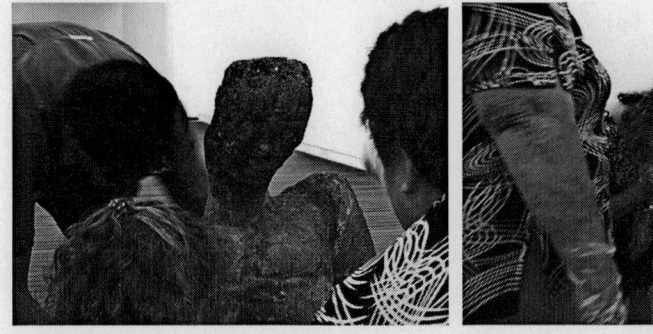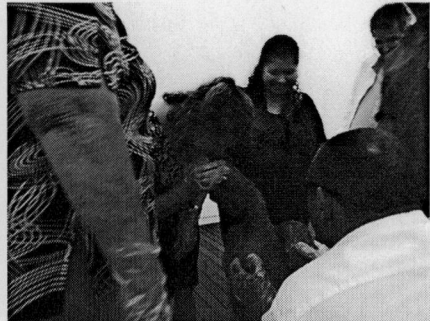

Fonte: fotografias de Ana Lúcia Gil, acervo da autora

Ao terem acesso à obra *Buda* (Figura 13), de Arno Giorgi, a maioria ficou com dúvidas, porém, para nossa surpresa, Roseli, cega congênita, respondeu que era "um Buda sentado numa caixa d'água!". Os mediadores riram e responderam surpresos que a participante estava correta, o título da obra de Arno Giorgi é *Buda*. A mediadora expôs que o título da escultura faz alusão à espiritualidade, e que, mesmo inacabada, ela provoca múltiplos questionamentos e interpretações.

Figura 13 – *Buda*. Arno Giorgi. Rio do Sul, SC, 1927 – id. 1993. Arenito, 35 x 25 x 25 cm. Doação de Carlos Giorgi

Fonte: fotografia de Ana Lúcia Gil, acervo da autora

Figura 14 – Estimulação tátil realizada pelos alunos da Acic na obra de Arno Giorgi

Fonte: fotografia de Ana Lúcia Gil, acervo da autora

Nelson, que é baixa visão, articulou uma fala bastante pertinente no que diz respeito à fruição estética, expondo como ele "visualizou" o processo artístico. Nelson disse que:

> De repente a intenção do artista era deixar a obra inacabada mesmo, pois ele quis mostrar com seus gestos que nada é dado pronto, que as coisas não são tão óbvias como parecem ser, e que aquela forma bruta denunciou a energia, a vibração do artista ao elaborar aquela peça. [...] às vezes as coisas bem acabadas, prontas, muito 'perfeitas', tornam-se um artifício, mascara o que realmente o artista queria denunciar, a peça reflete mais como um produto de encomenda do que uma obra de arte.

Maria Helena reforça a importância da mediação, relata que mesmo sendo vidente, teve a possibilidade de conhecer outras propriedades das esculturas que ela desconhecia. Expõe Sérgio: "[...] A vivência, a experiência é insubstituível". A fala de Sérgio vem naturalmente ao encontro do que nos diz Merleau-Ponty[261], quando afirma que:

> Retornar às coisas mesmas é retornar a este mundo anterior ao conhecimento do qual o conhecimento sempre fala, e em relação ao qual toda determinação científica é abstrata, significativa e dependente, como a geografia em relação à paisagem – primeiramente nós aprendemos o que é uma floresta, um prado ou um riacho.

A importância do conceito de mediação simbólica em Vygotsky[262] revela "[...] a analogia básica entre signo e instrumento repousa na função mediadora que os caracteriza". A atividade mediada pelo uso da linguagem acessada por Sérgio e Maria Helena possibilitou a instrumentalização do contato com a obra de arte, a acionar nos participantes um processo de *internalização*, o que os levou posteriormente a outras compreensões por meio dos outros sentidos em que a visualidade não daria conta de explicar.

Terceira visitação: poéticas do corpo e multissensorialidade

A terceira visitação aconteceu no dia 10 de abril. A mediação foi coordenada pelo mediador Sérgio Prosdócimo e sua esposa, Sandra Prosdócimo, fundadores do Grupo Gira-Teatro há 20 anos, e desenvolvem o

---

[261] MERLEAU-PONTY, 2006, p. 4.

[262] VYGOTSKY, L. S. (org.). **A formação social da mente**: o desenvolvimento dos processos psicológicos superiores. Tradução de José Cipolla Neto, Luís Silveira Menna Barreto, Solange Castro Afeche. 7. ed. São Paulo: Martins Fontes, 2007. p. 53.

trabalho de oficina intitulado: *A Poética do Corpo: possibilidades estéticas e desdobramentos na arte*. A oficina tem como finalidade promover a reflexão, a conscientização e a valorização do indivíduo por meio da arte, pretendendo a ampliação de suas dimensões criativas, cognitivas, artísticas e poéticas. Para tanto, são utilizadas atividades de dinâmicas multissensoriais, com o auxílio das técnicas teatrais, instigando a expansão de todos os sentidos no palco e para além deste. Sérgio instiga os participantes a se envolverem no trabalho de sensibilização corporal e comenta que foi discípulo da professora Doraci Girrulart[263]. Para os participantes com baixa visão, o casal colocou uma venda nos olhos a fim de provocar o reconhecimento sensorial, com o intuito de igualar as peculiaridades existentes na própria cegueira.

A primeira experiência realizada foi por meio de estímulos sonoros. Sérgio propôs que os participantes resumissem em uma palavra a que tipo de sentimentos aquela experiência os remeteu. Muitos disseram que sentiam "saudades, paz, tristeza, lembranças, ou seja, uma mistura de sentimentos". Após a experiência musical, um dos objetos sonoros chama a atenção dos participantes, foi a ocarina[264]. Sérgio pergunta aos participantes com baixa visão como foi a sensação de ficar com os olhos vendados. Nelson e seu Waldir (Sr. Coca) relataram que não fazia muita diferença, pois quando praticavam esportes (bola, bocha), faziam de olhos vendados. Sérgio e Sandra fizeram um convite à degustação. Alguns relataram suas experiências, evidenciando a textura das frutas e suas relações sensoriais com elas.

Por conseguinte, os participantes vivenciaram o sentido do olfato, por meio dos cheiros de algumas folhas, grãos, perfumes, chás, raízes, temperos e especiarias. O grupo relatou quais os cheiros que foram mais marcantes e como estes lhes ativaram a memória, a relatar suas experiências com a família, remetendo-os a lembranças saudosas, felizes.

---

[263] Doraci Girrulart, artista plástica, ex-professora da Udesc. Foi uma das precursoras de uma nova arte em Florianópolis, entre os anos 70 e 80. Sua prática docente consistia em propor uma prática pedagógica que "colaborasse com a expansão da consciência dos alunos", segundo Sérgio. A referida professora tinha como objetivo em suas práticas propor o corpo como instrumento para fruição e percepção de objetos e obras de arte. Sua proposta midiática seria, então, uma provocação pelos sentidos, explica Sérgio: "a percepção" "do sentir" que todos nós temos, sejamos videntes ou cegos, e que nos faz realizar "experiências". Assim, todos foram convidados a sentir os objetos utilizados na oficina *Poética do Corpo*. Após o contato com objetos, sons, cheiros, sabores, foi solicitado que cada um relatasse sua experiência perceptiva.

[264] Instrumento de cerâmica, um tipo de flauta indígena que o mediador ganhou de um amigo.

Figura 15 – Sérgio explicando a dinâmica da Oficina *Poéticas do Corpo*

Fonte: fotografia de Ana Lúcia Gil, acervo da autora

Depois passaram para uma experiência rítmica, na qual Sérgio batia palmas, provocando a atenção e concentração de todos. Sérgio amarrou uma corda em volta do grupo e pediu para Roseli desatar os nós que uniam os colegas. Os participantes foram passando a rede, de mão em mão, num movimento giratório.

Figura 17 (A, B) – Sequência das atividades de expressão corporal com a rede

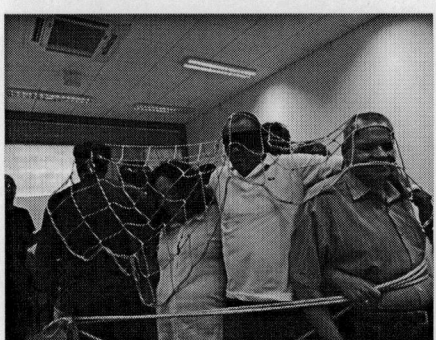 

Fonte: fotografia de Ana Lúcia Gil, acervo da autora

Após a dinâmica da rede, Sérgio propõe um "reconhecimento corporal"[265]. Após o término das vivências, seguiram-se os depoimentos, um deles, o da Dona Fofa chamou a atenção: "Eu conhecia a Lisa há muito tempo, mas não fazia ideia do como era o formato do queixo dela".

Figura 18 (A, B, C, D) – O corpo-cego como obra de arte

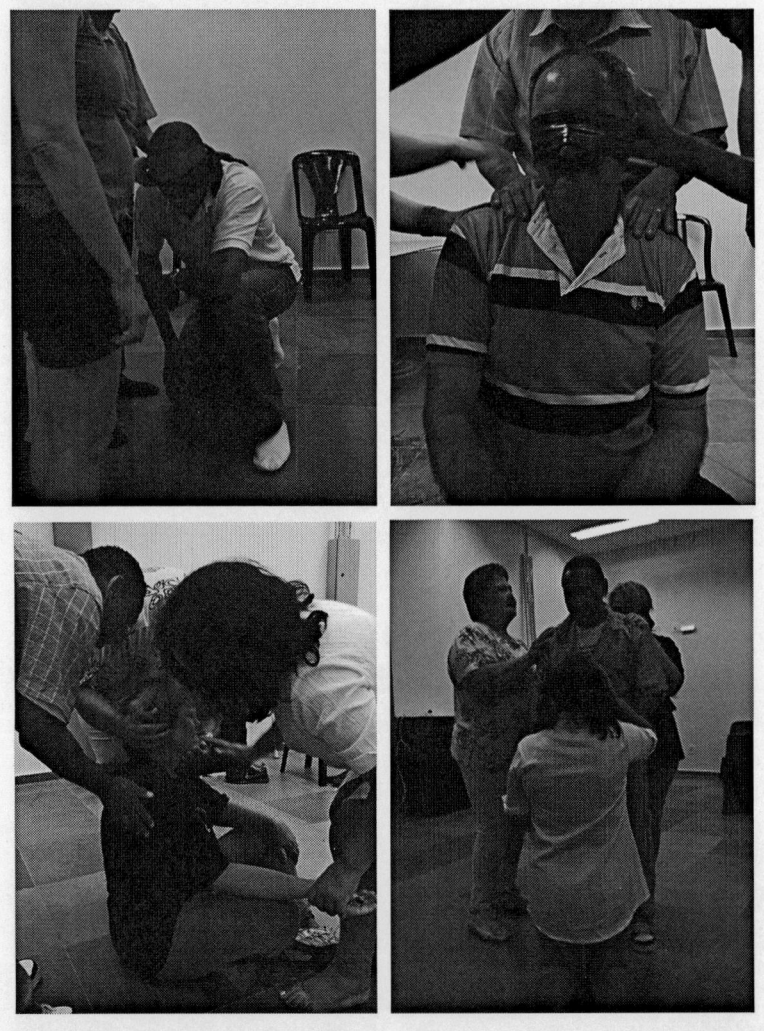

Fonte: fotografia de Ana Lúcia Gil, acervo da autora

---

[265] O colega ao lado deveria tatear a forma do corpo e sentir por meio do toque a textura dos cabelos, rosto, ombros, braços, pernas, ou seja, tangenciar o contorno do corpo do outro a fim de criar referências, reconhecer o outro não apenas pela audição, mas por intermédio de outras modalidades sensoriais.

Nesse momento penso a proposta apresentada por Sérgio em sintonia com as realizadas por Lygia Clark em seu conjunto de obras da série *Objetos Sensoriais* (1966 a 1969). Suas obras *Livro sensorial*, de 1966, e *Luvas Sensoriais*, de 1967, chamam a atenção para a desconstrução de paradigmas em torno da obra de arte, questionando a relação entre a obra e o público, os objetos sensoriais levam a um movimento de retorno a si mesmo, num processo de autorreconhecimento revelador, libertador. Lygia promove uma arte para a vida, para a reflexão e liberdade do ser humano.

Quarta visitação: a obra de Bruno Giorgi e a construção de "máscaras"

A quarta e última visitação ocorreu no dia 17 de abril de 2013, com a presença de dez participantes da ACIC. Os mediadores Sérgio, Maria Helena e Eliane receberam os visitantes, convidando-os a entrar nos espaços do museu com diálogos a respeito das proposições pensadas para essa última visitação. Assim, dirigimo-nos a uma das salas do museu, onde nos deparamos com a obra de gesso de Bruno Giorgi:

Figura 19 – *A máscara e a face* – [195-?]. Bruno Giorgi. Mococa, SP, 1905 – Rio de Janeiro, 1993. Gesso, 90 x 34 x 18 cm. Doação do artista – Acervo Masc

Fonte: fotografia de Hans Denis Schneider[266]

---

[266] Disponível em: http://br2.ndonline.com.br/florianopolis/plural/12762-museu-de-arte-de-santa-catarina-abre-com-duas-exposicoes-nesta-quinta-30-6.html. Acesso em: 18 abr. 2013.

Os participantes ouviram dos mediadores a sua história de vida e trajetória artística. A mediadora explicou que a escultura estava dentro de uma caixa de vidro, o que significava que não poderia ser tocada. Todavia, Maria Helena, Sérgio e Eliane articularam estratégias a fim de possibilitar o "acesso" à escultura, ou seja, realizaram a configuração escultórica com seus próprios corpos, a fim de representar a escultura em gesso do artista Bruno Giorgi.

Figura 20 – Sérgio e Eliane representando a escultura *A máscara e a face*, de Bruno Giorgi

Fonte: fotografia de André Alfredo Alexandrino, acervo da autora

Os participantes foram convidados a tocar na escultura "viva", reproduzida pelos mediadores. O grupo conseguiu captar suas formas, contornos e detalhes, tangenciando o contorno dos seus corpos. Argumentaram que conseguiram imaginar, "visualizar" a escultura de Bruno Giorgi mediante a referida proposta. Os participantes também realizaram a seu modo a representação da estátua de Bruno Giorgi. Realizaram os gestos sugeridos pelos mediadores a partir de diálogos e formaram cada um, na singularidade de sua imaginação, a escultura *A máscara e a face*.

Figura 21 (A, B) – Grupo da Acic representando a escultura *A máscara e a face*, de Bruno Giorgi

Fonte: fotografia de André Alfredo Alexandrino, acervo da autora

A mediação propõe indagações sobre os diversos tipos de máscaras e suas funções, desde as máscaras mortuárias, até as máscaras utilizadas em diferentes profissões e suas múltiplas finalidades. Após discussão sobre as máscaras, os participantes da Acic foram levados para a sala n.º 10, das Oficinas de Arte/FCC/CIC, para dar prosseguimento à outra proposta relacionada com a obra de Bruno Giorgi, na qual a mediadora Eliane Costa estabeleceu interlocuções, realizando um trabalho estético facial com os participantes, apresentando-os aos massoterapeutas Inês e André[267].

Sérgio e Maria Helena declamaram uma poesia cada um. Uma das poesias declamadas foi *O Rosto e a Máscara,* de Eglê Malheiros[268], e a outra poesia, intitulada *O Louco*, pertence ao poeta e artista libanês Khalil Gibran. Após a declamação da poesia, houve uma troca de diálogos com o objetivo de tecer considerações a respeito do conteúdo das poesias e suas vidas. A modelagem facial consistia na limpeza da pele pelos massoterapeutas.

---

[267] Após apresentação do projeto de mestrado para a realização das visitações, geração de protocolo e aceite da Fundação Catarinense de Cultura (FCC), o Núcleo de Arte-Educação (NAE) agendou uma reunião em que discuti os objetivos e intenções das visitações com o grupo da Acic. Os arte-educadores Sérgio, Maria Helena e Eliane agendaram as visitações comigo e me informaram sobre as datas das exposições e propostas de mediação para os alunos cegos. Dentre as proposições, estavam agendadas a visitação à exposição da Clara Fernandes, a visitação ao jardim das esculturas, que por motivos do mau tempo foi readaptada para a estimulação tátil com algumas obras do acervo, e as poéticas do corpo, ministrada por Sérgio Prosdócimo. Uma das proposições para a ação educativa foi ideia de Eliane, que depois de esclarecida a minha proposta de acordo com o projeto apresentado, deu a sugestão para a confecção das máscaras e comentou que conhecia uma pessoa que poderia realizar esse trabalho voltado para o social, referindo-se a Inês. Perguntou-me se a proposição era viável e eu concordei.

[268] Integrante do Grupo Sul na década de 50.

Faixas de gesso eram umedecidas em água com temperatura ambiente e moldadas nas partes do rosto, até preenchê-lo totalmente. É retirado o excesso de gesso com um gel à base de cânfora, dando uma sensação de frescor na pele.

Figura 22 (A, B) – Processo de confecção da máscara realizado pela massoterapeuta Inês Cunha

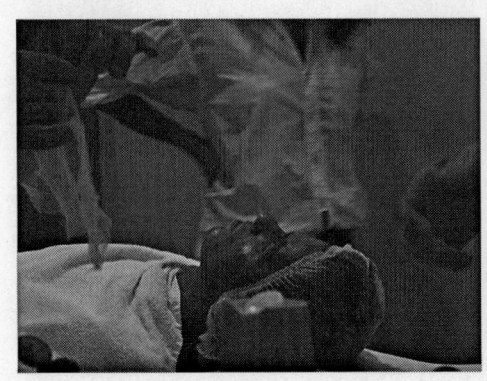 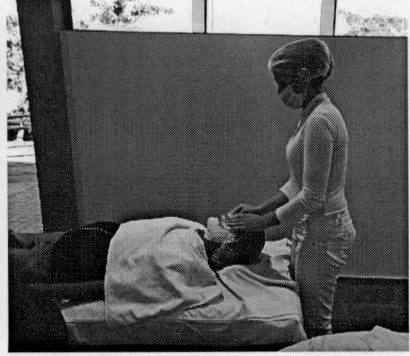

Fonte: fotografia de André Alfredo Alexandrino, acervo da autora

Figura 23 (A, B) – Alunos com as máscaras – endurecimento e retirada

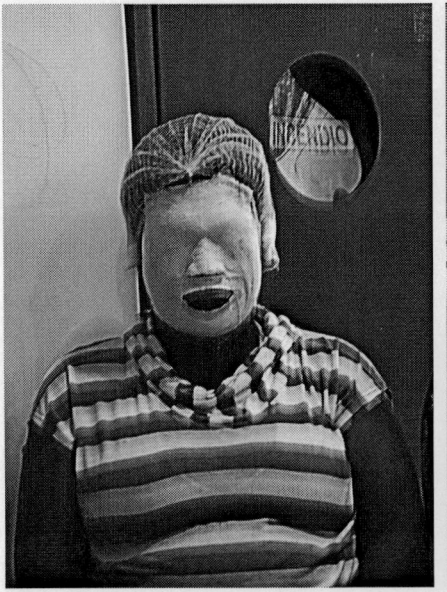 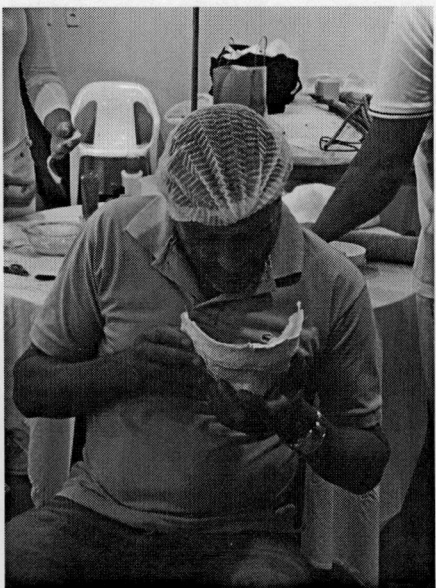

Fonte: fotografia de André Alfredo Alexandrino, acervo da autora

A máscara de gesso formou um molde do rosto, "como impressão", conforme nos fala Didi-Huberman[269]. As singularidades faciais foram impressas nesse suporte, "congelando" um instante. A matriz não só transfere o molde do rosto, como capta algo além, transfere a essência da expressão do ser, aquilo que está para além dos olhos. Ao passar as mãos sobre a máscara e captar seus traços, o corpo cego se envolve numa relação de reconhecimento, de afinidade com sua semelhança, e acaricia seus próprios traços de um modo diferente.

Após o término das visitações, entrevistei os mediadores, bem como os participantes do grupo da Acic. A intenção foi saber dos participantes se a mediação proporcionou-lhes uma experiência significativa.

Maria Helena respondeu-me:

> [...] Em relação às estratégias de mediação, primeiramente, realizamos estudos a partir do material disponibilizado por artistas e curadores referentes às exposições e fazemos pesquisas sobre outras questões que consideramos importante aprofundar. A partir disso, planejamos a mediação, mas não temos uma 'receita pronta'. No acolhimento, sentimos o público e procuramos perceber quem é este outro que está diante de nós para, de acordo com as necessidades e interesses daquele grupo específico, realizarmos uma mediação baseada no diálogo e na troca de saberes para a construção do conhecimento[270].

Sérgio, por sua vez, complementa:

> A mediação começa antes mesmo das trocas dialógicas realizadas nas visitações, principia com o acolhimento do público nos espaços expositivos. O nosso papel é provocar o visitante, instigá-lo ao diálogo, perceber o que eles trazem para a gente, as trocas, os diálogos e suas experiências de vida. [...] Proporcionamos aos estudantes cegos, e com baixa visão, o estímulo na experiência museal com atividades de dinâmicas multissensoriais e técnicas teatrais, por meio de um trabalho de sensibilização corporal configurado de *A Poética do Corpo*. [...] Nesse processo de criatividade poética e composição corpórea, há um estímulo à expansão da consciência e o desabrochar da essência do indivíduo, que se percebe, sente-se e interage com o outro, e também, possibilita o reconhecimento e autodescobrimento de seu próprio corpo, com o contato com o corpo do outro – Interatividade corpórea[271].

---

[269] DIDI-HUBERMAN. **Ante el tempo**: historia del arte y anacronismo de las imágenes. Buenos Aires: Adriana Hidalgo, 2006. p. 108.

[270] Fragmento de diálogo em grupo focal extraído mediante depoimentos orais dos mediadores, escritos pela pesquisadora, realizados após as visitações.

[271] *Idem.*

O grupo focal também foi questionado sobre as visitações realizadas no Masc. Foi perguntado se as propostas de mediação atenderam às suas expectativas em relação à acessibilidade nos espaços expositivos e o contato com a obra de arte, bem como a importância da mediação para a ampliação de conhecimentos e aprendizados mútuos.

Roseli diz:

> Realmente, gostei dessa experiência de se deslocar para a infância, foi muito interessante, uma viagem assim fantástica, sabe [...] Eu gostei muito das máscaras, olha muito legal, saber que eu fui desenhada, deu uma mexida doida na minha cabeça [...].

Sandra expõe:

> Achei muito bom, interessante, sou baixa visão, mas para os cegos foi bem importante, pois deu para eles tocarem nas obras, para visualizar legal, sim! [...] Também gostei muito da obra da Clara Fernandes, é aquela obra, do tear, bem antigo, aqueles cabelos de metal, o chapéu das bruxas, aqueles vestidos. Foi uma exposição muito bacana mesmo. O pessoal comentou que deu para tocar nas obras, isso sim, foi um diferencial, pois a maioria fala que quando vão às exposições não podem pegar nas obras.

Waldir (Sr. Coca) diz: "Aquilo ali me abriu mais a cabeça; eu nunca fui de frequentar museus, depois a gente conversava sobre as peças; para mim foi ótimo aquilo ali! Prefiro voltar mais vezes!"

João Paulo expõe seu depoimento:

> [...] O diálogo dos mediadores foi muito importante. Vamos divulgar bastante para ter mais gente indo lá! [...] Você nos levou para sermos reconhecidos e vocês nos acolheram lá dentro. A união e a força que vocês deram para gente, o reconhecimento com o grupo. Não é só falar para reconhecer as pessoas, o toque para o cego é muito importante [...].

As provocações dos participantes por meio de suas falas instigam os mediadores a estabelecerem relações com o que está sendo problematizado. Segundo Rosa Barbosa[272] "[...] sendo provocado constantemente pelas obras de arte, o participante tece fios narrativos que o levam a estabelecer

---

[272] BARBOSA, M. H. R. **Museus de arte**: desafios contemporâneos para a adoção de políticas educacionais. Orientado por Sandra Regina Ramalho e Oliveira. Florianópolis, 2009. Dissertação (Mestrado em Artes Visuais) – Faculdade de Artes Visuais, Universidade do Estado de Santa Catarina, Florianópolis, 2009. p. 106.

relações com outras imagens, com outros saberes sistematizados e não sistematizados, enfim, com a vida". Compreendo que as mediações centradas na singularidade do visitante, em suas histórias de vida, cultura, contexto social e níveis de compreensão sobre a arte, oportunizam o acolhimento do público ao museu, uma vez que aproximam arte e vida, fazem com que toda a sua história se reestruture por meio da experiência estética.

Considerações finais

Percebi que "ser cego" é uma questão de percepção, de ponto de vista. Acredito que todos nós somos cegos, de certa forma. Dispomos de olhos, mas às vezes, em alguns momentos, não enxergamos o que está à nossa volta, ou, ainda, fazemos questão não "ver" o outro. Os contatos com as pessoas envolvidas, que contribuíram para a concretização do presente texto, foram momentos ímpares, enriquecedores, para entender um pouco mais o mundo do outro: do corpo cego, ou seja, seus desafios, suas essências, embates, formas de estar no mundo. Desse modo, constatei que o "estar no mundo", em que o corpo é pura intencionalidade, independe do aparelho óptico, e que a intencionalidade se traduz mediante expressões, gestos, falas, tato.

Verifiquei que a implementação das políticas e leis de inclusão que pensam a acessibilidade nos espaços públicos culturais para pessoas com deficiências ainda carece de ações efetivas, como as Normas Técnicas de Acessibilidade da ABNT, criada para facilitar a inclusão das pessoas com deficiência visual (pisos táteis, placas de braille, dispositivos sonoros, dentre outros). A ausência dessas normas de acessibilidade implica perdas na fruição estética e no aprendizado dos participantes, por isso enfatizo a importância da integração entre os mediadores e os participantes para a criação, adaptação e desenvolvimento de ações educativas.

Constatei ainda a necessidade do envolvimento entre os vários setores do museu, desde o Núcleo de Arte e Educação até os outros setores que estão envolvidos com as atividades do Museu (curadoria, restauração, oficinas, administração), até os órgãos mais influentes, como a direção. Na referida pesquisa, o Masc atendeu às propostas do projeto de dissertação, promovendo, assim, ações educativas voltadas às necessidades e aos interesses do referido público. Diante da riqueza de experiências realizadas pelas mediações, entendo que, sem estas, os deficientes visuais em foco não se beneficiam com uma relação de experiência significativa frente à obra de arte.

Conforme os depoimentos as propostas de mediação proporcionaram uma vivência diferenciada ao espaço expositivo; a cada fruição estética surge um questionamento a ser discutido, o que implicava numa riqueza de interações, debates, experiências ímpares, pois o corpo cego pôde acessar a obra de arte, contribuindo também para o acesso dos mediadores às obras de arte do acervo. Essa vivência mais próxima e significativa com a obra de arte possibilitou ao corpo-cego experiências singulares, provocou o desejo de ir ao museu novamente, pois perceberam que o espaço expositivo nem sempre é excludente, constituindo-se também num local de acolhimento, de acordo com a proposição de determinado artista e/ou exposição, bem como a viabilização de projetos que priorizem a inclusão e o acesso de pessoas com deficiências nos espaços expositivos.

Referências

ALDEROQUI, S.; PEDERSOLI, C. **La educación en los museos**: de los objetos a los visitantes. Buenos Aires: Paidós, 2011.

AMIRALIAN, M.L., M. L. T. M. **Compreendendo o cego**: uma visão psicanalítica da cegueira por meio de desenhos-estórias. São Paulo: Casa do Psicólogo: FAPESP, 1997.

ASSOCIAÇÃO BRASILEIRA DE NORMAS TÉCNICAS. **NBR 9050**: Acessibilidade a edificações, mobiliário, espaços e equipamentos urbanos. Rio de Janeiro: ABNT, 2004. 97 p.

BACHELARD, G. **A poética do espaço.** Tradução de Antonio da Costa Leal, Lídia do Valle Santos Leal. São Paulo: Abril Cultural, 1974. (Os Pensadores).

BARBOSA, M. H. R. **Entrevista com Maria Helena no Núcleo de Arte-Educação (NAE) do Museu de Artes de Santa Catarina (MASC).** Florianópolis, 24 abr. 2013. Entrevista concedida a Ana Lúcia Oliveira Fernandez Gil, pesquisadora orientanda de mestrado em Artes Visuais. Depoimento oral, escrito pela pesquisadora, revisado por e-mail.

BARBOSA, M. H. R. **Museus de arte**: desafios contemporâneos para a adoção de políticas educacionais. Orientado por Sandra Regina Ramalho e Oliveira. Florianópolis, 2009. Dissertação (Mestrado em Artes Visuais) – Faculdade de Artes Visuais, Universidade do Estado de Santa Catarina, Florianópolis, 2009.

BOGDAN, R. C.; BIKLEN, S. K. **Investigação qualitativa em educação:** uma introdução à teoria e aos métodos. Porto: Porto, 1994. p. 52-97.

CAIADO, Kátia Regina Moreno. **Aluno deficiente visual na escola**: lembranças e depoimentos. Campinas: Autores Associados: PUC, 2003. (Educação Contemporânea).

CEPPI, G.; ZINI, M. (ed.). **Children, Spaces, Relations.** Metaproject for na Enviroment for Young Children. Milão: Reggio Children-Domus Academy Research, 1998.

CLARK, L. **Máscaras sensoriais**: objetos sensoriais, 1967. Disponível em: http://www.lygiaclark.org.br/biografiaPT.asp. Acesso em: 15 abr. 2013.

CLARK, L. **Nós recusamos,** 1966. Disponível em: http://www.lygiaclark.org.br/arquivo_detPT.asp?idarquivo=24. Acesso em: 15 abr. 2013.

DIDI-HUBERMAN. **Ante el tempo**: historia del arte y anacronismo de las imágenes. Buenos Aires: Adriana Hidalgo, 2006.

MERLEAU-PONTY, Maurice. **Fenomenologia da percepção**. Tradução de Carlos Alberto Ribeiros de Moura. 3. ed. São Paulo: Martins Fontes, 2011.

MORAES, F. **Conversa com Fernando**. Entrevista concedida a Ana Lúcia Oliveira Fernandez Gil, pesquisadora orientanda de mestrado em Artes Visuais. Depoimento oral, escrito pela pesquisadora. Curitiba, 16 set. 2011.

MORAES, F. **Entrevista concedida por Fernando**. Entrevista concedida a Ana Lúcia Oliveira Fernandez Gil, pesquisadora orientanda de mestrado em Artes Visuais. Depoimento escrito por e-mail. Curitiba, 1. fev. 2013.

MOREIRA, O. **Entrevista com Odete na UDESC**. Entrevista concedida a Ana Lúcia Oliveira Fernandez Gil, pesquisadora orientanda de mestrado em Artes Visuais. Depoimento oral, gravação CD. Florianópolis, 29 nov. 2012.

MOREIRA, O. **Entrevista na residência de Odete**. Entrevista concedida a Ana Lúcia Oliveira Fernandez Gil, pesquisadora orientanda de mestrado em Artes Visuais. Depoimento oral, gravação CD. Florianópolis, 5 fev. 2013.

OLIVEIRA, M. K. de. **Vigotsky**: aprendizado e desenvolvimento: um processo sócio-histórico. São Paulo: Scipione, 1997.

PORTO, Eline. **A corporeidade do cego**: novos olhares. Piracicaba: UNIMEP: Memnon, 2005.

PROSDÓCIMO, S. **Entrevista com Sérgio no Núcleo de Arte-Educação (NAE) do Museu de Artes de Santa Catarina (MASC)**. Entrevista concedida a Ana Lúcia

Oliveira Fernandez Gil, pesquisadora orientanda de mestrado em Artes Visuais. Depoimento oral, escrito, revisado por e-mail. Florianópolis, 24 abr. 2013.

SANTOS, A. dos. **Entrevista com Adilson na Biblioteca da ACIC.** Entrevista concedida a Ana Lúcia Oliveira Fernandez Gil, pesquisadora orientanda de mestrado em Artes Visuais. Depoimento oral, gravação CD. Florianópolis, 10 abr. 2012.

SEVERINO, A. J. **Metodologia do trabalho científico.** 23. ed. atual. São Paulo: Cortez, 2007.

TOJAL, A. P. da F. **Museu de arte e público especial.** Orientado por Ana Mae Tavares Bastos Barbosa. 1999. Dissertação (Mestrado em Artes) – Escola de Comunicações e Artes, Universidade de São Paulo, São Paulo, 1999.

TOJAL, A. P. da F. **Políticas públicas culturais de inclusão de públicos especiais em museus.** Disponível em: http://www.teses.usp.br/teses/disponiveis/27/27151/tde-19032008-183924/pt-br.php. Acesso em: 17 jan. 2013.

VYGOTSKY, L. S. (org.). **A formação social da mente:** o desenvolvimento dos processos psicológicos superiores. Tradução de José Cipolla Neto, Luís Silveira Menna Barreto, Solange Castro Afeche. 7. ed. São Paulo: Martins Fontes, 2007.

ENSINO DE ARTE PARA PESSOAS COM DEFICIÊNCIA INTELECTUAL: UM OLHAR PARA AS PERSPECTIVAS DE CONSTRUÇÃO CULTURAL

Cláudia Silvana Saldanha Palheta

Introdução

A arte é um importante instrumento de conexão e compreensão de mundo. Por seu caráter de simbolizar e elaborar signos, ela se destaca pelo seu potencial transformador na educação de pessoas com deficiência intelectual, especialmente por contribuir para a constituição cultural desses sujeitos. Tais afirmações nos levam a refletir sobre o papel do ensino de arte na educação dessas pessoas e sobre as formas de ensinar arte para eles.

Ao refletir sobre essas questões, o texto, recorte da dissertação de mestrado[273] da autora, apresenta possibilidades de educação estética que contribuam para o processo criativo e para a construção de subjetividades das pessoas com deficiência intelectual. Versa sobre a prática pedagógica da autora como professora de artes da Associação de Pais e Amigos dos Excepcionais de Belém (Apae Belém), instituição especializada, localizada na cidade de Belém, no Pará, e sobre as bases nas quais está fundamentada essa prática.

Ao trazer o tema aqui, pretende-se contribuir para a valorização do ensino de arte na educação das pessoas com deficiência intelectual e para uma maior iniciativa de proposições pedagógicas desenvolventes, que corroborem o processo de transformação da realidade de apagamento social desses sujeitos.

Nesse sentido, com aporte na abordagem histórico-cultural[274] – que considera a dimensão cultural do sujeito com deficiência –, destacam-se evidências dos aspectos positivos do ensino de arte para o desenvolvimento e a aprendizagem, e a consequente construção cultural do aluno com defi-

---

[273] PALHETA, C. S. S. **O Ensino de arte e o sujeito com deficiência intelectual:** Perspectivas histórico-críticas. Dissertação (Mestrado em Artes) – Universidade do Estado de Santa Catarina, Centro de Artes, Programa de Pós-graduação em Artes Visuais, Florianópolis, 2019.

[274] VYGOTSKY, L. S. **Obras Escogidas, Tomo V.** Fundamentos de defectologia. Madrid: Visor, 1997. 400p.

ciência intelectual, historicamente marginalizado. Na mesma direção, a pedagogia histórico-crítica[275] é trazida no texto como uma importante ferramenta para se pensar a educação de pessoas com deficiência intelectual e a transmissão de conhecimento em um contexto de desigualdades e exclusão social.

Assim, buscando compreender como teoria e prática se relacionam, o primeiro tópico apresenta as bases teóricas e sua importância para a práxis comprometida com a dinâmica social. O segundo tópico traz o relato de experiência e os percursos pedagógicos do Programa de Arte da Apae Belém, em uma ação pedagógica realizada como os alunos, em 2017, apontando assim aspectos positivos e caminhos possíveis para a educação estética de pessoas com deficiência intelectual. No terceiro tópico, apresentam-se os procedimentos metodológicos que guiaram a sequência didática realizada com os alunos. Os trabalhos artísticos produzidos pelos alunos são trazidos no quarto tópico, evidenciando as aquisições dos alunos e a importância da mediação pedagógica intencional no processo de aprendizagem e desenvolvimento da pessoa com deficiência.

Fundamentos para o ensino de arte na educação especial

Historicamente, o ensino de arte na educação de pessoas com deficiência intelectual foi marcado por práticas que consistiam na transmissão de técnicas artísticas ou artesanais, desvinculadas do real sentido da arte e, principalmente, descontextualizadas da realidade concreta dessas pessoas. Tinham um caráter terapêutico-ocupacional, fundado pela concepção clínica, e não social da deficiência, particularmente, nas atividades oferecidas no interior das instituições especializadas.

Foi a partir das diretrizes internacionais, especialmente a Declaração de Salamanca[276], em 1994, que começaram a ocorrer mudanças estruturais nos paradigmas da educação especial, delineando as primeiras ideias para uma educação na perspectiva inclusiva, no Brasil. Desde então, em consequência das reivindicações de movimentos e organizações sociais simpáticas à luta pelos direitos das pessoas com deficiência, foram ins-

---

[275] SAVIANI, D. **Pedagogia Histórico-crítica**: Primeiras aproximações. 11. ed. Campinas: Autores Associados, 2011.

[276] Documento elaborado na Conferência Mundial sobre Educação Especial, em Salamanca, na Espanha, em 1994, que teve como objetivo firmar compromissos mundiais de garantia de acesso ao conhecimento de forma indiscriminada a todas as pessoas, e de fornecer diretrizes básicas para a criação e reforma de políticas e sistemas educacionais mundiais.

tituídas no Brasil diversas políticas públicas, por meio de leis e decretos, que modificaram e implementaram as normas para o ensino de pessoas com deficiência no Brasil.

A partir disso, o ensino de arte na educação especial passou a preconizar o direito de acesso de pessoas com deficiência a conteúdos e práticas relativos à arte e à cultura, que proporcionem experiências que ampliem o conhecimento e possam reverberar em suas práticas cotidianas na sociedade. Isso porque as experiências oportunizadas pelo contato com a arte expandem as possibilidades de interação do sujeito com o mundo e promovem o desenvolvimento humano em suas múltiplas dimensões, estimulando aspectos como autonomia, criatividade, percepção, linguagem e interação social[277]. Essas experiências podem conduzir o sujeito com deficiência intelectual a novas vivências e descobertas, possibilitando maior autonomia de ideias, transformando-os em sujeitos mais atuantes e culturalmente desenvolvidos.

Nesse sentido, o ensino de arte favorece a formação e ampliação de repertório cultural, que poderá repercutir em outras esferas da vida a partir da apropriação e reelaboração por parte dos estudantes. Pedagogicamente, contribui para a construção de significados e leitura de mundo, tornando-se indispensável para o desenvolvimento das funções cognitivas e a consequente constituição cultural do sujeito com deficiência intelectual.

Entendendo a prática pedagógica como mediação / interação social, que resulta no desenvolvimento humano, Vigotski[278] aponta a correlação entre a condição biológica e o ambiente social no processo de aprendizagem e no desenvolvimento das funções mentais superiores. Sinaliza, assim, para as possibilidades de uma prática pedagógica que favoreça o desenvolvimento de pessoas com deficiência intelectual, tendo como base a realidade, a historicidade e as contradições que impulsionam o sujeito à consciência da própria realidade. O autor aponta ainda a cultura como categoria principal para a compreensão do desenvolvimento cognitivo do homem.

> [...] a cultura origina formas especiais de comportamento, modifica a atividade das funções psíquicas, constrói novos níveis no sistema de desenvolvimento do comportamento

[277] KIRST, A. C.; SIMÓ, C. H.; FONSECA DA SILVA, M. C. R. Ensino de arte e inclusão: os desafios do conhecimento. *In:* ENCONTRO DA ASSOCIAÇÃO NACIONAL DE PESQUISADORES EM ARTES PLÁSTICAS. "ENTRE TERRITÓRIOS", 19., 2010. **Anais [...]** Cachoeira, Bahia: Anpap, 2010. p. 1861-1875.

[278] VIGOTSKI, 1995; 1997; 2003. Neste trabalho, optou-se pela grafia "Vigotski" por ser a mais utilizada nas publicações em língua portuguesa e, especialmente, por ser a grafia adotada pelos teóricos da pedagogia histórico-crítica. Todavia, preservou-se, nas citações diretas e referências bibliográficas, a grafia de cada edição, razão pela qual o leitor encontrará outras formas da escrita do nome ao longo do texto.

> humano. É um fato fundamental e cada página da psicologia do homem primitivo que estuda o desenvolvimento psicológico cultural em sua forma pura e isolada, nos convence disso. No processo de desenvolvimento histórico, o homem social modifica os modos e procedimentos de seu comportamento, transforma suas inclinações e funções naturais, elabora e cria novas formas de comportamento especificamente cultural[279].

O pensamento vigotskiano oferece, portanto, importantes contribuições para se compreender o desenvolvimento e os processos de aprendizagem, especialmente em relação às pessoas com deficiência, ao propor experiências educacionais desenvolventes, que possam refletir em transformações concretas na vida dessas pessoas, favorecendo a superação das barreiras sociais da deficiência, promovendo autonomia e inclusão.

A prática pedagógica intencional, elaborada para tal finalidade, é, então, responsável pela aprendizagem mais significativa. Nessa direção, a concepção histórico-crítica entende o processo educativo como processo de trabalho e, por si, é um agente de transformação da própria existência humana e tem o caráter de diminuir diferenças e desigualdades sociais. Compete, à educação e, no contexto deste trabalho, ao ensino de arte, a responsabilidade de transmitir os conhecimentos produzidos histórica e coletivamente pela humanidade, munindo as pessoas das condições estruturantes da própria existência humana. Para Saviani:

> Podemos, pois, dizer que a natureza humana não é dada ao homem, mas é por ele produzida sobre a base da natureza biofísica. Consequentemente, o trabalho educativo é o ato de produzir, direta e intencionalmente, em cada indivíduo singular, a humanidade que é produzida histórica e coletivamente pelo conjunto dos homens. Assim, o objeto da educação diz respeito, de um lado, à identificação dos elementos culturais que precisam ser assimilados pelos indivíduos da espécie humana para que eles se tornem humanos e, de outro lado e concomitantemente, à descoberta das formas mais adequadas para atingir esse objetivo[280].

---

[279] "[...] la cultura origina formas especiales de conducta, modifica la actividad de las funciones psíquicas, edifica nuevos niveles en el sistema del comportamiento humano en desarrollo. Es un hecho fundamental y cada página de la psicología del hombre primitivo que estudia el desarrollo psicológico cultural en su forma pura, aislada, nos convence de ello. En el proceso del desarrollo histórico, el hombre social modifica los modos y procedimientos de su conducta, transforma sus inclinaciones naturales y funciones, elabora y crea nuevas formas de comportamiento específicamente culturales." (VYGOTSKY, L. S. **Obras Escogidas, Tomo III.** Historia del desarrollo de las funciones psíquicas superiores. Madrid: Visor, 1995. p. 19).

[280] SAVIANI, 2011, p. 13.

A pedagogia histórico-crítica entende, portanto, que a educação atua tanto para a transmissão do conhecimento produzido histórica e culturalmente pela sociedade quanto para o desenvolvimento das singularidades dos sujeitos, encontrando aí o ponto de convergência com a abordagem histórico-cultural. Nesse sentido, Ferreira e Duarte esclarecem que:

> Os conteúdos escolares, portanto, possuem uma dupla referência: por um lado a importância que um determinado conhecimento tenha para o gênero humano e por outro importância que esse mesmo conhecimento terá na promoção do desenvolvimento da individualidade[281].

A partir disso, é possível compreender que a educação estética na educação de pessoas com deficiência também pode contribuir para a transformação das condições de participação do sujeito na sociedade. Reside nisso os pressupostos do ensino de arte na perspectiva da pedagogia histórico-crítica.

Contudo, as condições de interação com o ambiente sociocultural influenciam nas construções psíquicas da pessoa com deficiência e, portanto, a condição de exclusão, à qual os sujeitos com deficiência intelectual estiveram subjugados historicamente, silencia suas singularidades, ignorando possíveis potencialidades e a capacidade de atuação e expressão. Nesse contexto, os sistemas educacionais não são neutros e sua estrutura está permeada de intencionalidades pertencentes aos interesses hegemônicos. A dinâmica de produtividade capitalista, por sua vez, impõe barreiras sociais e condições contraproducentes, que impossibilitam o desenvolvimento do potencial criativo e de subjetividades e privam o sujeito com deficiência de participação plena na sociedade.

Por isso, o ensino de arte deve estar inserido em uma concepção de educação, situada social e historicamente, que vise à formação estética do sujeito com deficiência intelectual e possibilite modos de interação e participação na sociedade. Na mesma perspectiva, Fonseca da Silva e Simó refletem que:

> A aprendizagem da arte no âmbito educacional consiste no processo pedagógico onde os alunos constroem saberes culturais e estéticos, mediante reflexões, contextualização, produções e apreciações artísticas os quais possibilitam, a cada indivíduo, interagir com a sociedade na qual está inserido e assim formar-se e desempenhar-se como cidadão[282].

---

[281] DUARTE, 1993; 1996 *apud* FERREIRA; DUARTE, 2011.

[282] FONSECA DA SILVA; SIMÓ, 2008, p. 62.

A defesa da arte como campo específico de conhecimento tem acolhida na pedagogia histórico-crítica na leitura que esta faz das ideias de Vigotski sobre a importância da arte para o desenvolvimento das funções superiores humanas. Nesse caso, "a arte deve causar no ser humano, segundo Vigotski, o impacto necessário para retirá-lo da planura do cotidiano vazio e alienado [...]"[283]. Dessa forma, à medida que o sujeito desenvolve suas funções cognitivas, ele melhora a qualidade da sua interação com o mundo ao seu redor e, embora o desenvolvimento dessas funções possa ocorrer por meios diversos, é a atividade pedagógica organizada para tal finalidade que assume a função formativa do sujeito.

Para Vigotski[284], a mediação intencional possibilita o processo de apropriação da cultura, que, por sua vez, desencadeia o desenvolvimento das funções psíquicas superiores. Sendo assim, pode-se compreender que o ensino da arte é responsável por transmitir o legado cultural historicamente produzido pelos homens, provocando a reflexão, assim como por oportunizar processos criativos e simbólicos, que são favorecidos pelo desenvolvimento das funções mentais superiores.

Dessa forma, pensar o ensino de arte na perspectiva histórico-crítica exige elaborar e organizar práticas pedagógicas desenvolventes e intencionais, para que tenham efeito transformador. O ensino de arte deve, assim, assumir o caráter social, inclusivo e contextualizado, considerando também os próprios contextos históricos e culturais dos sujeitos com deficiência intelectual[285].

É inegável o caráter formativo da arte na constituição humana. Ferreira e Duarte[286] afirmam que a apropriação dos elementos culturais pelos estudantes, por meio dos processos pedagógicos, atua na constituição de sua individualidade e, consequentemente, de sua prática social. Duarte[287] afirma ainda que "a relação do indivíduo com a obra de arte deve ser essencialmente estética e somente pela mediação dessa relação é que a arte pode exercer um papel formativo". Entende-se com isso que: se o princípio da educação é a

---

[283] FERREIRA, N. B. P.; DUARTE, N. As artes na educação integral: uma apreciação histórico-crítica. **Revista Ibero-Americana de Estudos em Educação**, v. 6, n. 3, p. 119, 2011. Disponível em: https://periodicos.fclar. unesp.br/iberoamericana/article/view/5006. Acesso em: 30 ago. 2018.

[284] VIGOTSKI, L. S. **Psicologia Pedagógica**. Tradução de Claudia Schilling. Porto Alegre: Artmed, 2003.

[285] FONSECA DA SILVA, 2012.

[286] FERREIRA; DUARTE, 2011.

[287] DUARTE, N. Arte e formação humana em Lukács e Vigotski. *In:* REUNIÃO ANUAL DA ASSOCIAÇÃO NACIONAL DE PÓS-GRADUAÇÃO E PESQUISA EM EDUCAÇÃO, 31., 2008. **Anais [...]** v. 31, p. 1-15, 2008. p. 12. Disponível em: http://www.anped.org.br/biblioteca/item/arte-e-formacao-humana-em-lukacs-e-vigotski. Acesso em: 30 ago. 2018.

formação integral do sujeito, como forma de prepará-lo em sua totalidade para a vida social, à arte, sendo um sistema simbólico produzido no interior da atividade social humana, cabe o papel de mediar esse processo de construção, conduzindo o indivíduo à percepção de si próprio e à consciência da sua condição social.

Conhecer os processos de desenvolvimento da pessoa com deficiência intelectual à luz da psicologia histórico-cultural e articular essa compreensão com as concepções de ensino na perspectiva da pedagogia histórico-crítica nos possibilita uma maior consciência do processo de ensino-aprendizagem e, consequentemente, do papel do professor na educação desses sujeitos. A consciência desse processo conduz o professor a uma melhor compreensão e elaboração de seus objetivos e práticas pedagógicas, que visem a um ensino efetivamente voltado para o desenvolvimento amplo do sujeito.

As ideias que teorizam a necessidade da arte para a formação humana refletem as preocupações com que esta autora reflete sobre as proposições pedagógicas aqui apresentadas. Dessa forma, busca-se fundamentar e articular essas ideias com as práticas pedagógicas desenvolvidas com um grupo de alunos da Apae Belém, cuja proposta possibilitou, entre outras coisas, oportunidades de sensibilização estética, acesso a obras de arte e o estímulo da criatividade. O relato a seguir apresenta, em uma ponta, o processo pedagógico da autora/professora e, na outra, como se deu a apreensão dos próprios alunos nesse contexto e os resultados alcançados.

Percursos pedagógicos para a formação estética do sujeito com deficiência intelectual

No primeiro semestre de 2017 foi realizada uma atividade pedagógica com um grupo de 20 alunos da Apae Belém, intitulada "Composição com garrafas", cuja sequência didática, dividida em 8 etapas, resultou em um conjunto de 20 trabalhos artísticos. Ao trazer a experiência para este texto, pretende-se refletir sobre os processos pedagógicos envolvidos na proposição, bem como os seus efeitos na produção dos alunos e as possíveis reverberações do ensino de arte na formação estética e cultural de pessoas com deficiência intelectual.

É importante situar o contexto da ação realizada, já que se trata de uma instituição especializada, em que pairam muitas críticas acerca do papel e do peso que essas instituições, historicamente, exercem na educação de pessoas com deficiência intelectual. Embora a importância histórica na construção da luta pelos direitos das pessoas com deficiência intelectual, ao acolher, essas instituições acabaram, ao longo dos anos, também por segregá-las socialmente, processo que se dá pela própria dinâmica da engrenagem social na qual estamos inseridos.

A Apae Belém, fundada na capital do Pará, em 1962, atualmente, oferece serviços à comunidade na área de educação, saúde e assistência social. Na área da educação, atualmente, a instituição atua por meio de programas que atendem aos objetivos do AEE (Atendimento Educacional especializado)[288] e é organizada, dentro da instituição, em forma de programas e faixas etárias e conta com a contribuição de outros campos de conhecimento. O ensino de arte está inserido nesse contexto mediante o Programa de Artes Visuais.

Uma mudança significativa ocorrida no Programa de Artes da Apae Belém, nos últimos anos, foi o reconhecimento da importância da especificidade da arte para o desenvolvimento das atividades, possibilitando, dessa forma, que os alunos tivessem acesso ao conhecimento por meio do ensino de arte, por intermédio de professores da área específica, valorizando assim sua relevância para o desenvolvimento das pessoas com deficiência.

Na visão desta autora, o ensino de arte representa uma possibilidade para a concretização do processo de desenvolvimento global do sujeito com deficiência intelectual, e está inserido numa concepção de educação que compreende o sujeito em suas múltiplas dimensões, que leva em consideração não apenas a deficiência, mas também o meio e as condições materiais para o desenvolvimento e a aprendizagem e em que o professor desempenha função primordial na transmissão de conhecimentos.

Dessa forma, as dificuldades encontradas no percurso do ensino de arte para os alunos da Apae Belém suscitaram questionamentos e reflexões sobre processos pedagógicos que pudessem ser potencialmente desenvolventes para eles, de modo que a mediação e intervenções propostas fossem significativas e colocassem em evidência as possibilidades de inserção cultural a partir da experiência concreta com o meio cultural e demais conexões permitidas por meio do universo da arte. Assim, o objetivo da atividade foi ampliar o repertório cultural dos alunos e oferecer experiências estéticas, das quais eles pudessem se apropriar e, posteriormente, articular com suas

---

[288] O AEE foi instituído no Brasil a partir da Resolução n.º 4, de 2 de outubro de 2009, que determinou as Diretrizes Operacionais para o Atendimento Educacional Especializado na Educação Básica, modalidade Educação Especial (BRASIL, 2009).

próprias experiências concretas de vida, estimulando a percepção, a imaginação e o potencial expressivo, imbuindo-os de autonomia e subsídios para interferir na própria realidade.

No intuito de encontrar alguma direção para o desenvolvimento das atividades, buscou-se, primeiramente, trabalhar a partir dos pressupostos da Abordagem Triangular[289], que interrelaciona a produção artística à leitura da obra de arte e à história da arte, articulando "o fazer", "o ver" e "o contextualizar"[290], buscando as adequações necessárias às necessidades pedagógicas no contexto do AEE. Entretanto, embora essa abordagem fosse a principal referência metodológica da autora para o ensino de arte naquele momento, ela não foi utilizada de forma exclusiva e engessada. Compreender-se-ia, um pouco adiante, que ela havia sido mais uma referência para a organização das ideias, um ponto de partida para elaborar o plano de ação do trabalho, e que seriam necessários outros recursos e procedimentos pedagógicos, pois não existe bula para o ensino de arte para pessoas com deficiência intelectual, sendo necessária uma revisão constante dos percursos e instrumentos, criatividade e, muitas vezes, a reformulação do plano de ação no meio do caminho.

A maioria dos alunos já eram frequentadores antigos do Programa de Artes Visuais e já estavam familiarizados com o espaço e instrumentos de arte, tendo adquirido alguma autonomia no atelier. Ao longo dos anos foram sendo implantadas "estratégias" pedagógicas que não reforçassem características incapacitantes da deficiência, mas que fossem adequadas para atender às necessidades específicas de todos.

Antes de começar qualquer atividade, explicava-se o roteiro da aula e apresentava-se o material que seria utilizado. Algumas técnicas, visando a um resultado mais aprimorado, foram sendo introduzidas gradativamente na rotina das atividades de arte com os alunos. Assim, deixar uma margem no papel para dar enquadramento ao trabalho de desenho ou pintura; utilizar a fita crepe para fixar o papel, evitando que ficasse se movendo sobre a mesa e o trabalho ficasse amassado (estratégia que também ajudava alunos com paralisia cerebral, que tinham dificuldade motora); contornar a silhueta de um desenho com uma cor mais escura ou mais clara para dar destaque e

---

[289] Vale esclarecer que, quando as atividades foram desenvolvidas com os alunos em 2017, a abordagem triangular foi utilizada por ser uma importante referência de ensino de arte no país, sem haver, entretanto, naquele momento, uma reflexão mais profunda sobre questões referentes às suas bases teóricas e os conflitos de ideias existentes entre essa abordagem e pressupostos da abordagem histórico-cultural e da pedagogia histórico-crítica.

[290] Para maior compreensão sobre abordagem Triangular ver as obras de Ana Mae Barbosa: *A Imagem no Ensino da Arte – Anos Oitenta e Novos Tempos* (1991) e *Tópicos Utópicos* (1998).

limitar o objeto pintado etc. foram algumas práticas que foram sendo incorporadas pelos alunos nas atividades do atelier de artes, possibilitando uma melhora estética no trabalho deles, como também a percepção de outros elementos e a construção de novas conexões com a realidade.

Algumas vezes, os alunos perguntavam se deviam ou não fazer o contorno em uma pintura. Na fala deles: "agora tem que fazer aquele 'risco' em volta?" ou "agora vem aquela parte em que a gente pinta por fora, né?". Registros de falas significativas que habitam as memórias de professora e dão sinais do desenvolvimento cognitivo dos alunos. Assim, "aquele risco", "pintar por fora", e outras falas como essas representam a aquisição de algo que não existia antes no comportamento cultural desses alunos e que não pode ser traduzido apenas pelo gesto mecânico da mão sobre o papel, mas por toda a simbologia que acrescenta para as interações desses com o mundo que os circunda. Nesse caso, desenhar o contorno de um objeto não era, necessariamente, uma necessidade primordial no processo, mas a compreensão disso enquanto linha e de seus efeitos estéticos, possibilitando escolhas. A percepção e o domínio da linha, a construção de conceitos, a capacidade de decidir e a qualidade de interação com o outro são apenas algumas dessas aquisições.

Apresentadas algumas possibilidades estéticas para os trabalhos, eles tinham então a possibilidade de escolher como proceder. E, nesse caso, não era mais o contorno, feito ou não por eles, a coisa mais importante, mas todos os efeitos que poderiam ser produzidos neles e por eles a partir dessa aquisição, a construção de suas individualidades e a superação das dificuldades, por meio dos "caminhos alternativos de compensação"[291], favorecidos pelas interações culturais.

O uso dos pincéis também foi um ensinamento e um aprendizado sempre contínuo e gradativo, demonstrando de forma simples e lúdica, permitindo que eles experimentassem as funções de cada tipo de pincel, do mais fino ao mais grosso, do chato ao redondo; os tipos e efeitos de pinceladas, fazendo-os perceber os seus próprios objetivos ao pintar. Descobertas que iam acontecendo no "experimentar" e, na maioria das vezes, a partir da frustração com um trabalho que "não deu certo".

Questões mais técnicas, como essas, precisavam ser continuamente retomadas, não apenas visando a um resultado, mas principalmente para incentivar a participação, estimular a criatividade, a reflexão sobre erros e acertos, criar o hábito, encorajar, reafirmar a capacidade de escolhas, desenvolver aspectos afetivos, a autonomia e a autoestima.

---

[291] VIGOTSKI, 1997, *passim.*

As significações atribuídas socialmente às particularidades da pessoa com deficiência alteram o seu modo de existir e são determinantes de como a enxergamos e a tratamos e de como ela própria se enxerga e constitui sua capacidade de atuar no mundo. Nessa perspectiva, criar uma rotina no atelier de arte foi importante para despersonificar supostas limitações da deficiência; para conhecer e desenvolver o potencial de aprendizagem dos alunos; e para permitir uma familiaridade destes com o espaço e instrumentos de arte, criando assim caminhos de acessibilidade que antes não existiam, para o início de uma efetiva educação estética, reforçando com isso "marcas" positivas de subjetividade e expressividade, que superassem as marcas limitantes da deficiência.

Ao ensinar arte para pessoas com deficiência busca-se, sobretudo, contribuir positivamente para ampliar as dimensões culturais de suas existências e minimizar as barreiras socialmente impostas da deficiência. Pensando com as palavras de Padilha[292], "[...] expandir possibilidades, diminuir limites, encontrar saídas", para que eles possam ressignificar a si mesmos no mundo e atuar efetiva e concretamente em seus contextos sociais.

Procedimentos metodológicos

Durante os meses de abril e maio de 2017, foram trabalhadas questões sobre composição com os alunos do Programa de Arte da Apae Belém, recorrendo, principalmente, a procedimentos que envolviam desenho de observação, apreciação e análise de seis obras do pintor espanhol Pablo Picasso, que tinham a "garrafa" como objeto pictórico.

Participaram 20 alunos com deficiência intelectual e múltipla dos turnos da manhã e da tarde, dos quais sete estavam incluídos no Programa de Atenção à Pessoa com Deficiência Intelectual e Múltipla – Jovem (18-22 anos) –; cinco pertenciam ao Programa de Atenção à Pessoa com Deficiência Intelectual e Múltipla – Adulto (23-29 anos) –; e oito eram do Programa de Atenção à Pessoa com Deficiência Intelectual e Múltipla – Envelhecimento (30 anos e mais).

A escolha da garrafa como elemento central das atividades se deu em função de o objeto carregar um significado cultural com o qual os alunos já estavam habituados, mas que poderia ganhar novos significados a partir do

---

[292] PADILHA, A. M. L. **Práticas pedagógicas na educação especial**: a capacidade de significar o mundo e a inserção cultural do doente mental. 3. ed. Campinas, SP: Autores Associados, 2007. p. 135.

contato com as obras do artista. Nesse percurso, os alunos também seriam oportunizados com histórias, curiosidades e aspectos sobre a vida do artista Pablo Picasso, o estilo de sua obra, a relação desta com o nosso tempo etc.

O objetivo do processo pedagógico não era fazer com que os alunos compreendessem o conceito de uma garrafa, porque, em se tratando de um objeto do cotidiano deles, não havia essa necessidade. Ao utilizar várias obras de Picasso que tinham a garrafa como um elemento pictórico, o objetivo era fazer com que eles pensassem o objeto fora do contexto utilitário ao qual já estavam habituados, partindo do conhecimento espontâneo, da experiência cotidiana em direção a uma experiência mais elaborada, e assim conseguissem enxergá-lo como um elemento estético que poderia ter outros significados por meio da arte. Além disso, as obras de Picasso eram referências concretas de composições artísticas feitas com garrafas, que facilitariam a compreensão dos alunos sobre a atividade prática.

Pelo uso do referencial imagético concreto, a leitura de imagens se constituiu de um recurso facilitador do processo de aprendizagem de pessoas com deficiência intelectual, já que geralmente essas pessoas apresentam dificuldades para assimilar, perceber e significar conceitos abstratos, ou seja, de simbolizar. Nesse sentido, pela sua própria natureza, a arte pode ser compreendida contendo em si os dois conceitos: o da abstração, no sentido das ideias, e do concreto, pela sua figuração e materialidade. Pela sua especificidade, resolve-se e define-se, em si mesma.

O objetivo principal era estimular os alunos a perceberem as possibilidades de composição com o objeto escolhido, a garrafa. A estratégia foi utilizar exemplos concretos, visuais e táteis. Escolheu-se a garrafa por ser um objeto do cotidiano com o qual os alunos estariam familiarizados culturalmente em relação ao conceito, formato e funcionalidade. A utilização das imagens das obras de Pablo Picasso, por sua vez, possibilitava a experiência estética dos alunos e a percepção para as possibilidades de composição com garrafas.

A sequência didática foi elaborada em oito etapas e cada uma delas objetivava um aprendizado que se daria na esfera interativa do ambiente coletivo, mas que culminaria nas produções artísticas individuais, ao final. Os procedimentos metodológicos adotados consistiram de apreciação e leitura de imagens, exibição de vídeo de animação, desenho livre, desenho de observação, pintura, recorte, colagem, roda de conversas e participação colaborativa: em algumas situações, nas atividades práticas recorria-se à colaboração de um aluno mais experiente e mais adiantado para auxiliar o colega com mais dificuldade.

- *Aula 1 – Desenho livre e manipulação do objeto concreto:*

Consistiu em investigar o quanto os alunos estavam familiarizados com o objeto que seria observado. O exercício estimulava a fala, as expressões e manifestações espontâneas. As falas espontâneas demonstraram a familiaridade com um objeto que já tem sua forma e seu uso cultural introjetado no imaginário. O passo seguinte consistiu de desenho livre, de memória. O objetivo da atividade era investigar aspectos do desenho espontâneo dos alunos, a capacidade de desenhar figurativamente "de memória", e as dificuldades emocionais de alguns para superar o "não sei" habitual nas aulas de arte.

Após a atividade de desenho livre, partiu-se para uma atividade com o objeto concreto. Foram apresentadas quatro garrafas de formatos e tamanhos variados para a observação e manipulação. Os alunos eram estimulados a manusear as garrafas, uma a uma, a perceber a forma, a sentir a textura, a temperatura, o peso, o material e outras características que pudessem estar presentes nos objetos.

- *Aula 2 – Desenho de observação:*

O exercício consistiu em dispor as garrafas sobre a mesa para que os alunos as observassem e desenhassem. Foram entregues papel sulfite, lápis HB e lápis-de-cor. As garrafas foram posicionadas sobre a mesa em um campo de visão que também favorecesse a observação de mais de uma pessoa. Os alunos desenharam quantas vezes quiseram, podendo trocar as garrafas observadas.

O exercício de observação, de forma orientada, permitia que os alunos percebessem as linhas, a proporção, o volume, a cor, os reflexos de luz e sombra do objeto, embora não o desenhassem de tal forma. Os alunos que demonstravam mais desenvoltura com o desenho eram estimulados a perceber outras possibilidades do uso da linha, como para acrescentar volume e perspectiva ao objeto, por exemplo, e outros detalhes, como sombra, textura etc. Assim, iam sendo acrescentadas, gradativamente, novas dificuldades às atividades, que desafiavam os alunos a desenvolver habilidades e encontrar soluções.

O segundo exercício de observação consistiu em fazê-los perceber a garrafa em relação a outro objeto, formando uma composição, observando-se assim a relação de proporção entre os objetos, sobreposição de planos etc. (Figura 1).

Figura 1 – Desenho de observação

Fonte: acervo da autora Cláudia Silvana Saldanha Palheta, 2017

O objetivo principal aqui não era, necessariamente, que os alunos conseguissem desenhar a garrafa ou a composição apresentada, mas principalmente aguçar suas percepções; que conseguissem enxergar o objeto por outros ângulos e pudessem "brincar" e se apropriar dele artisticamente em seus trabalhos; e que esses trabalhos pudessem engendrar outras conexões com o mundo, capazes de produzir neles novos sentimentos e novas falas a respeito de si mesmos e daquilo que realizaram.

- *Aula 3 – Composição:*

A atividade da terceira aula não fazia parte do projeto inicial. Surgiu no meio do processo, em decorrência da dificuldade que alguns alunos apresentaram para desenhar a garrafa ou a composição apresentada.

Nessa atividade, os alunos tinham que pintar e recortar os desenhos que haviam feito das garrafas, separadamente, na aula anterior. Para aqueles que não haviam conseguido desenhar, foram entregues algumas cópias impressas de desenhos feitos pela própria professora, com base nos modelos das garrafas apresentadas no primeiro exercício. Eram desenhos com formas simplificadas das garrafas, feitos a partir das formas geométricas. Desse jeito, era possível também fazê-los perceber a constituição dos objetos a partir das formas, e isso facilitaria, nas aulas seguintes, a compreensão das obras cubistas de Picasso. Os desenhos feitos na aula anterior foram entregues aos seus respectivos autores e os que ainda não haviam desenhado receberam o desenho impresso feito pela professora. Foram entregues também lápis de cor, uma folha extra de papel sulfite, e as tesouras. Os que não conseguiam manipular a tesoura eram ajudados pelos colegas mais experientes.

Os alunos pintaram com lápis de cor e, depois, recortaram os desenhos das garrafas. Feitos os recortes, cada aluno tinha em mãos dois ou três desenhos de garrafas recortadas e a folha de papel sulfite. Com os recortes em mãos, tinham que organizá-los sobre o papel sulfite, na mesma disposição da composição arrumada sobre a mesa, observando a posição em que estavam arrumadas as garrafas, uma em relação à outra. Trocava-se a posição das garrafas sempre que todos haviam conseguido realizar a tarefa, experimentando uma infinidade de composições e sobreposições, primeiro com duas, depois com três garrafas.

- *Aula 4 – Leitura de imagens:*

Foram apresentadas seis obras do pintor Pablo Picasso (Figura 2), organizadas em pranchas de tamanho A4. Esse foi o momento em que os alunos puderam fazer a conexão dos exercícios que haviam realizado nas aulas anteriores com as obras do pintor Pablo Picasso.

O critério para a escolha das imagens foi a presença do elemento "garrafa" na composição. Assim, todas as obras escolhidas eram "naturezas-mortas"[293] do período cubista, produzidas por Pablo Picasso entre os anos de 1908 e 1926. A disposição das imagens não obedecia uma ordem cronológica. A sequência exibida foi organizada para que os alunos pudessem perceber o percurso feito pelo artista entre o figurativo e a desconstrução/fragmentação. Encerrou-se a atividade com a exibição de um curta de animação[294] feito a partir da obra cubista, intitulada *Guitar*[295], que permitiu observar o processo de fragmentação em uma obra de Picasso.

---

[293] Natureza-morta é um gênero de pintura em que se representam coisas ou seres inanimados, como frutas, louças, instrumentos musicais, flores, livros, taças de vidro, garrafas, jarra etc.

[294] Vídeo: Painter 7. Vídeo de animação. 55 segundos. Autora: Ana Catarina Almeida. Disponível em: https://www.youtube.com/watch?v=_VM0awB1IEg. Acesso em: 5 mar. 2022.

[295] *Guitar,* 1913. Título em inglês. Em português, o mesmo que "violão".

Figura 2 – Conjunto de obras de Pablo Picasso utilizadas na atividade

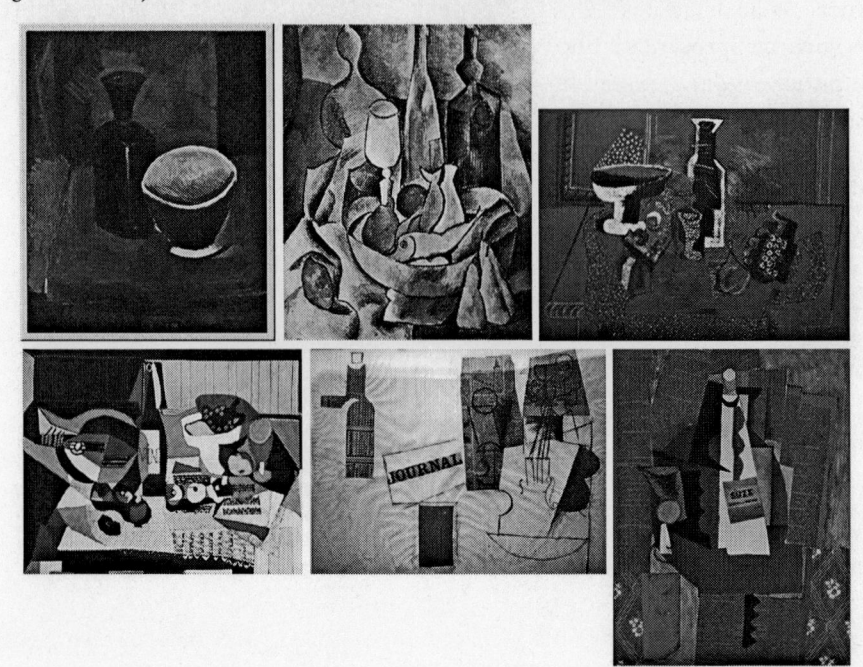

Fonte: compilação da autora, feita a partir de imagens de obras de Pablo Picasso[296], coletadas em vários sites

- *Aula 5 – Colagem:*

Foram disponibilizados tesoura, cola, recipientes para colocar cola, panos para a limpeza das mãos, impressões com imagens de garrafas, revistas, diversos tipos de papéis, e os desenhos das garrafas que os próprios alunos haviam produzido nas aulas anteriores. Cada aluno também recebeu uma folha de papel do tipo canson, de tamanho A4, que seria o suporte das colagens (Figura 3). Os alunos foram relembrados dos aprendizados das aulas anteriores e das leituras das obras de Picasso, reforçando aquilo que mais tinha despertado a atenção deles – a fragmentação dos objetos, a sobreposição de elementos, as cores, a linha de contorno em algumas obras etc.

---

[296] As descrições das obras de Picasso apresentadas na Figura 5 seguem a seguinte sequência da esquerda para a direita – título (traduzido), ano e localização: 1) *Tigela verde e garrafa preta*, 1908. Museu Hermitage Estadual, Rússia. 2) *Natureza morta com peixe e garrafas*, 1908. LaM, Lille Metrópole, França. 3) *Natureza morta verde*, 1914. MoMA, N.Y., E.U.A. 4) *A garrafa de vinho*. 1926. Fondation Beyeler, Besel, Suíça. 5) *Garrafa, copo e violino*. 1912-1913. Museu de Arte Moderna de Estocolmo, Suécia. 6) *Copo e garrafa de Suze*, 1912. The Albrecht-Kemper Museum of Art, Saint Joseph, E.U.A.

Figura 3 – Alunos em atividade na aula 5

Fonte: acervo da autora

- *Aula 6 – Pintura:*

Na aula seis, propôs-se a pintura sobre as colagens elaboradas na aula anterior. Disponibilizou-se porções de tinta de todas as cores, distribuídas em pequenas vasilhas. A escolha do material utilizado influenciou, significativamente, na estética dos trabalhos, embora o resultado não fosse o principal, mas o próprio processo em sua totalidade. O papel canson e o uso da tinta acrílica contribuíram para a qualidade visual, afinal, a escolha do material, dos insumos, dos instrumentos, também é uma parte importante de qualquer processo artístico. E é responsabilidade do professor decidir quais materiais são mais adequados a cada faixa etária e atividade que vai desenvolver com os seus alunos. Nesse caso, escolheu-se trabalhar com a tinta acrílica, porque os alunos eram da faixa etária adulta e não foi identificado entre eles nenhum caso de alergia. Ressalta-se, nesse sentido, que as escolhas do professor envolvem, também, a preocupação com o bem-estar e saúde dos alunos.

O processo de pintura com tinta envolvia muitos conhecimentos, domínio de habilidades e concentração. Envolvia também escolhas e decisões: dos pincéis, das cores, da hora de saber parar e definir quando o trabalho está pronto. Este último, um dos mais difíceis para os alunos. Muitos deles tinham dificuldade de decidir quando o trabalho estava pronto, o que, algumas vezes, ocasionou a "perda" de um trabalho.

Podia acontecer que, numa distração, uma experiência artística se transformasse em uma possível frustração para o aluno. E nessa hora era preciso tentar "salvar" o trabalho ou até mesmo começar tudo de novo, já que o erro também era aprendizado.

Algumas vezes, havia a necessidade de se buscar soluções, junto aos alunos, para a finalização dos trabalhos. O que ocorria sempre que eles apresentavam dificuldades, dúvidas ou uma ideia, mas que não sabiam como executá-la. Considerar as ideias do próprio aluno e, às vezes, até executá-las para eles, quando a tarefa é complexa, não subtrai a autoria do aluno, quando se respeita as suas vontades e decisões.

Figura 4 – Aluna em atividade

Fonte: acervo da autora

- *Aula 7 – Conclusão dos trabalhos:*

A sétima aula foi destinada à finalização e ao acabamento dos trabalhos, já que a maioria dos alunos necessitava de mais tempo para concluí-los. Foi o momento de olhar para os trabalhos juntos, analisar o que podia ser melhorado ou modificado etc. A condução do olhar para o trabalho foi feita coletivamente, mas sobre o trabalho individual de cada um. Surgiram, dessas observações, as pinceladas de contorno, efeitos que se assemelhavam a detalhes identificados nas obras de Picasso etc. Alguns alunos, ao observarem os trabalhos dos colegas, decidiram fazer alterações nos seus próprios trabalhos, acrescentando mais figuras de garrafas ou acrescentando algum detalhe que não havia antes. Apesar disso, observa-se que não é possível identificar entre os trabalhos nenhum que se assemelhe a outro. É marcante a singularidade dos trabalhos como traços das subjetividades de cada aluno. Todos os trabalhos se constituem como únicos, dando indicativos das preferências, dificuldades e habilidades individuais, trazendo à luz as personalidades invisibilizadas pela deficiência.

- *Aula 8 – Exposição dos trabalhos e avaliação do processo:*

A oitava aula se constituiu da finalização de todo o processo e se deu com um varal expositivo com todos os trabalhos, dentro do próprio espaço de atelier, onde as famílias puderam ver os trabalhos produzidos. Os trabalhos foram expostos pendurados em um varal montado nas paredes do atelier. Foi o momento em que todos puderam apreciar e falar sobre os próprios trabalhos e sobre os trabalhos dos outros.

No processo do ensino de arte para pessoas com deficiência intelectual, há que se considerar todos os avanços relativos ao desenvolvimento das funções superiores, sendo relevante, nesse caso, toda a subjetividade empregada pelo aluno, manifestada em suas ideias e escolhas artísticas, mesmo quando este ainda não adquiriu o aprendizado prático necessário para a sua execução.

Entretanto, avaliá-los quanto às suas aquisições não inclui olhar apenas para um aspecto único e pontual, focado apenas em uma ação ou atividade. Esse é um processo gradativo e contínuo, em que a avaliação dos resultados, alcançados ou não, em uma ação, projeto pedagógico ou sequência didática, só é possível olhando-se para a totalidade dos fatores que envolvem a educabilidade da pessoa: nesse caso, sua trajetória no Programa de Artes Visuais (e não apenas em uma atividade isolada); o que conseguia realizar antes, quando ingressou no programa e o que consegue realizar hoje; as contribuições dos demais programas que o aluno frequenta no AEE da Apae; o contexto de sua realidade concreta, relações familiares etc.

Quando um aluno consegue expressar suas ideias, ele reproduz o conhecimento adquirido por meio das interações constituídas no ambiente social. Entretanto, essa ação não é passiva, pois perpassa toda a existência do sujeito, que infere, soma, organiza, faz associações, e reelabora ideias e conceitos em significados estéticos, colocando em prática a criatividade, inerente da ação humana, resultante das oportunidades compartilhadas no meio cultural. E, nesse caso, é função do professor de artes saber estimular a expressão dessas ideias e provocar experiências estéticas significativas que estimulem a criatividade, sendo necessário que também ele seja criativo em suas proposições pedagógicas.

Fernandes e Anache[297], fundamentadas em Vigotski, entendem que a criatividade no trabalho pedagógico é uma atividade do desenvolvimento humano que demanda consciência de mundo, para que possa provocar o sujeito em direção a novas descobertas que se constituam como significativas para o processo de desenvolvimento, o que, por sua vez, se constitui por meio das interações sociais. Estando, portanto, a atividade criativa, vinculada às experiências concretas de vida.

Dewey[298] diz que uma experiência, por si só, pode ser intensa, mas que ela pode ficar limitada em si mesma, "sem ter grande profundidade ou largueza" devido à falta de experiências anteriores. O que faz muito sentido, se considerarmos que todo fazer é constituído de experiências acumuladas. Entretanto, em relação às ideias sobre o desenvolvimento da criança, o que difere o pensamento de Dewey do pensamento de Vigotski nessa questão, está na ênfase que aquele autor dá ao "fazer" individualizado, valorizando a experiência adquirida pelo empirismo subjetivo, muito mais do que pelos processos educacionais. Vigotski, todavia, considera que as experiências são acumuladas por meio da interação social, ressaltando o aprendizado socialmente elaborado e a importância do papel do professor no processo de ensino[299].

Nesse sentido, o processo de avaliação torna-se tão importante quanto o processo pedagógico, em si. É ela que nos dará parâmetros para: analisar o desenvolvimento do aluno e conhecê-lo melhor; avaliar os êxitos ou fracassos de uma atividade e, também, para planejar novas proposições pedagógicas. Anache e Resende[300] concebem que uma avaliação processual possibilita potencializar ou limitar os processos de aprendizagem, porque permite conhecer melhor o aluno em relação ao conjunto de fatores que envolvem sua educabilidade, "visando ao aperfeiçoamento e à construção de metodologias mais próximas das possibilidades de aprendizagem"[301].

---

[297] FERNANDES, V. L. P.; ANACHE, A. A. O necessário debate sobre a criatividade no trabalho pedagógico do professor de arte. *In:* CONGRESSO BRASILEIRO MULTIDICIPLINAR DE EDUCAÇÃO ESPECIAL, 4., 2007. **Anais [...]** Londrina: IV Congresso Brasileiro Multidisciplinar de Educação Especial, 2007.

[298] DEWEY, J. **Arte como experiência.** São Paulo: Martins Fontes, 2010. p. 123.

[299] VIGOTSKY, L. S. **Imaginação e criação na infância**. São Paulo: Ática, 2009; VYGOTSKY, L. S. **A formação social da mente**. 4. ed. São Paulo: Martins Fontes, 1991.

[300] ANACHE, A. A.; RESENDE, D. A. R. Caracterização da avaliação da aprendizagem nas salas de recursos multifuncionais para alunos com deficiência intelectual. **Revista Brasileira de Educação**, v. 21, n. 66, p. 569-591, 2016.

[301] *Ibidem*, p. 574.

Ao avaliar os alunos da Apae Belém não se pretendia identificar suas deficiências. Se as particularidades deles importavam em algum momento, não era no sentido de classificá-los, mas de reconhecer suas especificidades e/ou individualidades, que de alguma forma se imprimem nas produções artísticas. E se as dificuldades de aprendizagem devem ser consideradas importantes é, principalmente, no sentido de avaliar também a prática pedagógica, reelaborar estratégias e objetivos, identificar as dificuldades docentes. E dessa forma, fazer e refazer continuamente escolhas pedagógicas que sejam desenvolventes e significativas para o aprendizado dos alunos.

A produção artística dos alunos

Não se pode olhar para os resultados artísticos produzidos pelos alunos da Apae Belém (Figura 5), sem considerar as interações e aprendizagens construídas na convivência do atelier de artes. Para além da experiência pedagógica com as garrafas, relatada neste texto, é preciso considerar o processo longo e gradual de experiências anteriores que permitiram que a professora os conhecesse e assim elaborasse e reelaborasse, constantemente, as proposições e objetivos das aulas de artes.

Os trabalhos concretos, resultantes do processo pedagógico em arte, são trazidos aqui, no intuito de perceber como as experiências em arte, somadas às próprias experiências de vida, desdobram-se na visualidade das produções artísticas. Não era um objetivo que os alunos produzissem trabalhos de releitura ou com referências cubistas, como as apresentadas a eles. Ao mostrar a eles as obras do pintor Pablo Picasso, o objetivo era, primeiramente, ampliar o repertório visual e cultural e estimular a percepção para as várias formas de se tratar e se falar artisticamente de um objeto do cotidiano, imbuindo-os de referências e subsídios para que pudessem partir para suas próprias produções com criatividade e autonomia.

A visualidade das obras dá indícios de seus sujeitos autores, pois nelas estão impressos os traços de individualidades e, portanto, a subjetividade de cada um. Os processos mentais que envolvem o fazer artístico são determinantes desses resultados, e sua análise permite compreender como o processo pedagógico repercutiu no desenvolvimento das funções mentais necessárias à apreensão artística; como modificou, ou não, comportamentos e percepções, considerando o que já era percebido anteriormente na personalidade dos alunos.

Figura 5 – Compilação dos 20 trabalhos produzidos pelos alunos

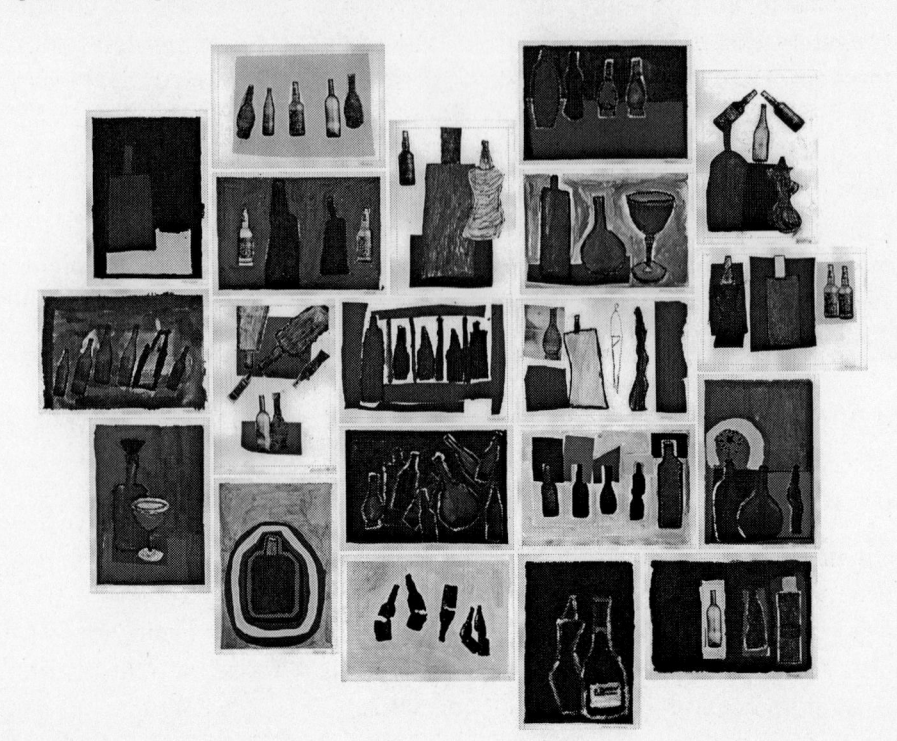

Fonte: acervo da autora

Considerações finais

Defender o ensino de arte na educação de pessoas com deficiência intelectual significa assumir a responsabilidade docente na transmissão de conteúdos significativos e desenvolventes, que leve em consideração o contexto social no qual estão inseridos esses sujeitos, assumindo assim uma postura crítica diante da prática pedagógica.

Nesse sentido, tanto a psicologia histórico-cultural quanto a pedagogia histórico-crítica consideram a dimensão histórica e cultural da pessoa com deficiência. Ambas as teorias também atribuem importância ao papel do professor no processo de ensino-aprendizagem. A psicologia histórico--cultural defende sua importância na condução e mediação de atividades que favoreçam o desenvolvimento da funções mentais superiores da pessoa com deficiência intelectual, o que possibilitará a sua constituição cultural. A pedagogia histórico-crítica defende a essencialidade da mediação pedagógica na transmissão intencional e sistemática de conhecimentos históricos, visando à sua apropriação por parte dos indivíduos, à sua atuação mais dinâmica na sociedade e a uma consequente transformação social.

Dessa forma, a pedagogia histórico-crítica também contribui para se pensar a importância do ensino de arte para pessoas com deficiência intelectual como um desafio da práxis pedagógica, voltada para socialização do conhecimento produzido histórica e coletivamente pela humanidade, por meio de uma educação humanizada, sistematizada e igualitária, objetivando a transformação da realidade concreta dos indivíduos.

Na experiência relatada neste texto, percebeu-se que a mediação pedagógica intencional é capaz de ampliar as possibilidades de protagonismo da pessoa com deficiência. Como se sabe, as condições de interação com o ambiente sociocultural influenciam sobremaneira nas construções psíquicas superiores da pessoa com deficiência e são determinantes para o desenvolvimento de subjetividades e de potencialidades criativas.

O ensino de arte se insere, portanto, no conjunto das possibilidades pedagógicas para o desenvolvimento da subjetividade e criatividade da pessoa com deficiência. É necessário, porém, que não se enxergue a pessoa com deficiência fora dos padrões da sociedade, mas que se considere suas particularidades e, principalmente, as possibilidades de seu protagonismo social. A arte tem a capacidade de impactar o indivíduo não apenas em sua dimensão individual, mas sobretudo é um importante elo de aproximação e identificação social, favorecendo a coletividade e a compreensão da realidade. E não há como desvincular o aprendizado do processo de ensino constituído objetivamente pela ação de ensinar.

Não escapa, nesse contexto, a consciência acerca das contradições e do desafio que foi/é ensinar arte para pessoas com deficiência a partir da perspectiva crítica, considerando a realidade da instituição especializada; de que uma educação estética que provoque efetiva percepção de mundo, tornando o sujeito capaz de transformar a própria realidade, não depende de uma única ação, mas é algo que demanda tempo, persistência, continuidade e a transformação de toda a estrutura na qual está inserido.

Os trabalhos artísticos dos alunos apresentaram-se bastante expressivos, mas é necessário observá-los não apenas do ponto de vista dos resultados em si, mas como procedimentos, escolhas e trajetórias, considerando, sobretudo, as condições concretas, determinantes das subjetividades de seus autores.

Referências

ANACHE, A. A.; RESENDE, D. A. R. Caracterização da avaliação da aprendizagem nas salas de recursos multifuncionais para alunos com deficiência intelectual. **Revista Brasileira de Educação**, v. 21, n. 66, p. 569-591, 2016.

DEWEY, J. **Arte como experiência.** São Paulo: Martins Fontes, 2010.

DUARTE, N. Arte e formação humana em Lukács e Vigotski. *In:* REUNIÃO ANUAL DA ASSOCIAÇÃO NACIONAL DE PÓS-GRADUAÇÃO E PESQUISA EM EDUCAÇÃO, 31., 2008, Caxambu. **Anais [...]** Caxambu: ANPEd, 2008. v. 31, p. 1-15. Disponível em: http://www.anped.org.br/biblioteca/item/arte-e-formacao-humana-em-lukacs-e-vigotski. Acesso em: 30 ago. 2018.

FERNANDES, V. L. P.; ANACHE, A. A. O necessário debate sobre a criatividade no trabalho pedagógico do professor de arte. *In:* CONGRESSO BRASILEIRO MULTIDISCIPLINAR DE EDUCAÇÃO ESPECIAL, 4., 2007, Londrina. **Anais [...]** Londrina: UEL, 2007.

FERREIRA, N. B. P.; DUARTE, N. As artes na educação integral: uma apreciação histórico-crítica. **Revista Ibero-Americana de Estudos em Educação,** v. 6, n. 3, p. 115-126, 2011. Disponível em: https://periodicos.fclar.unesp.br/iberoamericana/article/view/5006. Acesso em: 30 ago. 2018.

FONSECA DA SILVA, M. C. R. Imagens do outro na pintura: reflexões acerca do Ensino de Arte inclusivo. *In:* NUNES, A. L. R. (org.). **Artes visuais, leitura de imagem e escola.** Ponta Grossa: Editora UEPG, 2012. v. 01, p. 311-328.

FONSECA DA SILVA, M. C.; SIMÓ, C. H. Objetos pedagógicos/atividades lúdicas para a compreensão da arte e para a inclusão sócio-cultural. **DAPesquisa**, Florianópolis, 2008. v. 3 n. 5, p. 61-70. Disponível em: http://revistas.udesc.br/index.php/dapesquisa/article/view/15343. Acesso em: 7 jan. 2019.

KIRST, A. C.; SIMÓ, C. H.; FONSECA DA SILVA, M. C. R. Ensino de arte e inclusão: os desafios do conhecimento. *In:* ENCONTRO DA ASSOCIAÇÃO NACIONAL DE PESQUISADORES EM ARTES PLÁSTICAS. "ENTRE TERRITÓRIOS", 19., 2010. **Anais [...]** Cachoeira, Bahia: Anpap, 2010. p. 1861-1875.

PADILHA, A. M. L. **Práticas pedagógicas na educação especial:** a capacidade de significar o mundo e a inserção cultural do doente mental. 3. ed. Campinas, SP: Autores Associados, 2007.

PALHETA, C. S. S. **O Ensino de arte e o sujeito com deficiência intelectual:** Perspectivas histórico-críticas. Dissertação (Mestrado em Artes) – Universidade do Estado de Santa Catarina, Centro de Artes, Programa de Pós-graduação em Artes Visuais, Florianópolis, 2019.

SAVIANI, D. **Pedagogia Histórico-crítica**: Primeiras aproximações. 11. ed. Campinas: Autores Associados, 2011.

VIGOTSKI, L. S. **Psicologia Pedagógica.** Tradução de Claudia Schilling. Porto Alegre: Artmed, 2003.

VIGOTSKY, L. S. **Imaginação e criação na infância**. São Paulo: Ática, 2009.

VYGOTSKY, L. S. **A formação social da mente.** 4. ed. São Paulo: Martins Fontes, 1991.

VYGOTSKY, L. S. **Obras Escogidas, Tomo III.** Historia del desarrollo de las funciones psíquicas superiores. Madrid: Visor, 1995.

VYGOTSKY, L. S. **Obras Escogidas, Tomo V.** Fundamentos de defectologia. Madrid: Visor, 1997. 400p.

ENSINO E APRENDIZAGEM DO PIANO: UM ESTUDO SOBRE MATERIAIS ADAPTADOS PARA ALUNO COM PARALISIA CEREBRAL

Mara Sintique Del Guerra Valério
Regina Finck Schambeck

Introdução

Nos processos de ensino e aprendizagem do piano, as buscas constantes pelo virtuosismo e pela alta performance na execução de peças de compositores como Bach, Beethoven, Chopin, entre outros, podem ser fatores responsáveis por afastar alunos considerados não talentosos ou com deficiência. Sendo assim, o presente capítulo originou-se a partir da pesquisa realizada sobre os processos de ensino e aprendizagem do piano para aluno com hemiplegia espástica esquerda (HEE), considerada uma variável da paralisia cerebral (PC), compreendendo esse saber na construção e na proposição das transformações necessárias para as práticas de ensinar e aprender em contexto inclusivo. Será discorrido sobre a ação pedagógica de uma professora de música ao elaborar materiais adaptados para que o aluno pudesse frequentar as aulas de piano e ser integrado às aulas da banda da escola junto aos demais alunos. Portanto, o capítulo aborda a necessidade de um novo olhar para aqueles alunos que desejam aprender o instrumento piano em outra perspectiva: a de ser um instrumento inclusivo, abrindo espaço para uma investigação no campo da educação musical na perspectiva da inclusão.

A PC é apontada por Rosenbaum *et al.*, Dini e David, Shields *et al.* e Morris[302] como desordenação permanente do desenvolvimento do movimento e da postura, ocasionando a limitação das atividades e distúrbios no cérebro fetal ou infantil. Os autores mencionados discorrem que a PC pode ocorrer quando há complicações na gravidez ou quando há disfunções cerebrais, como acidente vascular cerebral (AVC) ou esclerose. A HEE é uma variável da PC que atinge um lado do corpo, deixando-o debilitado. No entanto, classificar a PC em distintos grupos não é simples e requer parâmetros diferentes, dependendo das características escolhidas como

---

[302] ROSENBAUM *et al.*, 2007; DINI; DAVID, 2009; SHIELDS *et al.*, 2007; MORRIS, 2007.

base para a classificação. Compreender os efeitos que a PC pode causar no desenvolvimento das funções cerebrais e motoras trouxe enriquecimento das informações do desenvolvimento cognitivo e físico que, somadas à literatura sobre o ensino do piano e à adaptação das partituras para pessoas com PC, constituiu nosso escopo de trabalho.

Foram encontrados temas similares em Farias e Oliveira; e Guerra[303], que mostram quais benefícios motores e cognitivos a música pode promover para as pessoas com paralisia cerebral. Para que a gama de informações fosse aprofundada, encontrou-se suporte nos autores Rolfe, Power e Dorothy McCormack; Ockelford, Welch e Zimmerman; Schambeck; Mendes, Silva e Schambeck; Ockelford; Rolfe; e Ockelford[304], que salientam a inclusão dos alunos com deficiência nos processos de ensino e aprendizagem musical, respeitando as subjetividades e ressaltando as capacidades desses estudantes.

Sendo assim, após a compreensão das produções literárias sobre a temática pesquisada e das práticas e abordagens que podem ser utilizadas na educação musical para pessoas com deficiência, buscou-se embasamento na prática reflexiva por ser um referencial que traz a proposta da reflexão na ação passada, na ação presente e na ação futura, com base nos autores Schön; Alarcão; Pimenta; e Zeichner[305]. Zeichner[306] aponta que a reflexão pode ser interpretada como uma maneira de reação contra a perspectiva de que os professores são "como técnicos" que reproduzem o que outros sujeitos elaboram fora da sala de aula. Na mesma perspectiva, Alarcão[307] assevera que muitas ações por parte dos professores, consideradas pequenas, podem causar rupturas de paradigmas nos contextos educacionais tradicionais. Schön[308], por sua vez, discorre que refletir sobre a própria ação pode modificar a ação futura, permitindo trazer novas

---

[303] FARIAS, C. R. R.; OLIVEIRA, A. P. Paralisia cerebral e o ensino do piano: estudo de caso. **Revista de Ciências Humanas e Sociais da FSDB**, ano VI, v. XI, p. 48-58, jan./jun. 2010. Disponível em: www.fsdb.edu.br/fsdb/wp-content/uploads/2018/06/Ethos-Episteme-11_Eletronica.pdf#page=48. Acesso em: 8 jul. 2019; GUERRA, A. S. **A musicalização da criança com paralisia cerebral no contexto do projeto música e cognição**. 2014. 141 f. Dissertação (Mestrado em Música) – Universidade Federal do Paraná, Curitiba, 2014. Disponível em: https://acervodigital.ufpr.br/handle/1884/37092. Acesso em: 8 jul. 2019.

[304] ROLFE, 2019; POWER; DOROTHY MCCORMACK, 2012; OCKELFORD; WELCH; ZIMMERMAN, 2002; SCHAMBECK, 2016; MENDES; SILVA; SCHAMBECK, 2012; OCKELFORD, 2012; ROLFE, 2019; OCKELFORD, 2000.

[305] SCHÖN, 2000; ALARCÃO, 2001; PIMENTA, 2006; ZEICHNER, 2008.

[306] ZEICHNER, 2008, p. 539.

[307] ALARCÃO, I. (org.). **Escola reflexiva e nova racionalidade**. Porto Alegre: Artmed, 2001.

[308] SCHÖN, D. A. **Educando o profissional reflexivo**: um novo design para o ensino e a aprendizagem. Tradução de Roberto Cataldo Costa. Porto Alegre: Artes Médicas Sul, 2000.

abordagens e caminhos para a educação. Portanto, para o desenvolvimento do capítulo, considerou-se a reflexão pedagógica da professora de piano mediante a adaptação dos materiais pedagógicos, compreendendo esse saber e suas transformações necessárias nos processos de ensino e aprendizagem do instrumento.

Contexto e participante da pesquisa

A pesquisa foi realizada em uma escola livre de ensino musical na cidade de Bauru (SP). A escola se mostrou adequada para receber alunos com deficiência, pois possui estrutura com acessibilidade e pelo fato de a direção apoiar o ingresso desses alunos nas aulas de música. Fazem parte da gama de alunos da escola pessoas com desenvolvimento típico e alunos com deficiência: deficiência intelectual (DI), síndrome de Down (SD) e paralisia cerebral (PC). A escola oferece cursos de sopro, teclas, cordas, bateria, prática em banda e camerata. Foi notada a participação de alunos com deficiência nos cursos de piano, canto e bateria, dentre eles Pedro[309], com diagnóstico de paralisia cerebral hemiplégica espástica esquerda (PCHEE).

Pedro ingressou na escola em 2012, com seis anos na ocasião, com estatura abaixo da média e dificuldade de locomoção, portanto sua mãe o acompanhava e o auxiliava quando necessário. O aluno foi matriculado primeiramente no curso de canto, e, após seis meses, as aulas foram divididas entre canto e piano.

Os familiares relatam que, nos primeiros anos de vida, Pedro não andava e tinha restrição dos movimentos, portanto foi submetido aos tratamentos de reabilitação no Centro Especializado de Reabilitação Sorri[310], na cidade de Bauru (SP). O contato com a música teve início quando Pedro conseguiu emitir as primeiras palavras oralmente enquanto assistia a vídeos musicais na internet e tentava acompanhá-los. A família de Pedro, percebendo seu interesse pela música, o incentivou comprando o primeiro microfone quando o menino estava com três anos de idade. Aos seis anos, ele foi matriculado na escola de música. Portanto, Pedro recebeu estímulos musicais no ambiente familiar, o que permitiu o ingresso do aluno nas aulas de música.

Ao ingressar na escola de música, Pedro participava inicialmente das aulas individuais de piano e canto, devido ao fato de na ocasião possuir dificuldades de movimentos, principalmente por não movimentar o braço e a

---

[309] Nome fictício para preservar a identidade do aluno.

[310] Para saber mais sobre o projeto, consultar: https://sorribauru.com.br/. Acesso em: 2 jun. 2022.

mão esquerdos. Desse modo, a mãe o acompanhava nas aulas para auxiliá-lo e para dialogar com a professora quando necessário, o que indicava o início de uma parceria entre família, educadora e escola. Ressalta-se que Pedro não teve o cognitivo afetado, é um menino muito simpático, com humor incrível, sempre disposto a superar os desafios propostos em aula, o que proporcionou o desenvolvimento da coordenação motora, do equilíbrio corporal e dos conteúdos musicais, possibilitando, no decorrer dos anos de estudo musical, a integração do aluno nas demais atividades da escola.

Mediante o contexto apresentado, notando-se que os materiais existentes para o ensino do piano eram direcionados a pessoas com desenvolvimento típico, buscou-se, para o desenvolvimento da pesquisa, refletir sobre a ação pedagógica de uma professora de piano na elaboração dos materiais adaptados (partituras) para os processos de ensino e aprendizagem do piano para aluno com PCHEE. Portanto, buscou-se comparar materiais existentes na iniciação e passíveis de adaptação, estabelecendo critérios que pudessem favorecer os processos de ensino e aprendizagem do piano em contexto de inclusão.

Caminhos metodológicos da pesquisa

Para o desenvolvimento da pesquisa, considerou-se adequada a abordagem qualitativa, que, segundo Creswell[311], busca compreender os detalhes e a complexidade do objeto de estudo. Nessa perspectiva, Penna[312] afirma que, ao investigarmos um fenômeno qualitativamente, buscamos a compreensão do fenômeno estudado, o que requer profundidade nas informações. Nesse sentido, Flick[313] discorre que a pesquisa qualitativa se caracteriza por entender, descrever e analisar fenômenos sociais de diversas maneiras, analisando experiências de indivíduos ou grupos, examinando comunicações e interações e investigando documentos. Sobre a pesquisa qualitativa em educação, Bogdan e Biklen[314] afirmam que englobam pessoas de diversas idades e também materiais que possam contribuir para aumentar o conhecimento tanto no contexto escolar quanto em seu exterior, podendo tornar-se objetos de estudo. Dessa maneira, a pesquisa qualitativa

[311] CRESWELL, J. W. **Investigação qualitativa e projeto de pesquisa:** escolhendo entre cinco abordagens. Tradução de Sandra Mara Malmann da Rosa. Rev. téc. Dirceu da Silva. 3. ed. Porto Alegre: Penso, 2014.

[312] PENNA, M. **Construindo o primeiro projeto de pesquisa em educação e música.** Porto Alegre: Sulina, 2015.

[313] FLICK, U. **Qualidade na pesquisa qualitativa.** Tradução de Roberto Cataldo Costa. Consultoria, supervisão e rev. téc. Dirceu da Silva. Porto Alegre: Artmed, 2009. (Coleção Pesquisa Qualitativa, coordenada por Uwe Flick).

[314] BOGDAN, R.; BIKLEN, S. **Investigação qualitativa em educação.** Porto: Porto, 1994.

se mostrou adequada para que a ação pedagógica da professora, nos processos de ensino e aprendizagem do piano em contexto de inclusão, fosse compreendida em maior amplitude.

A partir do enfoque qualitativo, considerou-se o método da pesquisa--ação, uma vez que o estudo abrange dois períodos: 2012 a 2018 (reflexão e análise da ação passada, a partir de um estudo longitudinal) e 2018 a 2020 (acesso a literatura, coleta e análise dos dados), ambos com marco teórico da prática reflexiva.

O estudo longitudinal é a coleta consistente de *feedback* do mesmo grupo de indivíduos ou indivíduo em um período específico. Normalmente estudos longitudinais nos permitem identificar problemas a tempo de impedir resultados negativos, descobrir as estratégias certas para solucionar ou melhorar uma área específica do conhecimento e, por fim, medir o impacto das estratégias coletando dados antes e depois de fazer possíveis alterações. Segundo Mota[315], "é importante ressaltar que estudos longitudinais, quando associados a técnicas correlacionais, servem para investigação de causalidade nos casos em que a habilidade a ser predita não se desenvolveu ainda". Como mencionado anteriormente, o período de acompanhamento do desenvolvimento musical de Pedro ocorreu de 2012 a 2020. Mota ainda esclarece que estudos longitudinais se aplicam a várias áreas de conhecimento, e não apenas à psicologia do desenvolvimento. Também não se aplica apenas a estudos de longo prazo e com muitos indivíduos, mas na psicologia do desenvolvimento adquire importância fundamental, pois permite que se acompanhe o desenvolvimento dos indivíduos ao longo do tempo, sem deixar de controlar múltiplas variáveis que afetam o desenvolvimento. Mas, conforme explica Cillessen[316], esses estudos, quando aplicados a um único indivíduo, não podem ser generalizados.

A pesquisa-ação é considerada por Lankshear e Knobel[317] como semelhante à pesquisa pedagógica, em que o professor deve ir além da "sabedoria profissional", tendo como base o conhecimento educacional especializado para ter competência para as decisões sobre a melhor maneira de atingir os objetivos educacionais. Segundo os autores, atingir os objetivos nos contextos

[315] MOTA, M. M. P. E. Metodologia de Pesquisa em desenvolvimento humano: velhas questões revisitadas. **Psicologia em Pesquisa**, UFJF, v. 4, n. 2, p. 144-149, jul./dez. 2010, p. 148. Disponível em: http://pepsic.bvsalud.org/pdf/psipesq/v4n2/v4n2a07.pdf. Acesso em: 2 abr. 2021.

[316] CILLESSEN, 2005 *apud* MOTA, 2010, p. 145.

[317] LANKSHEAR, C.; KNOBEL, M. **Do projeto à implementação**. Tradução de Magda França Lopes. Porto Alegre: Artmed, 2008. p. 14.

da educação requer profissionalismo e qualidades do professor, que deixa de ser um "mero operador de plano de aula" e passa a ser uma pessoa cujos "pensamentos, ações e reflexões" podem ser associados à maneira que um profissional deve ser[318].

Nesse escopo, Bresler[319] aponta que a pesquisa da prática pedagógica permite ao professor modificar os cenários de atuação, visto que o professor-investigador pode agregar novos caminhos e abordagens metodológicas. A autora afirma ainda que

> [...] a investigação pertence por completo aos professores, posto que os temas estudados são selecionados por eles mesmos, tanto que as trocas posteriores de ensino geralmente refletem em trocas de suas atitudes e crenças, mais do que uma imposição do exterior[320].

Nota-se, portanto, nas colocações de Lankshear e Knobel; e Bresler[321], semelhanças na relevância de o professor investigar, refletir a ação pedagógica para que novas estratégias possam ser inseridas nos contextos educacionais. Sendo assim, a pesquisa-ação contextualiza esta pesquisa no âmbito da reflexão sobre a ação pedagógica da professora nas aulas de piano para aluno com PCHEE, por meio dos materiais adaptados.

Três eixos foram norteadores da pesquisa: ação pedagógica, materiais adaptados e inclusão. Portanto, considerou-se, para as técnicas de coleta de dados, a utilização de entrevistas, gravações, vídeos das aulas e os materiais adaptados. Para o escopo deste capítulo, analisaremos os vídeos coletados nas aulas individuais, na camerata e na banda. Os vídeos analisados entre 2012 e 2018 fazem parte do arquivo pessoal da professora, e os coletados no segundo semestre de 2019 correspondem a todas as aulas de que o aluno participou (individuais, na banda e na camerata), ampliando a gama de informações e enriquecendo as análises. Para que houvesse melhor compreensão da ação pedagógica da professora, houve embasamento na teoria das práticas reflexivas[322], com discussão e análise dos dados coletados e das partituras adaptadas para o aluno com PCHEE.

---

[318] *Ibidem*, p. 19.

[319] BRESLER, L. Etnografía, Fenomenología en Educacíon Musical. *In*: DIAS, M. (org.). **Introducción a la investigación en Educación Musical.** Madrid: Eclave Creativa, 2006. p. 83-99.

[320] *Ibidem*, p. 94

[321] LANKSHEAR; KNOBEL, 2008; BRESLER, 2006.

[322] SCHÖN, 2000; ALARCÃO, 2001; PIMENTA, 2006; ZEICHNER, 2008.

É importante salientar que a pesquisa foi aprovada pelo Comitê de Ética da Udesc mediante parecer consubstanciado n.º 3.588.798, de 30/10/2019.

No próximo item, abordaremos as aulas de piano do primeiro ao quinto anos, refletindo sobre as experiências prévias da professora, discutindo as estratégias de adaptação das partituras e os caminhos percorridos frente aos desafios às possibilidades nos processos de ensino e aprendizagem do piano em contexto inclusivo.

Um novo olhar nos processos de ensino e aprendizagem do piano: reflexões e análises da ação pedagógica nas adaptações para aluno com paralisia cerebral

As aulas de piano para o aluno com PCHEE tiveram início em 2012. Tratou-se de um contexto inusitado, posto que o aluno não movimentava o braço e a mão esquerdos e porque as partituras para o início do ensino de piano eram direcionadas aos alunos sem qualquer deficiência motora ou cognitiva. Portanto, para que os processos de ensino e aprendizagem do piano pudessem ser realizados, a ação pedagógica da professora foi direcionada para estimular os aspectos físicos e cognitivos do aluno. Como apontado por Schambeck[323], no campo da educação inclusiva, as pesquisas alertam para a abordagem instrumental, na qual o ensino deve enfatizar o que está preservado. Dessa maneira, a ação pedagógica da professora estava voltada para adaptar partituras, e não objetos que auxiliassem a sustentação do braço e da mão esquerdos do aluno sobre o piano, ressaltando as habilidades motoras e o potencial musical do aluno. Sobre essa perspectiva, Zeichner[324] discorre que o professor que busca melhorar e compreender o próprio ensino deve começar com a reflexão sobre sua própria experiência, pois buscar o saber na experiência de outras pessoas é insuficiente. Sendo assim, unindo teoria e prática com reflexão na ação, as aulas de piano para o aluno com paralisia cerebral foram trilhadas por caminhos desafiadores, mas repletos de possibilidades.

As adaptações das partituras foram norteadas a partir de materiais existentes para a iniciação ao piano, dentre eles, o livro *Meu piano é divertido*, de Alice Botelho, uma vez que a professora já tinha conhecimento

---

[323] SCHAMBECK, R. F. Inclusão de alunos com deficiência na sala de aula: tendências de pesquisa e impactos na formação do professor de música. **Revista da Abem**, Londrina, v. 24, n. 36, p. 23-35, jan./jun. 2016.

[324] ZEICHNER, K. Uma análise crítica sobre a "reflexão" como conceito estruturante na formação docente. **Educ. Soc.**, Campinas, v. 29, n. 103, p. 535-554, maio/ago. 2008.

aprofundado sobre essas peças e partituras. Como na ocasião o aluno não movimentava braço e mão esquerdos, a ação pedagógica foi voltada a adaptações que pudessem ensiná-lo passo a passo, adquirindo consciência dos símbolos musicais e recebendo concomitantemente estímulo do movimento das mãos. A seguir, exemplo de uma peça original (Figura 1) e adaptada (Figura 2) no primeiro ano de ensino do piano para aluno com PCHEE.

Figura 1 – Transcrição da lição 1 do livro *Meu piano é divertido*

Fonte: Botelho[325]

Figura 2 – Adaptação da lição 1 do livro *Meu piano é divertido*

Fonte: elaboração própria

Nota-se, comparando as duas partituras, que, na original, disponível no livro *Meu piano é divertido*, a rítmica é trazida com os símbolos representados pela semínima e pela mínima pontuada (considerando o compasso ¾, portanto, a primeira terá a duração de 1 tempo, e a segunda, de 3 tempos). Melodicamente, a nota Dó (considerando o Dó 3 do piano) será executada quatro vezes na mão direita e posteriormente o mesmo na mão esquerda. Como naquele momento não era possível que o aluno executasse o que

---

[325] BOTELHO, A. **Meu piano é divertido**. Piano. São Paulo: Ricordi, 2005. v. 1, p. 8.

estava sendo proposto na partitura original, na partitura adaptada, a mão direita deveria executar 4 vezes a nota Dó com sustentação prolongada da quarta para a quinta nota para que o aluno conseguisse colocar a mão esquerda no piano e executá-la. Ressalta-se que nas primeiras execuções o som promovido pela mão esquerda era fraco, portanto a estratégia a princípio era a sustentação da mão esquerda do aluno sobre o piano. A ação pedagógica em aula era relevante, uma vez que, por não possuir o instrumento, o aluno não tinha rotina de estudos musicais fora do contexto escolar. Sendo assim, os processos de ensino e aprendizagem do piano foram realizados gradativamente.

Após o primeiro mês de aula, alguns critérios e objetivos foram delineados considerando uma rotina para as aulas. Como o braço e a mão direita do aluno possuíam movimentos, as aulas começavam com exercícios nomeados pela professora como aquecimento, pautado na execução de Dó 3 a Sol 3, executados de diversas maneiras para que as aulas não se tornassem muito repetitivas. Para a mão esquerda, o estímulo era voltado à sustentação do braço e da mão esquerda sobre o piano. Após os estímulos motores, a ação pedagógica era voltada ao ensino gradativo das notas com execução da mão direita e sustentação da mão esquerda sobre as notas aprendidas. Para finalizar as aulas, a estratégia era praticar exercícios de solfejos por meio da musicalização, com dinamismo e ludicidade devido à idade do aluno[326]. A rotina era repensada e reestruturada de acordo com a evolução do aluno, com reflexões sobre possíveis mudanças nas abordagens e estratégias. Libâneo[327] considera que "há uma realidade dada, independente da minha reflexão, mas que pode ser captada pela minha reflexão". Sendo assim, as aulas eram constituídas por uma realidade que se modificava mediante a reflexão sobre a ação pedagógica.

Após um ano do início dos processos de ensino e aprendizagem para aluno com PCHEE e de muitas reflexões, incertezas e mudanças de estratégias, as possibilidades se mostraram motivadoras, pois ele conseguiu executar as notas de Dó 3 a Sol 3 para a mão direita, sustentar a mão esquerda no piano (não conseguia locomover de uma nota para a outra e executava uma nota com três dedos) e alternar as mãos (andamento Adágio) nas adaptações das partituras elaboradas. Embora possa parecer que o aluno teve pouco progresso motor e melódico, seu desenvolvimento foi gratificante comparado

---

[326] Que tinha, em 2012, seis anos de idade.

[327] LIBÂNEO, 2000 *apud* PIMENTA, S. G.; GHEDIN, E. (org.). **Professor Reflexivo no Brasil**: gênese e crítica de um conceito. 4. ed. São Paulo: Cortez, 2006.

à primeira aula, o que motivou a busca de novas ações e critérios para que os processos de ensino e aprendizagem em contexto inclusivo pudessem caminhar para o segundo ano das aulas de piano.

Após o recesso escolar, o aluno ingressava no segundo ano das aulas de piano. Com os resultados obtidos no primeiro ano, novos critérios embasaram o norte pedagógico para o ano que se iniciava.

Um dos critérios foi revisar o que o aluno havia aprendido, utilizando peças do livro *Easiest Piano Course*, de John Thompson, em andamento Adágio, para relembrar os conteúdos musicais abordados e para estimular o movimento, principalmente do braço e da mão esquerdos. As peças mencionadas não precisaram ser adaptadas, pois o aluno conseguia executá-las devido ao progresso obtido no ano anterior. A seguir, exemplo da primeira peça do livro de John Thompson.

Figura 3 – Transcrição da lição 1 do livro *Easiest piano Course*

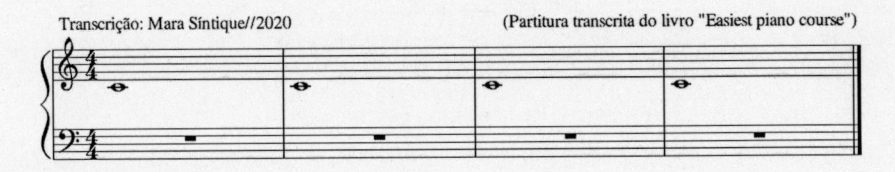

Fonte: Thompson[328]

Observa-se que, no primeiro volume do livro elaborado por John Thompson, a proposta é que as mãos atuem alternadamente, o que favoreceu a revisão dos conteúdos, não necessitando de adaptações. Como o aluno já conseguia sustentar a mão esquerda sobre o piano e executava com vários dedos a mesma tecla, a ação pedagógica estava voltada para que o estudante fosse estimulado e executasse uma tecla com um dedo. Sendo assim, a estratégia de utilizar o livro *Easiest Piano Course* como revisão favoreceu o desenvolvimento da mão esquerda do aluno, que ao longo do semestre progrediu gradativamente, sustentando e locomovendo de maneira lenta o braço esquerdo sobre o piano e executando as teclas com o dedo indi-

---

[328] THOMPSON, John. **Easiest Piano Course**. Part One. Florence: The Willis Music Company, 2000, p. 4.

cador[329]. Dessa maneira, os critérios para a elaboração das adaptações no segundo ano das aulas, mediante o progresso apresentado, foram pensados para a mão direita:

- Rítmico: execução das notas com durações menores.

- Melódico: extensão de Dó 3 (considerando o Dó central do piano) até Sol 3.

Para a mão esquerda, foram pensados critérios melódicos e motores para que o aluno conseguisse executar e locomover duas notas alternadas com durações longas, evitando saltos com a utilização do dedo indicador.

O progresso era lento devido ao contexto apresentado e também pelo fato de o aluno não ter uma rotina de estudos fora do ambiente escolar. Sendo assim, continuar utilizando os materiais existentes para a adaptação permitia que a professora tivesse respaldo pedagógico de como deveria ser a ação em relação a notas, figurações rítmicas e extensões melódicas. Além das adaptações das peças dos livros *Easiest Piano Course* e *Meu piano é divertido*, músicas que faziam parte do cotidiano familiar[330] passaram a ser adaptadas, dentre elas, a música "Love me tender", de Elvis Presley. A seguir, o modelo da partitura adaptada.

Figura 5 – Partitura adaptada da música "Love me tender"

Fonte: elaboração própria

---

[329] Considerado o dedo 2, segundo o dedilhado para o piano.

[330] A professora dialogava com a família constantemente para reunir informações, dentre elas, o gosto musical familiar.

Analisando a partitura adaptada, nota-se que as mãos alternam a execução nos compassos 1, 2, 5 e 6. A estratégia de revezar a mão direita e a mão esquerda nos compassos mencionados era pelo fato de a música iniciar com salto de quarta justa. Como o aluno executava somente com o dedo indicador, saltar com a mão esquerda não favoreceria a execução. Sendo assim, para que houvesse estímulo de locomoção da mão esquerda sobre o piano, a estratégia foi colocar, na adaptação nos compassos 15 e 16, a execução de notas vizinhas, totalizando a execução de cinco teclas. Portanto, a estratégia de adaptar a peça que fazia parte do cotidiano familiar do aluno reverberou de maneira positiva, motivando-o a continuar nas aulas de piano, que caminhavam para o terceiro ano com conquistas, desafios superados e perspectivas de novos aprendizados.

No terceiro ano das aulas de piano sob a perspectiva da inclusão, a ação pedagógica estava voltada para estimular a mão esquerda para que o aluno conseguisse executar com mais um dedo. Dessa maneira, respeitando a subjetividade do aluno, a professora pôde observar qual dedo seria viável para revezar com o dedo indicador. Após reflexões, notou-se que o polegar seria o mais indicado, devido ao equilíbrio corporal e à sustentação da mão esquerda sobre o piano.

A estratégia inicial para estimular a execução do polegar foi voltada para que o aluno executasse a nota Dó (considerando o Dó 3 do piano) com o dedo 1[331] e as demais notas com o dedo indicador, promovendo gradativamente o desenvolvimento motor da mão esquerda. Sendo assim, exercícios foram elaborados para a execução dos dois dedos da mão esquerda.

Ao conseguir executar com segurança os dedos polegar e indicador na mão esquerda, foi notado, por parte da professora, interesse do aluno em conseguir executar com mais um dedo. Embora Pedro ainda não tivesse rotina de estudo fora do ambiente escolar, seu empenho nas aulas era satisfatório; sendo assim, com as peças adaptadas e os exercícios de estímulo, o garoto conseguiu executá-las com o dedo médio[332] da mão esquerda. Portanto, a ação pedagógica da professora voltava-se para estimular a execução primeiramente dos dedos indicador e médio da mão esquerda e, posteriormente, dos três dedos, com variáveis de exercícios e peças adaptadas, respeitando as subjetividades do aluno. As reflexões eram constantes para que Pedro se sentisse estimulado a executar com os três dedos, evoluindo nos critérios rítmicos, motores e melódicos.

---

[331] Polegar no dedilhado do piano.

[332] Dedo 3 segundo o dedilhado do piano.

O terceiro ano das aulas de piano para aluno com PCHEE foi decisivo nos processos de ensino e aprendizagem, pois as conquistas motoras obtidas puderam promover estímulo para os dedos anelar e mínimo (mão esquerda). Dessa maneira, as adaptações do livro *Meu piano é divertido*, das peças alternativas e dos exercícios foram direcionadas para a execução primeiramente dos dedos anelar e mínimo[333] (foram momentos desafiadores) e gradativamente 3, 4 e 5; 2, 3, 4 e 5, e assim sucessivamente. Para manter o dinamismo e não serem cansativas, as aulas eram elaboradas com variedade de exercícios. Se o aluno se cansasse, praticávamos exercícios lúdicos com conteúdo da musicalização infantil, utilizando instrumentos percussivos, como chocalhos, tambores, *boowhackers*, entre outros.

Ao conseguir executar com todos os dedos da mão esquerda, novos critérios melódicos e rítmicos também foram desenvolvidos e mais notas na clave de fá puderam ser inseridas, ampliando a gama de conhecimento da notação musical, possibilitando que as mãos executassem simultaneamente. Uma das adaptações que demonstra a estratégia de utilizar todos os dedos da mão esquerda é a música folclórica "Marcha Soldado". A escolha da música se deu pelo fato de o garoto estar com nove anos de idade na ocasião e ter contato com a música folclórica. A seguir, a adaptação realizada.

Figura 6 – Trecho da adaptação da música "Marcha Soldado", do folclore brasileiro

Marcha Soldado

Adaptação: Mara Síntique   Folclore brasileiro - Autor Desconhecido

Fonte: elaboração própria

A adaptação da música "Marcha Soldado" foi planejada para que somente a mão esquerda executasse com a finalidade de o aluno voltar a atenção para as notas aprendidas e para a troca dos dedos. Observa-se na Figura 6 que as notas possuem durações maiores (considerando o compasso 4/4), com pequenos saltos e com extensão do Dó 2 ao Sol 2, o que favore-

---

[333] Dedos 4 e 5, respectivamente, segundo o dedilhado do piano.

ceu a execução com todos os dedos da mão esquerda; portanto, executar teclas distintas com dedos variados possibilitou que o aluno desenvolvesse os três critérios: rítmico, melódico e motor, viabilizando a execução das mãos simultaneamente.

Uma das peças adaptadas para a execução das mãos simultâneas foi "Índio Alegre", do livro *Meu piano é divertido*. A seguir, demonstram-se a partitura original e um trecho da adaptação realizada.

Figura 7 – Transcrição da lição 49 do livro *Meu piano é divertido*

Fonte: Botelho[334]

Figura 8 – Adaptação da lição 49 do livro *Meu piano é divertido*

Fonte: elaboração própria

A adaptação da partitura foi voltada para que o aluno conseguisse coordenar as mãos mediante o acompanhamento sugerido pelas notas repetidas. Nas primeiras execuções, não houve a coordenação esperada, portanto a ação pedagógica da professora inicialmente foi posicionar sua mão sobre a mão esquerda do aluno e pedir que a atenção dele se voltasse

---

[334] BOTELHO, 2005, p. 54.

para a direita como estratégia para que houvesse a fixação e o reflexo para coordenar as duas mãos. Mediante a estratégia inicial da professora, associada a outras abordagens, o aluno conseguiu executar a peça.

Alarcão[335] aponta que o profissional que possui a característica reflexiva avalia constantemente as estratégias de ensino, adotando um papel questionador. Nas palavras da autora: "Ser professor-investigador é, pois, primeiro que tudo, ter uma atitude de estar na profissão como intelectual que criticamente questiona e se questiona"[336]. Sob a perspectiva da autora, o professor deve manter a reflexão e o questionamento sobre a própria prática, com pensamento no processo, que pode ser modificado mediante os reflexos apresentados pelos alunos.

A valorização do processo no ensino musical também é trazida por Glaser e Fonterrada[337], que reforçam a reflexão crítica sobre as práticas docentes que priorizam o produto final por meio das abordagens mais tradicionais. Considerando a colocação das autoras, nota-se que, no contexto apresentado nesta pesquisa, enfatizar o processo, e não o produto final, com repertório e adaptações voltadas ao aluno, pôde promover a permanência de Pedro nas aulas de piano. No final do terceiro ano, houve crescimento rítmico, melódico e motor, pois as adaptações passaram a ter figuras com durações menores (considerando que a Figura 4 tem duração de 1 tempo), extensão de uma oitava para a mão esquerda e de quinta para a mão direita e execução das mãos simultaneamente. O ano foi encerrado com muitas conquistas, com motivação para prosseguir para o próximo, que seria repleto de desafios, mas com muitas possibilidades de aprendizagem do piano em contexto inclusivo.

O quarto ano das aulas iniciou-se ainda com a utilização do livro *Meu piano é divertido* e peças alternativas. Isso por três motivos: porque a professora o considerava como um norte de quais conteúdos musicais deveriam ser ensinados, porque o progresso do aluno ocorria mais lentamente devido à PCHEE e também porque ele ainda não mantinha uma rotina de estudos fora do ambiente escolar. Nota-se que manter um eixo pedagógico embasado nos materiais existentes permitiu que a professora tivesse mais segurança e domínio para lecionar para o aluno com PCHEE, no entanto as reflexões sobre as adaptações, se estavam plausíveis às subjetividades do aluno, eram

---

[335] ALARCÃO, 2000.

[336] *Ibidem*, p. 6.

[337] GLASER, S.; FONTERRADA, M. Ensaio a respeito do ensino centrado no aluno: uma possibilidade de aplicação no ensino do piano. **Revista da Abem**, Porto Alegre, v. 15, p. 91-99, set. 2006.

constantes. Nessa perspectiva, Schön[338] ressalta que o ensino prático reflexivo não deve ser associado a formatos de ensino e aprendizagem. A prioridade deve ser do ensino no lugar da instrução, estabelecendo interações entre instrutor e estudantes. Sendo assim, as aulas em sua maioria continham o inusitado, a ação se modificava em cada fase, cada ano, mediante o desenvolvimento demonstrado pelo aluno. Havia um norte pedagógico, mas com constantes reflexões e mudanças de estratégia ao longo do caminho. Por meio das conquistas obtidas, as primeiras adaptações para o quarto ano foram elaboradas para que o aluno executasse notas com durações menores (considerando o compasso 4/4) para ambas as mãos. Foi considerado ampliar o conhecimento musical do aluno, das notas para mão direita para uma oitava e também a execução das mãos simultaneamente com modificações rítmicas e melódicas. Uma das adaptações realizadas no quarto ano foi a troca pela música "Escada rolante", também do livro *Meu piano é divertido*. Seguem trechos das partituras original e adaptada.

Figura 9 – Trecho da transcrição da música "A Escada Rolante", do livro *Meu piano é divertido*

Fonte: Botelho[339]

Figura 10 – Adaptação da lição 68, do livro *Meu piano é divertido*

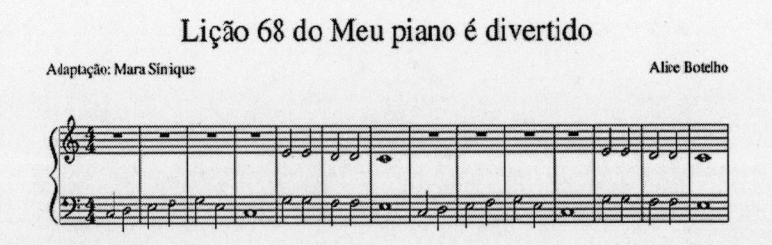

Fonte: elaboração própria

---

[338] SCHÖN, 2000.

[339] BOTELHO, 2005, p. 72.

Comparando os dois trechos das partituras demonstradas, observa-se que a original traz a figuração rítmica com semínimas, mínimas e semibreves, notas com extensão de Dó 2 a Sol 2 para a mão esquerda e de Dó 3 a Sol 3 para a mão direita. Há a execução das mãos simultaneamente no terceiro compasso com notas vizinhas e após há a diferença rítmica entre as mãos. A adaptação prezou por manter melodicamente o que foi proposto na partitura original e alterou a duração das figuras, tornando-as mais longas. As execuções eram embasadas em andamento Adágio para que o aluno conseguisse manter a pulsação na execução das peças, sem atrasar de um compasso para o outro. Concomitantemente, outras peças do livro e músicas alternativas foram elaboradas, portanto o ensino foi realizado gradualmente para que o aluno conseguisse executar mudando os dedos em ambas as mãos. Os objetivos rítmicos, melódicos e motores foram alcançados, tanto que o aluno apresentou a peça em um dos recitais promovidos pela escola. Pode parecer uma peça simples, mas observa-se a relevância da ação pedagógica da professora nos processos de ensino e aprendizagem em contexto inclusivo que caminhavam para o quinto ano.

Com vários desafios superados e conquistas adquiridas nos âmbitos motores, rítmicos e melódicos, as adaptações eram voltadas para que o instrumento fosse explorado em duas oitavas, considerando do Dó 2 do instrumento (mão esquerda) ao Dó 4 (mão direita), com a inserção de sons com durações de ½ tempo (considerando o compasso 4/4, a colcheia dura ½ tempo), o que permitiu que o aluno escolhesse a música "Superfantástico" (Arnaldo Antunes). A seguir, trecho da partitura adaptada para Pedro.

Figura 11 – Adaptação da música "Superfantástico", de Arnaldo Antunes

Superfantástico

Adaptação: Mara Síntique   Arnaldo Antunes

Fonte: elaboração própria

A adaptação da peça foi embasada no uso da colcheia em ambas as mãos, na utilização de todos os dedos da mão esquerda e na execução das mãos alternadas. Portanto, a peça pôde desenvolver em Pedro domínio da execução com todos os dedos, mantendo o andamento, sem atrasos, para executar as colcheias. Após executar a música elucidada, os caminhos de colcheias, semínimas e de oitavas passaram a ser mais explorados pela professora nas demais adaptações, permitindo, então, a integração de Pedro nas demais atividades da escola.

A ação pedagógica e seus reflexos na integração do aluno nas demais atividades da escola

Em 2017, Pedro ingressava no sexto ano das aulas de piano com domínio melódico de extensão de duas oitavas (considerando mão direita e mão esquerda), rítmico com conhecimento de durações que variavam entre 4 e ½ tempo e com a coordenação motora mais preparada para a execução das notas duplas (mão direita), o que permitiu integrar o aluno nas demais atividades oferecidas pela escola: banda e camerata.

As aulas de banda são oferecidas pela escola como uma maneira de os alunos vivenciarem música no contexto em grupo. Participam alunos dos diversos cursos oferecidos pela escola, como bateria, baixo, guitarra, piano, canto, entre outros. Os grupos são formados de acordo com as faixas etárias dos alunos, com o gosto musical e com a disponibilidade de horário dos alunos envolvidos. As aulas da banda são realizadas uma vez por semana com duração de uma hora e com o acompanhamento de um professor, que prepara os arranjos.

A escola oferece também a aula da camerata, que é um grupo formado por alunos de violino, violoncelo e saxofone. O grupo formado pela camerata tem participação ativa na escola, pois executa várias peças em contextos diferentes, como camerata e piano e camerata e banda, portanto os ensaios do grupo tinham em média de meia hora a uma hora de duração e eram frequentes, de acordo com a disponibilidade dos participantes. Sendo assim, integrar Pedro nas demais atividades da escola (banda e camerata) poderia ampliar a vivência musical do aluno.

Para que Pedro pudesse participar das aulas, a ação pedagógica da professora de piano foi voltada para que o aluno aprendesse as cifras de maneira adaptada por meio da leitura musical. A primeira música que Pedro aprendeu com adaptações das cifras foi "Love me do", da banda

Beatles. Outras cifras foram adaptadas, e o aluno foi se desenvolvendo na execução dos acordes, o que permitiu, no sétimo ano das aulas de piano, sua primeira participação na banda da escola, com a música "É preciso saber viver", dos Titãs.

Como relatado anteriormente, Pedro se sociabiliza com facilidade, portanto a interação entre o aluno e os demais colegas aconteceu desde o primeiro momento, visto que Pedro já mantinha contato com alguns colegas por meio de aplicativos de mensagens. Assim, a banda era composta por alunos de bateria, baixo, guitarra, dois alunos de canto, dois de piano (Pedro e um outro colega) e a camerata. Era um contexto totalmente inusitado para o aluno que até então participava das aulas individuais. Temos a seguir a adaptação da música para Pedro.

Figura 13 – Acordes adaptados da música "É preciso saber viver", dos Titãs

Acordes adaptados para a música É preciso saber viver

Adaptação: Mara Síntique   Titãs

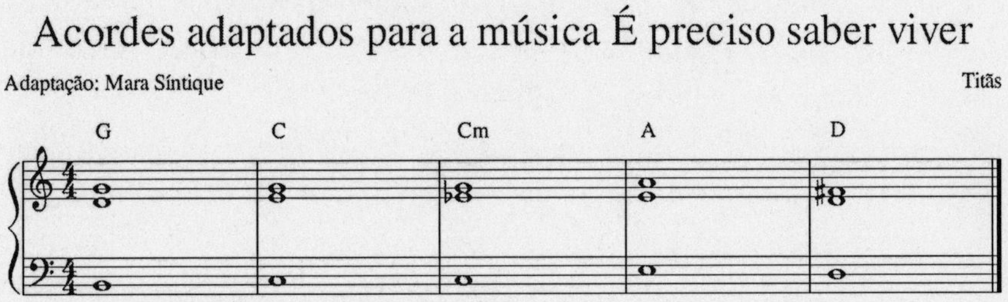

Fonte: elaboração própria

Nota-se que a adaptação realizada pela professora de piano prezava pela aproximação das notas duplas na mão direita com duração de 4 tempos. Devido às dificuldades de Pedro de manter o andamento ao executar com os demais alunos, a cada aula da banda a professora refletia quais estratégias poderiam ser feitas para que o aluno conseguisse superar os desafios, como fazer exercícios nas aulas individuais de piano com metrônomo, colocar a música no YouTube para o aluno acompanhar, entre outros. Com o incentivo da mãe e da professora, o aluno continuou nas aulas da banda e, com o tempo, conseguiu atingir o objetivo de executar junto aos demais, tanto que a música "É preciso saber viver" fez parte da apresentação de encerramento da escola.

Outro contexto que Pedro frequentou foram os ensaios da camerata. A primeira música que o aluno executou foi "Blue Moon", de Richard Rodgers. Tem-se a seguir um trecho da partitura para piano solo.

Figura 14 – Partitura adaptada para piano solo da música "Blue Moon", de Richard Rodgers

Blue Moon piano solo

Adaptação: Mara Síntique   Richard Rodgers

Fonte: elaboração própria

A música foi adaptada para que Pedro fizesse o solo e a camerata o acompanhasse. A melodia, portanto, foi dividida entre as mãos com durações rítmicas de 1, 2, 3 e 4 tempos, para que o aluno tivesse domínio na execução como solista. A música foi trabalhada inicialmente nas aulas individuais e posteriormente com a camerata. A seguir, um trecho do arranjo elaborado pela professora para piano solo e camerata.

Figura 15 – Trecho da Grade da música "Blue Moon"

Fonte: elaboração própria

Ressalta-se que a Figura 15 é um trecho do arranjo que foi elaborado para os alunos de violino, violoncelo, piano (acompanhamento), saxofone alto e piano solo. A ação da professora foi voltada para que a densidade sonora dos demais instrumentos fosse adequada ao contexto, para que os participantes controlassem as sonoridades enfatizando o piano solo. Outra estratégia da professora foi deixar os compassos 60 e 61 para que somente o piano os executasse, o que motivou ainda mais o aluno. Os ensaios foram muito produtivos, e a peça foi exibida também em uma das apresentações da escola. Ao final do evento, Pedro, eufórico, perguntou à família: "Vocês ouviram meu solo de três segundos?"[340]. Pedro continuou frequentando as aulas individuais de piano, da banda e da camerata, abrindo caminhos para novos desafios e possibilidades.

Observa-se que a integração nas demais atividades da escola permitiu que o aluno se desenvolvesse nos âmbitos musicais e sociais. Mendes, Silva e Schambeck[341] ressaltam que a inclusão dos alunos com deficiência nas aulas de arte é um "processo de reflexão do profissional que busca alternativas dentro do contexto que está inserido", mais ainda, as autoras acreditam que "exige do profissional uma identificação político-social com a inclusão". Nesse sentido, nota-se que a ação pedagógica da professora em adaptar as cifras e músicas para os demais contextos oferecidos pela escola trouxe benefícios. Cada acorde executado no tempo correto, cada conversa tida com os demais foram barreiras superadas ao longo dos anos, foram processos de ensino e aprendizagem criados passo a passo, dia a dia, integrando e motivando o aluno a continuar vivenciando música.

Considerações finais

As adaptações das partituras e cifras por meio da ação pedagógica de uma professora de piano para aluno com PCHEE foram temas discutidos neste capítulo. A coleta de dados, realizada a partir de um estudo longitudinal, teve aporte teórico na prática reflexiva e método na pesquisa-ação. Três eixos principais foram notados no desenvolvimento do capítulo: materiais adaptados, ação pedagógica e inclusão, compreendendo a construção do saber e das transformações realizadas no escopo do ensino do piano sobre a perspectiva inclusiva.

Observou-se no desenvolver da pesquisa que o desafio temporal foi superado com perseverança, paciência e incentivo familiar e da professora, que, por meio da ação pedagógica, pôde oportunizar a permanência do aluno nas aulas de música. Notou-se com esta pesquisa que o diálogo e o trabalho em conjunto da família com a instituição permitiram que o aluno com PCHEE tivesse acesso ao ensino de um instrumento considerado tradicional, rompendo paradigmas e possibilitando a consciência do aprendizado musical. Observou-se que o aluno adquiriu consciência

---

[340] Excerto de entrevista em 11/10/19.

[341] MENDES, G. M. L.; SILVA, M. C. R. F.; SCHAMBECK, R. F. **Objetos pedagógicos:** uma experiência inclusiva em oficinas de artes. Araraquara: Junqueira & Marin, 2012. p. 43.

musical nos critérios rítmicos melódicos e motores, em que as estratégias e abordagens eram modificadas mediante reflexão da professora. Todo o processo de preparação dos materiais adaptados repercutiu notoriamente nas aulas para Pedro e para os demais alunos, tanto que a professora passou a lecionar piano no formato em grupo em que o aluno participa, repensando, adaptando e refletindo sobre os processos de ensino e aprendizagem do instrumento.

Ao realizar a pesquisa, considera-se que novos caminhos e horizontes sejam explorados e que novos pesquisadores despertem o interesse pela educação musical inclusiva, podendo promover o acesso de mais alunos nos contextos educacionais musicais.

Referências

ALARCÃO, I. (org.). **Escola reflexiva e nova racionalidade.** Porto Alegre: Artmed, 2001.

BOGDAN, R.; BIKLEN, S. **Investigação qualitativa em educação**. Porto: Porto, 1994.

BOTELHO, A. **Meu piano é divertido.** Piano. São Paulo: Ricordi, 2005. v. 1.

BRESLER, L. Etnografía, Fenomenología en Educacíon Musical. *In*: DIAS, M. (org.). **Introducción a la investigación en Educación Musical.** Madrid: Eclave Creativa, 2006. p. 83-99.

CRESWELL, J. W. **Investigação qualitativa e projeto de pesquisa:** escolhendo entre cinco abordagens. Tradução de Sandra Mara Malmann da Rosa. Rev. téc. Dirceu da Silva. 3. ed. Porto Alegre: Penso, 2014.

DINI, P.; DAVID, A. C. Repetibilidade dos parâmetros espaço-temporais da marcha: comparação entre crianças normais e com paralisia cerebral do tipo hemiplegia espástica. **Revista Brasileira de Fisioterapia**, São Carlos, v. 13, n. 3, 2009. Disponível em: http://www.scielo.br/pdf/rbfis/2009nahead/aop029_09.pdf. Acesso em: 8 jul. 2019.

FARIAS, C. R. R.; OLIVEIRA, A. P. Paralisia cerebral e o ensino do piano: estudo de caso. **Revista de Ciências Humanas e Sociais da FSDB**, ano VI, v. XI, p. 48-58, jan./jun. 2010. Disponível em: www.fsdb.edu.br/fsdb/wp-content/uploads/2018/06/Ethos-Episteme-11_Eletronica.pdf#page=48. Acesso em: 8 jul. 2019.

FLICK, U. **Qualidade na pesquisa qualitativa**. Tradução de Roberto Cataldo Costa. Consultoria, supervisão e rev. téc. Dirceu da Silva. Porto Alegre: Artmed, 2009. (Coleção Pesquisa Qualitativa, coordenada por Uwe Flick).

GLASER, S.; FONTERRADA, M. Ensaio a respeito do ensino centrado no aluno: uma possibilidade de aplicação no ensino do piano. **Revista da Abem**, Porto Alegre, v. 15, p. 91-99, set. 2006.

GUERRA, A. S. **A musicalização da criança com paralisia cerebral no contexto do projeto música e cognição**. 2014. 141 f. Dissertação (Mestrado em Música) – Universidade Federal do Paraná, Curitiba, 2014. Disponível em: https://acervodigital.ufpr.br/handle/1884/37092. Acesso em: 8 jul. 2019.

LANKSHEAR, C.; KNOBEL, M. **Do projeto à implementação**. Tradução de Magda França Lopes. Porto Alegre: Artmed, 2008.

MENDES, G. M. L.; SILVA, M. C. R. F.; SCHAMBECK, R. F. **Objetos pedagógicos:** uma experiência inclusiva em oficinas de artes. Araraquara: Junqueira & Marin, 2012.

MORRIS, C. Definition and classification of cerebral palsy: historical perspective. **Developmental Medicine & Child Neurology**, v. 49, p. 3-7, 2007.

MOTA, M. M. P. E. Metodologia de Pesquisa em desenvolvimento humano: velhas questões revisitadas. **Psicologia em Pesquisa**, UFJF, v. 4, n. 2, p. 144-149, jul./dez. 2010. Disponível em: http://pepsic.bvsalud.org/pdf/psipesq/v4n2/v4n2a07.pdf. Acesso em: 2 abr. 2021.

OCKELFORD, A. Music in the education of children with severe or profound learning difficulties: Issues in current UK provision, a new conceptual framework, and proposals for research. **Psychology of Music**, v. 28, n. 2, p. 197-217, 2000.

OCKELFORD, A. Songs without Words: exploring how music can serve as a proxy language in social interaction with autistic children who have limited speech, and the potential impact on their wellbeing. *In*: MACDONALD, R.; KREUTZ, G.; MITCHELL, L. **Music, Health and Wellbeing**. [*S.l.*]: Oxford Scholarship Online, 2012. p. 1-40.

OCKELFORD, A.; WELCH, G.; ZIMMERMANN, S. Music education for pupils with severe or profound and multiple difficulties – current provision and future need. **British Journal of Special Education**, v. 29, n. 4, p. 178-182, 2002.

PEDRO. **Entrevista cedida a Mara Síntique Del Guerra Valério**. Bauru, 11 out. 2019.

PENNA, M. **Construindo o primeiro projeto de pesquisa em educação e música**. Porto Alegre: Sulina, 2015.

PIMENTA, S. G.; GHEDIN, E. (org.). **Professor Reflexivo no Brasil**: gênese e crítica de um conceito. 4. ed. São Paulo: Cortez, 2006.

POWER, A.; MCCORMACK, D. Piano pedagogy with a student who is blind: an australian case. **International Journal of Music Education**, v. 30, n. 4, 2012.

ROLFE, S. Models of SEND: the impact of political and economic influences on policy and provision. **British Journal of Special Education**, v. 46, issue 4, p. 1-22, 2019.

ROSENBAUM, P. *et al.* A report: the definition and classification of cerebral palsy. **Developmental Medicine & Child Neurology**, p. 8-14, 2007.

SCHAMBECK, R. F. Inclusão de alunos com deficiência na sala de aula: tendências de pesquisa e impactos na formação do professor de música. **Revista da Abem**, Londrina, v. 24, n. 36, p. 23-35, jan./jun. 2016.

SCHÖN, D. A. **Educando o profissional reflexivo**: um novo design para o ensino e a aprendizagem. Tradução de Roberto Cataldo Costa. Porto Alegre: Artes Médicas Sul, 2000.

SHIELDS, N. *et al.* Self-concept of children with cerebral palsy compared with that of children without impairment. **Developmental Medicine & Child Neurology**, v. 49, p. 350-354, 2007.

THOMPSON, John. **Easiest Piano Course**. Part One. Florence: The Willis Music Company, 2000.

ZEICHNER, K. Uma análise crítica sobre a "reflexão" como conceito estruturante na formação docente. **Educ. Soc.**, Campinas, v. 29, n. 103, p. 535-554, maio/ago. 2008.

SOBRE AS AUTORAS

Ana Lúcia Oliveira Fernandez Gil

Graduada em Educação Artística com ênfase em Computação Gráfica - Universidade Salvador (1999). Graduada em Educação Artística com habilitação em Artes Plásticas - Universidade do Estado de Santa Catarina (Udesc, 2010). Tem experiência na área de Artes, com ênfase em História da Arte, Ensino e também na área de Design, desenvolvendo projetos gráficos, bem como na área de web design. Mestre em Artes Visuais (PPGAV – UDESC Programa de Pós-Graduação em Artes Visuais) pela Universidade do Estado de Santa Catarina – (julho/2013). Professora, com função de tutora externa no Centro Universitário Leonardo da Vinci – Uniasselvi. Professora conteudista e tutora da Unyleya. Professora conteudista do Instituto Phorte de Educação.

Email: analuciagil@gmail.com

Orcid: 0009-0001-7990-2060

Cláudia Silvana Saldanha Palheta

Formada em Educação Artística pela Universidade Federal do Pará, com mestrado em Artes Visuais, na linha de Ensino de Artes da Universidade do Estado de Santa Catarina. Cursou especialização em Semiótica e Artes Visuais (UFPA) e especialização em Educação Especial (ISEAC). Possui segunda graduação em Pedagogia (Centro Universitário Claretiano). Professora de Artes Visuais da rede pública do Estado do Pará, atuando na Educação Especial. Colaborou com o Grupo de Estudos em Educação Inclusiva e Ambiental (GEIA) do Instituto de Ciências Biológicas da UFPA, com publicações e desenvolvendo atividades com os estagiários do grupo (2016-2017). Integra o Grupo de Pesquisa Educação, Artes e Inclusão GPEAI, da UDESC.

E-mail: silvanaspalheta@gmail.com

Orcid: 0000-0003-2554-2474

Daniela Ribeiro Schneider

Professora Titular Aposentada do Departamento de Psicologia da Universidade Federal de Santa Catarina (UFSC). Graduada em Psicologia, com Mestrado em Educação, Doutorado em Psicologia Clínica, Pós-Doutorado em Ciência da Prevenção pela Universidad de Valencia - España (2012) e na University of Miami - USA (2019). Seus trabalhos acadêmicos se desenvolvem principalmente com ênfase em Tratamento e Prevenção Psicológica, voltando-se para estudos dos problemas relacionados ao uso de álcool e outras drogas, avaliação de sistemas e programas de prevenção e promoção da saúde, Rede de Atenção Psicossocial. É especialista na obra do filósofo Jean-Paul Sartre, com várias publicações sobre psicologia e clínica existencialista. Coordenadora do Grupo de Pesquisa do CNPQ "Clínica da Atenção Psicossocial e Uso de Álcool e Outras Drogas". Coordenadora do PSICLIN/UFSC.

E-mail: danischneiderpsi@gmail.com.
Orcid: 0000-0002-2936-6503

Evelize Höfelmann Bachmann

Bacharela em Design, com habilitação em Programação Visual pela Univille, pós-graduada em Tecnologias Educacionais pela Unisociesc, mestre em Ensino de Ciências, Matemática e Tecnologias pela Udesc. Professora da Unisociesc desde 2011. Professora do Senac Joinville. Professora diretora de Arte da Agência Experimental em Comunicação – Unisociesc.

E-mail: evelize.h@gmail.com
Orcid: 0009-0005-1054-0136

Fabíola Sucupira Ferreira Sell

Licenciada em Letras (Alemão), bacharela em Letras (Libras), mestre e doutora em Linguística pela Ufsc. Professora efetiva da Universidade do Estado de Santa Catarina desde 2010. Professora permanente do Programa de Pós-Graduação em Ensino de Ciências Matemática e Tecnologias – PPGECMT-UDESC Joinville.

E-mail: fabiola.sell@udesc.br
Orcid: 0000-0002-2315-7073

Gabriela Cintra dos Santos

Mestra em Música (linha de pesquisa Educação Musical) pela Universidade do Estado de Santa Catarina e bolsista do Programa de Bolsas de Monitoria de Pós-Graduação (Promop) pela mesma universidade. Licenciada em Música pela Universidade Federal de Pelotas (2018). Atualmente sua ênfase de pesquisa se dá nas áreas de Educação Musical e Educação Especial e Inclusiva e suas aproximações com os Estudos da Deficiência em Educação.

E-mail: gabriela.cintra@hotmail.com

Orcid: 0000-0002-9720-5568

Geisa Letícia Kempfer Böck

Professora da Universidade do Estado de Santa Catarina (Udesc) no Laboratório de Educação Inclusiva (LEdI) do Centro de Educação a Distância (Cead). Professora do Mestrado Profissional em Educação Inclusiva – Profei/Cead e do Doutorado em Educação - FAED. Graduada em Educação Especial pela Universidade Federal de Santa Maria (2001), mestre em Educação e Formação de Educadores pela Universidade Federal de Santa Catarina (Ufsc, 2004) e doutora pelo programa de pós-graduação em Psicologia da Ufsc (2019).

E-mail: geisa.bock@udesc.br

Orcid: 0000-0002-0272-2686

Mara Síntique Del Guerra Valério

Bacharela em Piano pela Universidade do Sagrado Coração (Bauru/SP), pós-graduada em Educação pela Uninter, mestre em Música pela Udesc e doutoranda em Música pela mesma universidade. Atua como professora de Música em escolas livres de ensino musical com ênfase em piano, canto, prática em banda e educação musical inclusiva.-

E-mail: marasintique@hotmail.com

Orcid: 0000-0003-3387-4719

Maria Cristina da Rosa Fonseca da Silva

Formada em Educação Artística pela UDESC, mestrado em Educação e doutorado em Engenharia de Produção pela UFSC) na linha de mídia e conhecimento. Em 2010 realizou Estágio de Pós-doutorado na Universidade de Sevilla/Espanha desenvolvendo pesquisa junto a Escola da Organización Nacional de Ciegos Espanõles. Em 2011 desenvolveu o Estágio de Pós-Doutoramento na Universidad Nacional Del Arte - IUNA em Buenos Aires, Argentina . Desenvolveu pesquisa junto ao setor educativo do MALBA É professora titular do departamento de Artes Visuais do CEART-UDESC.

Atua como professora do Mestrado e doutorado em Artes Visuais (PPGAV), atua também no mestrado e doutorado em Educação (PPGE) e no mestrado profissional de Artes (PROFARTES), todos da UDESC. Linha de investigação Ensino de Arte. Tem experiência na área de Educação na interface com a Arte, atuando com ênfase na formação de professores, ensino de artes e tecnologias. Coordenou o sub-projeto Artes Residência Pedagógica entre 2020 e 2022 e o novo projeto do Residência Artes a partir de 2022. Desde 2011 coordena o Projeto bilateral intitulado: Observatório da Formação de Professores no âmbito do Ensino de Arte: estudos comparados entre Brasil e Argentina - (OFPEA/BRARG) e o Laboratório Interdisciplinar de Formação de Professores - LIFE-CEART-UDESC. Coordena o Programa PROFARTES - UDESC.

Email: cristinaudesc@gmail.com

Orcid: 0000-0003-1571-9176

Marizete Serafim Hoffmann

Graduada em Psicologia (2006) e Pedagogia (1994) pelo Centro Universitário para o Desenvolvimento do Alto Vale do Itajaí – Unidavi. Especialista em Educação Inclusiva pela Udesc (2020). Psicóloga responsável pelo Núcleo de Orientação a pessoa com Necessidades Especiais e Central de Estágios e Empregos (Nopne), na Unidavi. Atua como presidente do Conselho Municipal dos Direitos da Pessoa com Deficiência, no município de Rio do Sul.

E-mail: marizete@unidavi.edu.br

Orcid: 0009-0001-6669-4100

Regina Finck Schambeck

Doutora pelo Programa de Pós-Graduação em Educação da Universidade Federal do Rio Grande do Sul (UFRGS). Professora associada da Universidade do Estado de Santa Catarina (Udesc). Integra os programas de pós-graduação em Música (PPGMUS) e em Educação (PPGE). Participa dos grupos de pesquisa Música e Educação (Muse) e Educação Arte e Inclusão. Atua como pesquisadora na área de educação musical, dando ênfase à formação de professores. Dedica-se também à educação inclusiva, mais especificamente à inclusão de alunos com deficiências nas escolas e à repercussão das políticas públicas de educação especial na formação dos professores de Música.

E-mail: regina.finck@gmail.com

Orcid: 0000-0002-3479-1846

Solange Cristina da Silva

Graduada em Psicologia pela Universidade Metodista de Piracicaba (1992); Mestre em Educação (1999) e Doutora em Psicologia (2020) pela Universidade Federal de Santa Catarina. Professora da Universidade do Estado de Santa Catarina (Udesc) e coordenadora do Laboratório de Educação Inclusiva (LEdI) do Centro de Educação a Distância (Cead). Membro dos grupos de pesquisa: Núcleo de Estudos da Deficiência (UFSC) e Educação, Artes e Inclusão (UDESC).

E-mail: solange.silva@udesc.br

Orcid: 0000-0001-5479-4879